英汉音译研究

朱桂花 著

东北林业大学出版社
Northeast Forestry University Press
·哈尔滨·

版权专有　侵权必究
举报电话:0451-82113295

图书在版编目(CIP)数据

英汉音译研究 / 朱桂花著. — 哈尔滨：东北林业大学出版社，2019.11
ISBN 978-7-5674-1979-7

Ⅰ.①英… Ⅱ.①朱… Ⅲ.①英语-音译-研究 Ⅳ.①H315.9

中国版本图书馆 CIP 数据核字(2019)第 269587 号

责任编辑:陈珊珊
封面设计:张启帆
出版发行:东北林业大学出版社(哈尔滨市香坊区哈平六道街6号　邮编:150040)
印　　装:三河市海新印务有限公司
规　　格:170 mm×240 mm　16 开
印　　张:17.5
字　　数:283 千字
版　　次:2019 年 11 月第 1 版
印　　次:2020 年 9 月第 1 次印刷
定　　价:70.00 元

如发现印装质量问题，请与出版社联系调换。(电话　0451-82113296　8291620)

前　言

　　音译是把一种语言文本转换成另一种语言文本的翻译方法，它保留源语读音而不传达源语意义。音译的优势是增加目标语词汇量，实现功能对等，更精确地避免歧义，在目标语文化中保持源语文化特色；劣势是使用音译时可能会造成源语文化的缺失，降低译文的可读性。合理使用音译法，可更好地进行国际文化交流。汉语中，音译是用发音近似的汉字将外来语翻译过来，这种用于译音的汉字不再有其自身的原意，只保留其语音和书写形式。

　　近现代以来，随着经济技术、科学、教育、宗教等的传播，西方语言文化大量进入中国，这是继梵文影响中国古典文化之后又一次更大规模的外来语潮流。它在各个方面影响了中国，从社会政治到思想文化，从精神生活到现实生活，到处可以发现外来语的蛛丝马迹，如酷（Cool）、迪斯科（Disco）、欧佩克（OPEC）、托福（TOEFL）、雅皮士（Yuppies）、特氟隆（Teflon）、比基尼（Bikini）、尤里卡（EURECA）、披头士（Beatles）、腊克（Locquer）、妈咪（Mummy）、朋克（Punk）、黑客（Hacker）、克隆（Clone），等等。另外，由于中国对外开放的程度加深，我国日益强大的经济实力和国际地位使中国在国际交流中扮演着越来越重要的角色，因此，在将中国的经济、文化、政治、历史、价值观和思维方式等一系列具有中国特色的事物恰当地译为其他语言，尤其是英语，让世界各国人们能够更好地、更全面地了解中国的这个过程中，大量的中文词汇音译也普遍进入英语词汇中，如 Dimsum（点心）、Kowtow（磕头）、Hutong（胡同）、Hukou（户口）、

英汉音译研究

Guanxi(关系)、Goji berry(枸杞)、Wuxia(武侠)等词汇被牛津大学出版社收入词典中。由于英语民族与汉语民族都有自己独特的文化,并存在着巨大差异,这种文化差异体现在语言上就是大量民族文化名词在另一语言中无法形成对等,成为文化空缺词。用翻译界最常用的翻译方法如直译、意译、直译+意译等翻译方法来翻译文化空缺词,很难保证其在目标语的语义准确性,并保持原语文化特色。而通过音译的翻译方法,使文化空缺词被输入目标语言文化里,这样既保持了原语民族文化特色,又加入目标语特有的文化身份,促进不同文化之间的交流与传播。

  本书首先梳理了以往中国英汉音译的产生和发展状况,并描述了国内外音译的研究现状;然后介绍了音译在英汉翻译中的积极与消极作用,并对音译做出了界定,简单介绍了音译法的使用原则;接着对英汉音译研究进行了综述,探究了英汉专有名词音译、英汉语言词汇空缺、音译词的借用模式与属性等;进而详细分析英汉音译用字规范中的难点和问题,分析了其影响因素,提出了音译用字的规范措施及其应遵循的原则;然后对英汉人名英译进行了重点研究,介绍了人名音译的基准系统和人名来源识别等;接着提出了基于字形的英汉机器音译方法研究,分别介绍了基于判别学习的英汉音译单元对齐和判别学习框架下的半指导英汉机器音译对齐;最后简单介绍了英汉命名实体翻译的概念和现状,并系统地总结了英汉人名音译的模型。

  由于作者时间和精力有限,本书可能仍存在不足之处,需要在今后进一步加以改善,并不断深入探索其中规律;英汉音译研究尚未解决的问题也亟待学者们去探索研究。

作　者
2019 年 10 月

目　录

第一章　绪论 …………………………………………………………… 1
　　第一节　中国英汉音译的产生与发展 ……………………………… 1
　　第二节　国内外音译研究现状 ……………………………………… 7
第二章　音译在英汉翻译中的作用 …………………………………… 14
　　第一节　音译的定义及音译方法 …………………………………… 14
　　第二节　音译法的积极作用与消极作用 …………………………… 21
　　第三节　音译法的使用原则 ………………………………………… 30
第三章　英汉音译研究综述 …………………………………………… 35
　　第一节　英汉音译规律探微 ………………………………………… 35
　　第二节　英汉音译词的借用模式与属性 …………………………… 44
　　第三节　英语专有名词的汉语音译 ………………………………… 51
　　第四节　英汉语言词汇空缺与音译策略 …………………………… 61
第四章　英汉音译用字规范研究 ……………………………………… 68
　　第一节　音译词不规范状况概述 …………………………………… 68
　　第二节　浅析影响音译用字的因素 ………………………………… 75
　　第三节　音译用字的规范措施 ……………………………………… 87
　　第四节　英汉音译用字应遵循的原则 ……………………………… 94

第五章　英汉人名音译的研究 ·· 99
第一节　研究背景与研究现状 ·· 99
第二节　英语姓名汉译探究 ·· 105
第三节　英汉人名音译的基准系统 ·· 153
第四节　人名来源识别的研究 ·· 168
第五节　实验与评估 ·· 176

第六章　英汉机器音译改进研究 ·· 190
第一节　研究背景及研究综述 ·· 190
第二节　基于字形的英汉机器音译方法 ······································ 198
第三节　基于判别学习的英汉音译单元对齐 ································ 205
第四节　判别学习框架下的半指导英汉机器音译对齐 ···················· 217

第七章　英汉命名实体翻译方法 ·· 225
第一节　英汉命名实体翻译简介 ··· 225
第二节　英汉人名音译模型简介 ··· 230
第三节　汽车品牌名的音译及其用字选择 ··································· 248
第四节　目的论视角下化妆品品牌名的音译及用字选择 ················· 258

第八章　结语 ·· 269

参考文献 ··· 271

第一章　绪　论

第一节　中国英汉音译的产生与发展

　　对于"翻译"的理解,我国翻译家张培基提出"翻译是用一种语言把另一种语言已表达的意义再现出来的活动"。英国的著名学者泰特勒提出所谓好的翻译其标准是能够将原文本所具有的优势通过其他的语言表述也能够充分得以体现,让译入语国家的读者能够轻易地将原文本所表达的主题、思想、情感等统统体会到,就像运用源语言人所体会到的一般。从中外学者对翻译的阐述当中可以得出:不同语言系统间的互译归根究底是语际与语际间进行意义转换的过程,这种转换之所以存在,原因在于它们之间符合实现意义转换的各项条件,也满足基础、广泛的转换手段,这就充分论证了语言之间是可译的。人类长达两千多年的翻译历史证实了这样一个事实:语言间的翻译是可能的,但是语言的各个层次间又存在种种限制导致语际间的意义转换无法彻底实现,这在翻译领域被称为可译性限度。因此,在进行翻译的过程当中必然会存在或多或少的意义误差。翻译过程中的可译性限度所造成的困境,使得大量的译者在追求精准翻译的道路上苦苦探寻。

　　提起翻译,多数人首先便会想到意译的方式。"意译"是指以原语际所表达的意义为根本,力求与原本的意义相一致,这是翻译中较为常规也最常使用的一种方法。但是,意译的翻译方式存在着固有的缺陷,唐代玄奘所提"五不翻"观点,章士钊所言"以义译名"即意译存在固有弊端,朱自清认为"所重在音的"与"意义暧昧的"不能对其意译即人名与地名这类词是不适宜选用意译的方式来进行翻译的,以上众多学者表述都有一个共通之处,便是利用意译进行翻译并非适用于所有情况。既然意译存在着局限性,那么必然就会要求其他的方法进行辅助,音译便是最常用的辅助方法。"音译"广泛存在于汉语言翻译为外语的翻译过程当中,例如秀才被译作"Xiucai"、普通话被译作"Putonghua"、祭祖被翻译作"Jizu"、太极一词则被音译为"Taiji",这些词汇均采用了音译方式。

一、音译的发生

正是由于可译性限度的存在,意译在某些情况下没有办法实现,音译也就随之而诞生。换言之,由于意译存在不足从而有了音译的出现。

对音译的阐述,音译(Transliteration)、译音和转写最为常见。音译,是以译音代意进行翻译的方式,即以记录外语词语音形式或者借用词语的方式,具体而言,就是某个语言甲借用语言乙系统中的某个词,或是选择乙当中的某个词而改用语言甲语音系统当中某个可能的音从而当成全新的词来加以使用。音译顾名思义,即是译音,具体来说,是在翻译过程当中将某种语言的词用另一种语言当中与之发音相似的音节来加以表示。音译有时被称为转写,即以一种文字符号来表示另一种文字符号的过程或结果。

对于音译由来的说法,主要存在着两种分歧。一种认为音译的翻译方式其诞生源自先秦孔子时期。按照《谷梁传》所言:"孔子曰:名从主人,物从中国。"所谓"名从主人"指通过编书方式对事物的名称进行记录时,人名与地名必须按照所记载之人或所记录之处当时隶属国家或所使用语言的读音进行记录,严格来说这句话并非是对音译的直接表达,但不可否认的是,的确能从中看出与域外的人名、地名翻译存在着联系,因此"名从主人"也顺理成章被看作是在进行音译实践当中必须遵守的规范。另外一种观点的主要提倡者是著名学者刘超先。他提出:我国音译传统最早开始于对佛教著作进行翻译,在过程中对于佛语、人名都采取音译的方式对其翻译,究其原因在于佛教自身产生及传播的特点。对历史进行探究,不难得出结论,即音译的方法早在对佛经进行翻译时就已经开始广泛运用。对于玄奘的

"五不翻"观点,著名学者陈福康指出,所谓的"不翻"(即音译)自迦摄摩腾时期已经开始经常性被选用。赞宁的"今立新意,成六例焉",其中第一例即是"译字译音",具体来说是在翻译过程中需要根据具体语境而选取"译字不译音""译音不译字""音字俱译""音字俱不译"等方法。大亮法师在玄奘"五不翻"观点之上结合实际翻译经验和具体事例进行了具体概括,提出"五不翻"原则。诸如前文所提的不能意译的情况,音译恰好对其进行了弥补。

二、音译的发展

依照中国的翻译历史进程来看,自音译诞生开始,其发展的轨迹是从受排斥到开始被接受、从不被理解发展至必不可少的过程。具体的发展体现在三个方面。

(一)音译史实逐步丰富

从中国的翻译发展史来看,从音译诞生起,经过三个发展时期,其盛行也经历了三次高潮,包括佛经的翻译时期、自明末清初至五四运动前后、1949 年中华人民共和国成立之后。

中国翻译史上第一次出现音译鼎盛时期,是由于梵文与汉语言间的不同、佛教同传统儒道所存在的反差所激发的。这一时期,除了赞宁、玄奘、大亮法师之外,僧睿、僧佑等也对音译进行了具体阐述。从明末清初时期出现的对科技著作进行翻译的热潮开始,直至近现代五四运动前后,这一时期中国的闭关锁国政策遭到威胁,我国的国门逐步对外打开,西学东渐顺势而来。与西方的兵工技艺、声光化电领域相关的新型术语,涉及政治经济文化领域的新语句、新理念不断涌入,与之不相适应的是,汉语当中没有办法找到能够很好与之相契合的词语,这就导致汉语当中音译外来词的潮流一发不可收拾,从而开始了音译的再一次高潮。在该时期,对音译进行论述的学者不在少数,诸如陈独秀、章士钊、刘半农、邹韬奋、胡以鲁、朱自清等人。

音译的第二次鼎盛时期展开了对音译的一次大争论。1910 年章士钊先生在《国风报》发表《论翻译名义》。文中他大力提倡采用音译来进行不同语言间的互译,同时在文章中更是对使用音译所发挥的作用以及音译所具有的独特优势一一列举论证,由此而引起了一场关于音译的激烈争论。与章士钊所提观点形成鲜明对比的是胡以鲁。1914 年胡以鲁发表《论译名》一文,旗帜鲜明地表明不支持音译。他在文章中分别列举出音译名词时可能出现的诸多不便,进而提出对人名进行翻译时"决以意译为原则"的主张。紧接着,著名学者朱自清先生发表长文《译名》,他不仅对有关译名问题所引发争论的历史进行回顾,同时也客观地评价了章、鲁双方"阵营"的看法,朱自清先生对意译、音译存在的价值分别予以肯定,从而使持续十年之久的讨论开始平息。

音译的第三次鼎盛时期是在1949年中华人民共和国成立之后,尤其是自十一届三中全会确立对外实行开放政策以后,中国翻译方法中的音译之法借此步入了迅猛发展的崭新阶段。越来越多的中西方互动导致众多的新式概念、新词语不断涌现,同时翻译界也逐步受到西方许多翻译理论的影响,由于对中西方语言翻译过程中信息对等观点的推崇,导致音译的翻译方法开始被广泛运用,从而引发了第三次的翻译高潮。近几年来,网络语言盛行,在网络中大量的音译开始出现,其中一些在形式上独具特点。值得一提的是,在第三次鼎盛时期,越来越多的学者通过撰写著作表达自己的观点,所涉及的领域也越来越宽,角度也越来越新颖。

在翻译历史上,音译之所以会出现三次鼎盛时期源于音译自身发展历程当中所固有的产物,以音译为中心所展开的不同观点之间的争论,在一定程度上推动了音译在民间的传播,使得越来越多的普通群众也逐步开始对音译有了较为清晰的认识,这在很大程度上推动了音译的发展与繁荣。

(二)音译用途逐步广泛

1.音译促进汉语体系的完善

音译这种方法在很大程度上拓展了汉语言"假借"机制的运用范畴,在为汉语言引进新表达方式的同时,更是极大增加了汉语的词汇库,同时也对汉语的语法产生了一些影响。

外汉音译,指在追求语音统一性基础之上,自觉按照音同、音似等一系列原则进行不同语言间的互译,在汉语言系统中运用本来的汉字或者是另辟蹊径造出新的汉字来翻译外语的原词。这种方式所选取的汉字或重新创造出来的汉字,其自身也是一种记音的符号。译者或语言使用者通过"假借"该符号来达到指称外语原词的目的,这样便人为赋予了这一符号等同于原本词汇整个或部分意义。如此,或者增加了原本汉字的义项,或者是对原汉字进行改造来实现表达特殊用法的目的,或者给原汉字赋予其他音译义,抑或让原语音被赋予新的语素义,从而实现语音符号的字化过程,或是为汉语词库带来新鲜词汇,从而大大丰富汉语词汇量。龚雪梅认为,从文字学角度进行审视,音译本质上是对传统六书中假借机制的借鉴与发展,从这一层面上看,音译可以说是很好地让汉字的记录功能得到极大的延伸与扩展。

音译作为一种翻译方法,它同翻译无异,可以为译入语产生或多或少的影响。鲁迅认为,运用音译的方式为汉语言注入新的表达方式,从而实现改进中文语法、句法,增强汉语表达形式的目地,经过无数学者的研究证实,具体的影响主要集中在语音、语法以及词汇三个方面。诸如,历史上对佛经的翻译为汉语引进了大量佛家领域的词汇,这里面很多都是通过音译所得。据统计,与佛有渊源的中华成语几乎是占据汉语史上出自外来成语总量的九成以上。郭鸿杰对整个20世纪末期的20年现代汉语中出自外语借词对汉语语法造成影响的情况进行了总结论述,何烨则对《北京青年报》中的语料展开对比与分析,论述了自改革开放以来英语对汉语造成的影响不单单只是词汇库,同时也影响了汉语句法层面,造成汉语语句增长、长定语开始出现、中心名词产生变化。

2.音译成为文化翻译中重要的方法

从1970年开始,在对翻译进行研究的专业领域开始有"文化转句"的趋势,文化因素被视为翻译转换表达的一个必不可少的元素,对文化内涵词进行转换被认为是翻译的要务,对文化因素进行转换的方式可以划分为两种:一是将语文化视为宗旨的归化,二是将源语文化视为最终目标的异化。郭建中的观点是:对文化因素进行转化时要顾及各种翻译目标、原文本性质、原作者创作意图,无论是归化还是异化都具有各自不可取代的意义。

在翻译实践中,转换文化因素的方式包括音译、译借以及语义再生,音译是选择的第一位。选择音译将文化因素进行转换,具有悠久的历史作为模仿范式。追溯到佛经翻译时期,玄奘提出,由于"秘密"之因,"含多义"之故,"此无故","顺古故","生善故"故"掩而不翻",故不用意译选取音译。傅兰雅在《江南制造总局翻译西书事略》一书中主张音似作为根本,采取汉语当中某个常用汉字与原词的某个音相呼应,用常用字另添偏旁作为新名,依旧念其原音,比如,以镁等音译方式翻译化学中的元素。此种方式发展到现在仍然被沿用。朱自清在《译名》一文中提出,对如人名、地名与"意义暧昧"这样的名词进行意义转换时选取音译最合宜。对于该层面的论述有很多,范围很广,同时极具深度。有学者致力于研究音译在弥补可译性限度时可能发挥的效能,提出在对可译性限度进行补充时,音译的作用不可或缺,如果出现两种语言系统找不到相呼应的词汇的情况,为了留下原文本所包含的神秘感、独特表现效果以及外国风情,将某蕴含文化特色的词加以处理和现有意译词不能很好地表现原词所含意义的情况下,一般选取音译来降低可译性限度。

3.音译成为科技术语翻译中重要的方法

在对科技著作进行翻译时,其中涉及对科技领域的科技术语的处理,对科技专业用语进行文本转换即译名,其主要追求两点:一是译名要精准,二是与科学、译名相符合。想要将以上两个问题加以解决,必须依赖于音译。

黄忠廉、李亚舒提出,音译的方式是处理汉语术语的主要方式。历史上存在推崇意译而忽视音译的倾向,当今社会为了推进国际交往必然要强调音译。将专业领域的科技术语制定出共同的表达规范,对于每个国家而言都不容忽视,音译便能够很好地克服这一困境。

周光父、高岩杰二人根据汉字演变、科技发展、国际交往、吸取国外优秀经验等方面,倡导一步步改变翻译科技术语历来推崇以意译方式进行不同语言间互译的倾向,将"命名重义"的风气加以扭转,因此他们建议努力实现主要采用音译方式,再以意译作为辅助手段。

对于采用音译方式对科技术语进行翻译的优势,杨枕旦做出了具体分析,他指出涉及科技领域的专业性用语选择运用音译的方式进行翻译具有不少的优点,这些优点是意译所没有的,原因在于科技领域的专业用语采用音译法进行翻译能够更好地与国际接轨,同时,许多科技领域的专业用语如果采用意译的方式并不适合。比如那些大量的选取各单词首字母所组成的缩略词就并不适用于意译的方式,具体的如 AIDS、Radar 等词。另外许多气象学专业术语同样不适宜用意译法翻译,而采用音译法更加合适,如 EI Nino(厄尔尼诺)、La Nina(拉尼娜)等词,这些术语词仅仅通过意译无法精确而恰如其分地反映出全部内涵,可能会造成误导读者的后果。

汉语"喀斯特"一词最初被选用、而后被弃置最后又被重新使用起来的历程便可充分论证了该论点。Karst 一词最初来源于地名 Kars,它指的是位于斯洛文尼亚的石灰岩高原。19 世纪中期,致力于地质学的学者将其当作术语加以运用,它广义为从该地或其他地方形成的溶蚀地貌。外语以 Karst 对其加以指称,法语沿用英语的形式,俄语采用的是 Kapct。而在中国,1966 年之前,选取其音译名"喀斯特"。此后,因为各种缘由,其意译名"岩溶"出现,并开始一步步取代其音译名。《新英汉词典》将其译作"水蚀石灰岩地区";而《现代汉语词典》则明确标注出"喀斯特"是"岩溶"的旧称。科学出版社 1981 版《英汉环境科学词汇》首先重新使用音译名"喀斯特"。

(三)音译研究范围逐步扩大

音译在中国的发展历程从"不可通"发展到"不可无",从无奈之举到举足轻重。人们对音译的理解逐步提升,对音译进行研究的领域也在不断延展。

音译看似容易,实际非常繁杂。曹文学认为,译音存在古与今的分别,繁与简的差距,直译与转译的区分,常用译法与固定译法的区别。而音译可以说涉及翻译的各个层面。历史上,有学者提出音译研究目前主要遵循音译原则、音译准确性和华夏古典文化多个层面,不过在音译研究上系统性不够;音译法远离中心,不能得到应有的地位;未能将音译发展历程进行分析,在音译的历史性、继承性研究上差强人意。

要想零误差、直观得出对其内容和层级性的研究现状,可以试着把音译研究划分为三个方面:第一阶层是基础,重点在于挖掘与音译的本质问题、具体应用时所遵循的原则与其演化的历程;第二阶层是扩展,主要目的在于验证出音译方法与音译结果的各项因素;第三阶层以应用为主,主要从实际应用的角度来探索音译方法使用与音译词用字的限制条件,分析社会对音译词的接受程度。当然,学术上对音译的研究仍存在极大空间,对音译演化历程的研究仍处于早期。

第二节 国内外音译研究现状

一、中国历史上的音译研究

(一)音译法

按照符号学原理,人名属于"符号",它与其"所指物"间是闭式的,二者之间不存在常用名词的"意义"项,所以对人名要进行特别处理,或者可以翻译其外在形态,或者可以翻译其语音形式。对不同语言人名进行翻译,音译使用最为频繁。诸如 Catford、赵元任、陈原等人提出,所谓音译可以是不同语言系统间以声音相似为主来翻译,也可以是不同语言系统间以文字形体相似为主进行翻译。而刘涌泉等人则有不同看法,他们主要以音似为主加以翻译,所选择的便是译音法,主要以外在形式相像为纲来实现不同语言之间的转换则称为转写法。后者主要运用在对英语、法语等表音语音进行变换。该种方式仅仅改变字母表的字符,其主旨是为每个字母或者字母的组合得到与之相符的某个字母或某个字母组合,它往往强调字符组合而成的外在形式的统一而忽视发音的相似性,由此导致相同的人名在不同语言中的译名其书写形式上看似相近,实际却存在差异甚至于毫无共通之处。译音法是尽量选取目的语语音将源语语音模拟出来,此方法强调发音相同或尽量相似,反而忽略了字符组合书写形态的统一性。英语与汉语分属不同语系,因此把英文当中的人名吸收进入中文的过程,无法采取转写手段,仅限于选取译音的方式,具体来说就是以中文用字的读法来模仿出英文的人名读音。

(二) 中国历史上的音译研究

中国的翻译史上,出现了三次翻译的鼎盛时期:第一次是从汉代至宋代,第二次是在明末清初时期,第三次在 19 世纪中叶到 20 世纪前叶。如此可以知道,以采用中文模拟读音的方法来翻译包含名字的外来词,早在两千多年前的中国已经开始了。

我国翻译的历史上,对翻译相关理论的研究同样开始得较早,其中最主要的还是集中在运用音译的规范和理论,玄奘提出在"秘密""含多义""此无""顺古"和"生善"这"五不翻"情况下使用音译,其中"此无"至今仍然被视为翻译过程中应当遵循的原则之一,具体而言它主张在对中国没有的事物进行翻译时可以采用音译法。"五不翻"原则对使用音译法的具体情形进行了明确界定,虽然是翻译史上的一大进步,但是它的表述却不够具体、详细。在此基础之上慧琳提出"华梵双举",他主张一半译音,一半译义。此后的译者基本都是遵循以上五项规律来音译,而几乎无人再以"译名"为主题展开深入研究与探讨。

自鸦片战争爆发后,国内的知识分子以及爱国人士开始热衷于翻译,引进西方书籍,在西方著作在中国广泛传播的过程中引发了这样一个命题的讨论,即怎样进行统一译名。徐继畬于《瀛环志略》一书里认为,地名等专有名词极难加以辨识,他进而详细列举出辨识专有名词存在困难的原因在于:一是汉语与外语间差别较大,无法做到准确译音;二是汉语系统中的同音字众多,导致选用时很难实现一致性;三是许多外来词都是欧洲人进行音译,他们在音译时没有使用当时中国通用的汉语而是选用某区域方言。同治元年设立的同文馆,在翻译中就更加注意译名统一的问题。

章士钊发起了关于"译名"的探讨,从而让有关对人名进行音译的问题逐渐引起了越来越多民众的重视。高凤谦论述了将译名进行统一的对策,可以汇总出一张译字表,而对于已经使用的译名,不再进行改动,因此在发音方面也许并不接近甚至出现读错的情形,然而由于已经在实践中加以运用了,因此唯有继续使用下去,不宜再进行改变。高凤谦则是强调如果追求译名的统一,除去上述之外的几点,还需要获得政治力量支持。对于人名的翻译,胡以鲁指出"人名以称号著,自以音为重,虽有因缘,不取义译",此外,更是主张在进行音译过程中要尽量避免选择晦涩难懂或难读的汉字,也分别排列出详细而具体的译例。

1916年,陈独秀发表论述译名问题的《西文译音私议》,文章中对英、法、德语中的元音、辅音字母组合分门别类,归纳出外文的发音规律,他以汉字汇总了"单个字母译音"和"组合字母译音",其目的在于统一译名。何炳松、程壕章认为为了统一译名,第一要点是将其他语言当中的专用名词的读音发准,他们通过分析外国专有名词在汉译中的艰难境遇,具体而言包括:中西文在外在表现形式上有所不同,许多外国所使用的语言其在语音发音上相互之间存在着相似点与不同之处,在进行音译时将有概率出现用英音读德语话,或以法音读英语的情况,这样便使音译出来的结果出现误差。此后,众多学者都在持续为统一译名不断进行尝试,包括石汉声,他认为可以制定出规范的译音字表,依照《切韵指掌图》的方式,将标准译音字归纳总结起来;假设首字母是跨行写的,元音是直接写的,那么某个辅音和某个元音的音节就应该翻译。只要音节是水平的,就可以在查找表格时找到答案。同时,可以制作大量的子表,并将各种语言的音素放入其中。尽可能地按照音素继续使用通用语音符号,并在表中找到一个单词,根据该语言的发音,从该特定的语言中找到一个单词,与通用语音符号的发音相一致。然后看看名单。又如陆志韦力求以注音符号的形式取代对汉字进行译音,从而让译名做到一致。这些学者的主张由于种种限制虽然未能在实际操作中完全将其完成,但在很大程度上为之后的译名统一工作奠定了坚实的基础。

20世纪中期,汉语拼音的出现为中文与英、法等外国语言展开读音比较发挥了积极的推动作用。然而汉语作为表意文字,在将其他国家语言实现转换的过程中,汉语存在着自身都难以调和的矛盾,为了能将别国的人名、地名相对恰当地进行音译,同时实现统一化,不少语言学家尝试在利用拼音来探索对术语标音来进行转写的方式,从而得出汉字读音在对外国名词进行转换过程中的一般规律。刘涌泉等归纳总结可以被运用进行标音转换的元音、辅音规律约有21个,它们对于仿照其他国家语言读法而言存在一定积极的推动作用。

在总结吸收历史上已有的优秀成果之上,20世纪70年代,新华通讯社先后根据不同的语言种类汇总整理了外语与汉语进行译音的汇总表,以此而为其他国家的名称做出了参考的译名,编纂其他国家人名译名手册,如《英语姓名译名手册》《德语姓名译名手册》等,这些著作的问世一方面极大地推动了译名的规范统一,另一方面也为别国的人名要按其在本民族语言中的读音来实现音译做出了"名从主人"的典型例子。新华社所总结归纳的翻译其他国家姓名的方式、规范和采用音译方法翻译其他国家人名的手册、译音表可以说是进行音译分析的重要成就。20世纪后期,钱三强在其文章中论证了统一科技领域专用名词的重大意义,他认为,在翻译过程当中如果碰到用科学家个人名字对某种科学现象或科学名词进行命名的那些名词,那些被用来命名的科学家名字要依照名从主人、约定俗成、服从主科以及尊重规范四条准则,对其进行汉字音译。如果某位科学家的名字在不同的学科领域都出现被用来命名的情况时,为了做到相对的统一,要灵活处理。这虽然是针对科技界的人名翻译,但实际上是再一次总结归纳了在音译实践中应该遵守的四项重要原则。1993年新华通讯社对各类译名进行全面系统的整理,将历史上各个国家语言当中有关人名、地名在中国的译名进行系统整理,从而编译出一部大型综合性工具书《世界人名翻译大辞典》,在编译人名地名时所遵循的原则无外乎是音似为主、约定俗成、名从主人和同名同译。

2003年,舒启全在《英语专有名词汉译原则》中,归纳出八条英语专有名词汉译原则:符合国际标准、国家标准、行业标准、名从主人、音同意合、约定俗成、同名同译、开拓创新的原则。

综上,我国对于专有名词进行音译研究的进程未曾中断,按照潘文国的统计,2001年6月之前,研究外来词的著作数量分别为:在1976年以前发表的有1篇,1980~1990年的有一篇相关著作问世,1991~2001年总共出现了相关文章16篇,这些著作的发表时间不同,编著者也不同,但这些著作中多数都提倡统一译名,同时也提出需持续不断去探索新的音译原则。从中可以看出在中国的翻译界越来越多发学者开始重视并研究外来词,相关的观点也异彩纷呈。

(三) 影响音译的诸多因素

在统一音译方面,新华通讯社所制订的原则和规范适用于大多数情况,使用者和译者都应遵循这些原则。然而,尽管音译应遵循的主要原则已经复制订出,但混乱现象仍旧没有得到根本控制,原因在于音译是一个复杂的过程,会受到许多因素的影响。除去英语语音系统与汉字语音系统之间所存在的固有差异性之外,人名的词源、普通话或方言的使用、发音的变化和发展以及姓名使用者的性别等社会性文化因素也在或多或少影响音译的效果。再加上译名的翻译倾向和不同的译者自身的文化素养程度不同,以及他们对现有翻译规则、规律的使用态度,在种种不同因素的共同作用之下,对人名进行音译的过程变得更为复杂,从而在实现译名的统一方面存在着大量需要克服的困难。

对人名音译产生影响的原因众多,却并非毫无章程。对音译产生影响的因素大多出自各个层面,它们用音系间语音的对应为原则,力求以特定排位分别叠加在该语音上,由此而影响音译的结果。综上,分析此类因素时,要分为不同层面。如果想找到音译人名普遍原则,分析清楚每个层面因素是根本,要一层层去找到解决的方法和途径。而这一系统的工作中,第一要务是梳理出英、汉音系在音译中的对应规则。

二、国内外英汉人名音译研究发展现状

(一) 国外英汉人名音译研究现状

对其他国家人的名字进行读音转换的整个过程实际上可以说是将原语言当中的人名通过各种方式将其翻译为本民族语言当中的人名这样一个过程。众多翻译理论家们,在进行音译人名的过程中往往会根据不同的人名对其选取具体的翻译应对策略以及途径。学者 Knight 与 Graehl 二人主张运用"自动机"这样的途径,建

议把日语和英语当中的人名划分成为几个具体的流程来对其进行音译,其中的某一个步骤可以用"有限状态自动机"进行表示。英国的奈特与阿尔奥纳伊赞二人在将字符元素作为基础单位的系统构造中,主张可以不必通过读音的中间经过,而运用"转换机"从而进行转换。维格拉和 Khudanpur 主张把对词进行翻译的方法同样转移到将英文翻译为中文人名的音译之中。Li Haizhou 认为在进行翻译时要考虑源语言与目标语言人名所在文章的上下文所涉及的相关信息。Sherif 更是提出了以字串作为基本单位的"自动机模型",从而将对人名的音译理论推向新的台阶。

1.基于规则的英汉音译

学者 S.Wan 和 C.M.Verspoor 二人在《开发多语言资源的自动英汉名称音译》一文中具体分析多种文本系统怎样将英语当中的专用名词翻译为汉语当中的名词的具体过程,具体而言是:将一个或多个英语系统当中的专有名词实现输入,那么与之相对应的汉译词就是这个词的改造结果。这个过程分为五个步骤进行,即提取语义—拆分音节—细分子音节—子音节到拼音—拼音到汉字。第一步是去除英文名词中的介词,将单个词划分开来,然后通过查阅词典的方式,将已经存在的相应翻译词找出来,确定好那些不存在相应翻译的词汇,再对这些词进行音译;第二步按照音节的划分规律把需要进行音译的单词划分为一个个音节;第三步按照子音节划分规范把各个音节划分成多个子音节;第四步通过子音节到拼音映射表完成从子音节到拼音之间的转换;第五步通过拼音到汉字映射表完成从拼音到汉字的转换,这样整个从英语专用名词到汉语专用名词的翻译过程全部完成。

2.基于信源信道模型的英汉音译

西方学者 B.J.Kang 与 K.S.Choi 二人合作创作 *Automatic Transliteration and Back-Transliteration by Decision Tree Learning*,在文章中他们提出建立起一个 IBM 信源信道模型的设想,通过这样的模型能够让英语人名与汉语人名进行自动音译。

Paola Virga 将统计机器翻译技术运用至英汉人名音译中,实际上这是微型统计机器翻译系统。这个翻译系统可以划为四个过程:第一,利用合成系统把英语人名转换成英语发音序列;第二,将所得对象翻译成基本的声母和韵母,这些声母和韵母构成了汉字的发音单元;第三,将这些构成汉字的声母和韵母转换成拼音符号序列;第四,将拼音符号序列翻译成汉字序列。

（二）国内英汉人名音译研究现状

中国的学者陆续开始对汉语同别国语言间人名音译的研究，需要指出的是，其中不乏某些值得借鉴和学习的思路。例如，Zhang Min 提出以文字的外在表现形态作为参照的音译范式：第一步是依照汉英人名找出两种语言字符间的关联性，第二步是选取合适的算法直接把英语字符融进汉字。此法从性能来看比以语音为本的音译模型更实用。中国科学院学者邹波、赵军二人倡导以字素为本的音译法，具体而言是将英语当中的英文字母转化为汉字，跳过了其余的过程，从而实现了英汉人名的音译。庞薇、徐波二人提出以字符和发音的转换模型为翻译核心，通过加权有限状态转换器将多模型进行融合的人名翻译框架，实现英汉人名音译。周美玲以统计机器翻译法完成英汉人名音译系统。

第二章　音译在英汉翻译中的作用

第一节　音译的定义及音译方法

在英汉翻译中,音译经常被选用,究其原因是语言自身具有的性质,加之社会文化心理的原因。汉语中的音译外来词,很大一部分是广义上的音译词。汉语引入音译外来语是通过改变或创造,将形式、内容慢慢地"汉"化,极力与汉民族心理融合的历程。

21世纪,外国先进的经济技术、科学、教育迅速传入中国,外来语言也不断融进汉语言系统,这是在梵文对华夏古典文化产生影响后再一次超大规模的外来语趋势。这种影响表现在多个层面和领域,无论是政治生活,抑或文化道德,无论是精神层面还是物质领域,无不渗透着外来语的身影。值得一提的是,伴随着中国对外开放不断扩大,中国的经济实力与国际地位都在国际舞台上具有举足轻重的作用。因此,在将中国的政治经济、历史文化、人生价值观以及思维方式等独具特色的事物很好地译作他国语言时,在让外国人可以更全面认识中国的过程中,众多中文词汇也陆续被融入外语语言系统库。由于外来民族同华夏民族各自蕴含着不同的文化特色,这种文化间的差异性通过语言呈现出来便是许多民族文化名词无法从其他语库中找到与之相符的词汇,从而沦落至文化空缺词的境地。选取常见的方法如直译、意译、直译加意译的方法对文化空缺词加以处理,无法确保其兼顾语义的准确性和保存原语特色。如果用音译法,让其融入目标语言中,不但保存了原语的独特文化,而且增添了目标语固有的身份,从而极大地推进了不同文化间的相互交流。

一、关于音译

在众多翻译方法中,音译经常被使用。然而如果出现了源语与目标语属于相同语系的情况时,音译便可有可无了,因为只要将源语完全照搬便可以了,该种情况被定义为迁移。在英语与法语间的互译中迁移被广泛运用,如英语直接采用法语 rendezvous,entrepreneur,rapprochement。阿拉伯语和英语不在同一语系中,互译时无法"照搬"。故而,在阿拉伯语里很多固有名词常常采用音译的方式转换为英语。

从我国翻译的历程来看,使用音译法的历史悠久。一千三百多年之前,玄奘不仅在自己的佛经翻译实践中运用音译,而且总结出一套经验,所谓"五不翻"理论:其一"秘密故不翻",如咒语;其二"多含故不翻",一词多义的词取音译,而非意译;其三"此无故不翻",中国没有的东西,只取音译,不取意译;其四"顺古故不翻",如阿耨菩提,完全可以意译为"无上正觉",但自迦摄摩腾以来,一直采取音译,不取意译;其五"生善故不翻",如"般若"是梵文 prajno 的音译,完全可以意译为"智慧",但"般若"含有肃静之感,更符合佛教的风格,故而选用音译,而弃意译。玄奘所言"不翻"实则音译。即使以现今的目光去审视这些理论,其中的某些理论仍具有现实的指导价值,也已然在实践当中得以论证是具有一定可行性与可操作性的。主张在翻译时要努力实现"信、达、雅"原则的严复就热衷于在翻译时运用音译法。20世纪早期,鲁迅先生在其创作的一篇杂文《论费厄泼赖应当缓行》中,所写"费厄泼赖"一词便为英文 fair play[①] 的音译。1949年之后,尤其是改革开放以来,数量众多的西方外来词融入了国民的日常交际用语之中,其中音译词占据了不少的比重。

[①] fair play,五四新文化运动时将其译为费厄泼赖,原为体育运动竞赛和其他竞技所用的术语。意思是光明正大地竞赛,不要用不正当的手段,不要过于认真,不要穷追猛打。

英汉音译研究

　　音译之所以在翻译中能被广泛运用,首先得益于语言本身,也不排除社会文化心理等方面的因素起着或多或少的推动作用。首先,以语言角度审视,音译词能够发挥"填空补缺"作用。美国著名语言学家罗曼·雅各布松(Roman Jakobson)①主张,人类所有的认知历程与其类别均能够采用某种现有的语言来进行表述。如果出现词语的空缺,那么便能够运用外来词以及外译词、新词、语义改变或者迂回说法这些方式达到限制或者扩大现有术语的目的。中华民族与以英语为母语的西方民族在政治文化、宗教信仰、风俗人情、思维方式等各个方面存在着很大的差异,反映到语言上,词语在表达方式上出现空缺也是必然会存在的现象,发生源语言系统中有某个词而目标语言当中没有与之相对应的词或者目标语言当中存在的某个词在源语言当中无法找到与之相应的词这两种情形。这种情况下,通过音译,能够在两种语言间架起一座"桥梁",从而填补此种"先天不足"。然而在开始使用音译的最初阶段,音译或许会让目标语的读者有茫然之感,所以译者有必要附上注释。通常情况下,新词语(包括音译的外来词)自诞生开始发展至逐步被大众所接受,需要一段时间作为过渡阶段,不过有些词汇最终将被历史舞台所淘汰。因此,音译手段有时只是一种治标不治本的策略。实践证明,部分音译词,特别是对于音节较多读起来十分困难的纯音译词,大多情况都会缺乏生命力。如"普罗猎它利亚"(Proletariat)与"淹士批利纯"(Inspiration)这两个词,它们在具体的运用当中逐步被其相应的意译词"无产阶级"与"灵感"分别所取代。刘宓庆将译词当中的这种优胜劣汰的情况总结为语言的"自洁作用"。在将中文翻译为英文的具体操作过程中所碰到的此有彼无的情形借力于音译是较为理想和有效的一种方式。例如,将中文里的专有名词"功夫"翻译为"Gong fu",将中文当中的专业名词"太极拳"翻译为英文"Tai Ji Quan",这些词因为采用了音译的方式转换为英文,在英文国家的传播起到了有效的推动作用,而这些词汇也很早便已经被外国人收入其英文词典当中;除此之外,中文当中表示纪年法的"天干地支",传统中医当中的专业词如"阴""阳""气",也唯有运用音译的方式才能更好地将其表述出来。

---

　　① 罗曼·雅各布松是布拉格学派的宿将,也是结构主义思潮的先驱,以他对语言学、文学理论、结构语言人类学的贡献来说,堪称20世纪最具影响力的知识分子之一。

二、音译的定义及种类

音译,是指将外来词翻译成发音相近的汉字。用于翻译的汉字不再有其本身的意义,而只是保留了它们的语音和文字形式。音译这种翻译方式在实际应用当中更倾向于保留源语言所蕴含的本民族特色的文化传统,它的使用具有悠久的历史。最近几年,音译在将英语转换为汉语的实际中格外受到大批翻译工作者的青睐。音译并非翻译理论领域里的新课题,它在中国的讨论由来已久。最早可追溯到唐朝,周敦义编有《翻译名义序》里面记载着玄奘提出的"五不翻",其"五不翻"即音译,这是我国历史上针对音译适用范围所作出的相对完整的归纳与总结。在中国被大多数人所接受的对于音译的理解是:将一个国家、民族的人名、地名以及其他名词的读音通过一定的方式方法,译为别的国家或民族的发音。与中国不同的是,外国的许多学者更加愿意将其解释为:通过使一种语言中的词、字母的读音译成另外一种语言的读音。具体而言便是,只转读音,意义并未产生变化,从而达到翻译的目的。

从我国目前翻译领域对音译理论的研究情况来看,学者或是理论家们对音译的研究探讨主要着眼于对人名、地名等专用名词的研究方面。然而,人名、地名的专有名词虽然被视为音译词的主要部分,但是却无法囊括整个音译领域。本书提出的观点是,音译词的范畴至少应该包含五种类别,除了上述谈及的人名和地名以外,物名、称谓语、文化习语这三类也应当被纳入音译词的范围。

(一)人名

将汉语当中的人名翻译为其他语言时,一般情况下主要以音译为主。早期的许多译者按照汉语的发音来对其进行翻译,例如,将唐代著名诗人"李白"翻译为"Li Po";随着音译的不断发展,现在大多数情况下都会运用汉语拼音直接翻译,因此"李白"后来被译作"Li Bai","杜甫"译为"Du Fu"。对英语人名进行翻译时,主要有两大原则需要遵循,即按照约定俗成的规范、根据英语中人名本身发音进行音译。遵循约定俗成规律翻译人名,如"Roosevelt""Elizabeth",试想一下若是其被译为"罗斯维尔""伊丽沙白司",那么可能不少人会不能一听便知晓其义,原因在于它们一般情况下被译为"罗斯福""伊丽莎白"。此类情形论证了这样一点,在对英语人名进行翻译时不得不按照特定的规律,是否遵循当中的规律或者多大程度上遵循了规律直接影响了读者是否能够很好地理解语言所蕴含的原始信息或者是多大程度上体会到原语的信息。根据英语人名自身发音特征来进行音译的具体实例并不少见,如将英文名"Tonny"音译为"托尼",将英文名"Anna"译成"安娜"。诸如此类的例子比比皆是。

（二）地名

地名、人名都是专有名词,对它们进行翻译的方法一样。汉语中的"长江",最开始是依照其另外的名字"扬子江"将其翻译成"Yangtze River",之后改用拼音"Changjiang River"。对英语中的地名进行汉译时大多采取音译的方式,如英语当中"Maryland"被译成"马里兰州","Florida"被译成"佛罗里达州"。

（三）物名

在对汉语当中用来指称事物的那些名词进行英译的过程当中,很多情况下都会选择按照其读音然后加注翻译亦是完全按照汉语的读音。如张培基翻译老舍先生的作品《想北平》一文时,灵活运用为拼音加注这种方法进行翻译,他将书中所写的"牌楼"译为"Pailou",其好处在于能够更好体现出中国本土的特色建筑同别的国家建筑之间所存在的不同之处。此外,英文当中存在着大量能够表现汉文化特有事物的完全音译词,如中文的"太极"被译作"Taiji","阴阳"被译为"Yinyang",四川的特色菜"麻婆豆腐"在英文中的表述是"Mapo Doufu"这类词汇都采取的是音译的方式进行翻译。同样的,在汉语词汇中同样有很多源于可以体现出西方文化的音译词,像"Salad"被翻译成"沙拉";英语中的"Johnson"一词,当它作为商标品牌被译作"强生",而作为人名被使用时则一般将其念作"约翰逊"。

（四）称谓语

在大量汉译英文本里,均将"老爷"这个称谓词翻译为"Laoye",而非"Lord"和"Master"。Jock Hoe 翻译巴金代表作《憩园》时对于"老爷"这一称呼有不同的翻译,有些译为"Master",有些翻译成"Laoye",由此论证了在特定情境中"Master"无法充分体现出"Laoye"的含义。著名作家林语堂在其半著半译作品《京华烟云》里,不仅仅将民国时期民众对大户人家女主人的称呼"太太"直接用"Taitai"进行翻译,而且将"哥""妹"等词直接音译为"ko""mei",又如将"平哥"翻译成"Pingko",由此看出对称谓语进行音译开始逐步为民众所认可。但是在英语系统里的称谓语却没有音译为汉语拼音,不会有人将"Mr."翻译为"密斯特",而是翻译为"先生",

同样不会有人将"Miss"翻译为"密斯",而是译为"小姐"。

(五)文化习语

英语中极具汉语文化特色的音译词有增多的趋势,这与汉语陆续出现英语音译词是息息相关的。二者都是不同文化间互相融合所带来的结果。有些能够体现汉文化与中华传统习俗的音译词俨然已融入英语,成为英语系统当中不可或缺的重要组成部分,诸如"Typhoon"(台风)、"Suan-pan"(算盘)等。体现英语饮食文化的音译词同样作为汉语的组成部分,如"汉堡包"(Hamberger)、"沙拉"(Salad)。上述五种类型的词具有一个相同的特征,即都表明汉、英两种语言文化存在着大量不相适应的情况,运用音译的方法将二者进行转换,来让读者看到这种不同之处,从而使读者能够对不同国家的语言文化有更深层次的理解。

三、有关音译的方法

(一)狭义音译和广义音译

对语言词汇进行充实,使其种类繁多可以通过多种途径来实现,利用引入别国语种当中某些词汇是众多途径里十分重要的方式之一。音译法作为汉语吸收、借鉴西方外来语最重要的方法,有狭义与广义之分。音译从狭义上看指的是对语音进行转写,基本上等同于不进行翻译,如英文当中的"Hamburger"直接译作"汉堡包"表示一种快餐食物,"Nylon"直接被译为"尼龙"意思是一种制作衣服的原料类型。音译从广义上看可用"音译兼表意"的方式,如"Poker"被译成"扑克",Daddy 被译作"爹地";也可以用"音译+意译"方式,如"Motorcycle"被译为"摩托车"是一种出行工具,"Miniskirt"被译成"迷你裙"指很短的裙子;也可以用"音译+类名"方式加以翻译,如 Golf 翻译成高尔夫球,Guitar 翻译为吉他。众多汉语音译外来词当中,狭义的音译词只有很少的部分,绝大多数音译词都属于广义上的音译词,也就是说在用汉语音译外来词过程中,所选择的不单单是那些单纯的表音符号,一般都会选取那些在表音基础上还有表意功能的词汇。从这当中可以看出汉语对音译外来语进行借鉴、吸收的过程并非是机械式照搬,而是积极对其加以改造,无论是从形式还是从内容上都逐步将其"汉"化,以求更加符合大众心理的过程。

（二）单纯音译法

单纯音译法是指完全按照发音来进行翻译的方法。它既不需要顾及原词的意义，也可以不顾汉语的词义，它的最明显特点在于转译词的语音与原词语音几乎一样。例如：英语中"Logic"一词的原意是"推理的、逻辑性强的"，被译作"逻辑"；"Coffee"被译作"咖啡"是一种饮料；"Trust"则被译作"托拉斯"表示真诚、真实的意思；"Carnation"指一种花的类型，被译作"康乃馨"。单纯音译需要注意尽量避开那些不协调的音，如饮料"Coca Cola"最开始被翻译成"蝌蚪"，导致其鲜为人知，被改译作"可口可乐"之后，开始迅速流行起来，受欢迎程度越来越高。

（三）寓意音译法

寓意音译法顾名思义，指在音译基础之上，尤其重视对字义进行挑选，以便能够使得所选字从汉语角度同样具有意义。这类转译词在语音上几乎是与原词一样，然而其深层意义则可能存在差异。例如："Younger"一词的原本意义是"更加年轻的"，被译作"雅戈尔"是一种服装品牌，它的联想意义容易促使消费者想到"使更加雅致、年轻"；又比如由 Intel 公司研发并生产的芯片"Pentium"被译作"奔腾"十分贴切地保留了原词形神兼备的传神之处。

（四）寓意半音译法

寓意半音译法是在音译过程中注意保留与原词读音上的相似处，在选取汉字时顾及汉语所包含的意义。这种转译法与上文中寓意音译法相似，唯一的不同之处在于：从发音来看，后者的译词与原词保持一致，前者则对原词的音节进行变化，在读音上有差别。比如："Simmons"最初是作为制床公司的名称，在注册床的商标时将其译作席梦思，使其充满着浪漫气息；"Sprite"是一种饮料名，其原义为妖怪，由于中国人对妖怪的忌讳传统，在被引进中国时，取其谐音，译作"雪碧"，独具一格；又如，杀虫剂 DDT 被译作"滴滴涕"，让人一听就了解到是一种液体，更是表达出烈性药剂等有效信息。

四、有关音译存在的问题

通过上文的论证说明，利用音译法进行翻译具有重要的作用，它是翻译过程中行之有效的方法之一，同时也能够为译文增添独特韵味。但是在使用过程中要避免以下两个误区：

（1）不加以限制地扩大音译法运用范围，把它作为隐藏不足之处的一种方式；有些无视现有对应词而致力于选取与众不同的词汇来夸夸其谈。如"Fiancee"（未婚妻）被译成"飞洋伞"，"Comprador"（买办）被译成"康百度"，"Massage"（按摩）被译成"马杀鸡"，"Do Show"（演戏）译为"作秀"，"Tie"（领带）译为"呔"。

（2）一味推崇音义统一，选择富有跟原先所指称的对象毫无关联的那些字或是单纯选择指称意义强烈的用字，从而令人听起来会有相关想象。如将"AIDS"（艾滋病）翻译成为"爱滋病"，是为了满足大众望文生义的传统惯性，从而十分容易引起错误观念；把"Laser"（激光）一词运用音译方式翻译为"镭射"这样令人顿生陌生感的词汇。这样造成的结果是要让大众的疑虑消除掉，媒体需要对这些词进行注解；将"Miniskirt"一词译为"迷你裙"曾经受到不少人的推崇，认为这样进行翻译独具心裁，实际上，如"mini"这类英文前缀其包含着"小"的意思，"迷你"常常会吸引对方的注意或者迷惑对方之意，原意与译义间相差很大，因而，一般的交际过程中只需要把"Miniskirt"翻译为"超短裙"便可，无须多此一举。

第二节　音译法的积极作用与消极作用

一、音译的积极作用

音译法得到广泛应用，有着不可比拟的优势，大致体现在以下一些方面。

（1）充满异域色彩。音译法的使用可以让外来语原本所富含的异域色彩得以留存下来，同时也为外来词涂抹上了神秘感。这样的外来词可以有效吸引读者的目光，有利于激发读者对于阅读的浓厚兴趣，从而使更多的人积极探寻源语言的文化内涵和底蕴，促进不同语言的各民族间文化的相互交流。

（2）简洁明了。虽然音译词在外在表现形式上相对比较简单，但是通过简洁的形式却可以表达出丰富意义。以音译词当中的缩略词为例，"International English Language Testing System"意思是"国际英语测试系统"，其缩略词为 IELTS，简称为"雅思"，虽然翻译得十分简洁，但这种简洁的形式不仅能够完整表达出原词的整个意义,而且其中充满着知识、智慧的光芒,让人很容易便可以和学习、思考等词语关联起来。

(3)音译词能够填空补缺。美国语言学家罗曼·雅各布松曾经说过,人们所有对于外在客观世界的主观认知以及整个认知经历都能够通过某一现在已经存在的语言来进行表达与描述。因为如果在表达的过程当中由于种种制约因素而出现词语空缺(deficiency)的现象时,便可以采用包括外译词、新词等方式方法来对现存的那些术语进行延展而将现存术语的意义进行扩大,以英语与汉语间的互译为例,由于英语与汉语之间存在着各种各样的差异,采取音译法可以对二者间的差异进行相应的补充。

(4)在文化层面上具有优势。当一国语言吸收引进另一国语言时,其他国家的词不可避免地会带有本国的特点。以汉语对英语的吸收借鉴为例,汉语在对英语的外来词进行引入时,都会在不同程度上带有中国文化的影子,多多少少都会被一步步汉化。例如,英语当中的"Test of English as a Foreign Language"这一表达,其在英语的本来意义是"不以英语作为母语的英语素养考试",汉语对其引进时将其简称为"托福",这其中就存在很大程度的汉化现象,因为中国人民对幸福美满有着强烈的追求,"托福"二字正是表达了中国人对于美满生活的向往,寄托着中国人对于未来的强烈祝愿。与之相似的外来词还有很多,如"Coca Cola"在中国被译作"可口可乐"是一种饮料的品牌,体现出希望通过喝这款饮料让人感受到快乐;又比如英语当中的"Robust"一词在中国被译作"乐百氏",表达出希望发生的任何事都是让人快乐的这种美好寄托。

(5)语义准确。不同语言之间进行互译的过程当中,力求"精准"是翻译者始终追求的目标,所谓"精准"即是要求音译词的语义与原词尽可能贴合,语义更为准确,可以凸显出事物之间的差别,避免歧义的产生。从心理角度进行分析,音译词体现出人们追求变化、力求新颖的共同心理。如英语当中"Romantic"一词,其涵盖了多层意思,包括"浪漫、多情、空想"等含义,同时也表示异性之间存在的暧昧关系。然而,它在汉语体系当中无法找到与该词所涵盖语义完全重合的词来与之相呼应。运用音译法对其进行翻译,"Romantic"在进入汉语言体系后,能够让中文的语言系统中的词汇量得到增多,同时也让表达的语言更为准确,能够避免在使用过程当中产生歧义。主张多元系统的学者们主张,文化体系是一个多元系统。在这个多元化的系统当中,各个类型的文学样式在其中所处的地位不尽相同,按照每种文学类型自身所具有的稳定性以及对于整个系统所占据的重要程度,将其进行排列,依照自中心至边缘这样的顺序进行分布。那么作为最具中华传统文化特质的诗歌毋庸置疑是处于核心地位,紧接其后便是通俗小说,而作为外来文化被引入的翻译文本是位于远离中心的边缘位置。按照多元系统理论进行审视,英语文化与汉文化之间的相互融合必须克服以下两个困境:一是以怎样的方式和策略来进入目标文化?换言之是要通过怎样的途径让自己摆脱边缘化的处境而逐步向中心地位靠近?二是在进入目标文化体系的过程当中怎样才可以始终保持住自身文化所具有的独特性而不会被目标文化所同化?

翻译文本对目标文化体系能否形成影响或者说能够产生多大程度的影响,这个在对方语言文化体系中争取地位的过程可以说是经济实力、政治地位各个因素之间的综合较量。实际上,一种文化能否对另一种文化造成影响,与其本身的文化优秀与否、文化自身所具有的内在力量等因素的关联性并不是很大,最主要的因素还是取决于该文化所在国所处圈里的政治、经济力量,英语在全世界的风行便是证实这一点最好的例子。另外,文化交流也有助于扩大文化圈国家的政治和经济影响。相对来说,如果一种语言的文化仍然处于弱势,就很难在主导语言的文化中获得重要的地位。因此,它往往会做出让步和被动地进行改变,并被强大的文化所同化。音译是抵制同化的最好方法。在本书下文中,将主要描述其在以下三个方面所发挥的积极作用。

(一)增加目标语词汇量

语言之间的相互借鉴与融合,是语言发展演化呈现出的基本形式。按照大量归纳总结,现代英语里八成词语是通过吸收外来词所得,这类外来词有的源于拉丁语,有的吸收法语,有的融合了希腊语等,这些词汇大大丰富了英语的词汇。其中,很多医学病理名词都是来自拉丁语词汇,另外,如"Kimono"(和服)来自日语、"Taiji"(太极)来自汉语等。英语词汇被音译成汉语也大大增加了汉语的词汇,汉语者接受了大量的英语音译词汇,如"Maroton"(马拉松)、"Pudding"(布丁)、"Club"(俱乐部)、"Bus"(巴士)、"Salad"(沙拉)、"Talk Show"(脱口秀)等。诸如此类音译词当中,"Show"一词的中文音译是"秀",值得一提的是,在最近几年,它已经逐步被广泛使用在社会生活的众多方面,从而表现了极强的适应性,其被认可程度令人无法想象。"秀"是英文"show"的音译,其在汉语言系统里包含了炫耀、表演与欺骗等众多意义,在秀一词的基础之上开始形成大量流行说法,"时装秀""作秀""秀恩爱""脱口秀"比比皆是。特别需要指出的是"Man Show"这个词,"闷骚"是由"Man Show"音译而来,最开始被使用是在中国的港台地区,随着使用人群的不断扩展,它已成为年轻一代十分欢迎的词汇。"闷骚"指那些外表看起来十分淡定沉着,不爱说话而内心充满想法的人。这类人群通常不会将自己内心的喜怒哀乐与情感倾向通过外在的表情呈现出来,然而在特定场合或情景下,通常会有超乎想象的表现。这种表现或多或少存在着"Show"的成分,却反映出个人真实而丰富的内心想法。运用音译的方法能够迅速而有效地将新的语言文化直接置入目标语体系中,使读者不必再次用另一层理解并构建一个新的自我定义出来。

　　为了让中国的文化输出在世界舞台上更有竞争力,也为了进一步推进汉语言文化同其他国家优秀文化之间的融合与交流,中国以积极主动的姿态努力向外输出具有中国鲜明特色的优秀文化,同时也采取了许多行之有效的策略,具体包括:一是重视教育,尤其是强调汉语言教学,努力提高中文教学水平,给汉语言教学提供一系列高素质的师资队伍和教学资源,近几十年间,我国积极在许多国家创办传授汉语言的孔子学院;同时,国内定期在教师队伍当中选派优秀中文教师赴国外进行汉语教学。二是以更加开放的姿态欢迎外国留学生来华学习交流。根据数据显示,已经有超过一亿的外国留学生在中国进行汉语学习。三是在进行文化输出时,注意语言词汇的翻译方式,努力寻求更有效传播汉语言文化的方式。如将中文系统当中的许多文化名词进行直接音译,以便使学习者可以按照中华民族汉字的发音特点来进行发音,从而不会因为发音问题受到干扰,同时也能够依照字母来拼写生词,这样能够更加有利于外国人对于汉语的学习。如"太极"曾经被翻译为"Shadow Boxing",外国人在运用该词时便会产生丰富联想,认为是拳击的一种,与打斗场面相关,众所周知,太极是中国的一种具有修身养性的独特文化内蕴,宗旨是为了平心养性而非同身体产生对立。可是当中国人听到别国人说出"Shadow Boxing"一词可能无法充分理解这样的深层意义,从而让交流出现一定障碍。如今音译"太极"为"Taiji",这样中国人只要一听便能够体会其深层意义,而外国人同样能够更好地借鉴吸收汉语言,达到语言的共识,推动交流的有效性。

(二)实现功能对等

美国翻译家奈达认为:"所谓翻译,是指把语义到文体在异语中月最贴切而又最自然的对等语再现原语的信息。"奈达的功能对等理论重视原文读者对原文的反应与译文相统一。在文化输出时,译者应当尽可能地传达词的文化内涵,从而确保目的语读者和源语读者具有共同的理解,以此避免歧义的产生。[①]

音译采取直接引用词语发音的方式,让某一个具体的物品或事件现象在两种语言里有同样的概念,保证其深层意义和延伸意义相同,达到功能对等效果。每个词都有内涵意义和外延意义。在文化交际中,如果要在译文中找到一个词来翻译,势必会使原文失去一些意义。例如,中文中的"师父"一词不只是一位老师,它包含着当一天教师终身为父的这层意思,师父在一个人成长过程中的作用比一位只在教室里教他人解惑的老师重要得多。而翻译成"Teacher"则失去了这样的内涵意义。如何解决这样的问题?最佳方式是通过音译方式将"师父"译作"Shifu"。如此不仅能够确保源词语的内涵意思不至于损失,也可以使原文读者与目标语读者理解到同一定义,从而实现功能对等的目标。译界曾经选取音译直接引用外国文化名词,如"Salon"汉语音译成"沙龙",众所周知沙龙是那些从事文学或艺术领域的一群人所组织的小型聚会。法国著名时装品牌"Channel"在中文里被译为"香奈尔","Lancome"(兰蔻)则代表法国一家彩妆品牌,"Pampers"被翻译为"帮宝适",是婴儿卫生用品品牌。在互联网飞速发展的现代社会,与之相适应的是大量以直接音译方式所引入的外来词开始流行起来,如将"Share"翻译为"晒客",指那些习惯于讲自己通过淘宝网站购物的用后评价以及购物心得,甚至于自己日常生活中的大大小小零件统统在社交平台上分享出来,让其他网友进行评论。在英语当中"Hacker"这一单词表示那些网络技术高超能够对网络与计算机软件系统进行非法入侵的一群人,在对其进行吸收的时候,将其音译作"黑客",这样黑客一词的中文发音基本同原词一样,可以侧面表现其外延意义。无独有偶,将富含中国独特文化色彩的词汇通过音译的方式将其推向国际舞台,不但可以完成文化色彩词汇

---

① 西方现代翻译研究的一大特点,是把翻译问题纳入语言学的研究领域,试图把翻译研究这个古老的课题赋予新的含义,增添新的内容,从而提出新的理论模式和翻译技巧,奈达的理论就是西方现代翻译理论研究领域中的突出代表,打破了中国传统译论中静态分析翻译的标准。

间功能对等,而且可以保存其独特风味。以音译方式,让具有英汉文化特色的词汇能够在目标语中有一样的表达,指向英汉语言中特有的统一对象,在英汉文化对外传播的过程中,就会避免受众产生错误理解的情况,如此不但能推动独特民族文化有效传播,而且也能确保民族文化的地道性。

(三)更精确地避免歧义

对于一部分表示本民族独特文化的专用名词,由于不同民族之间在文化素养和知识储备、认知结构上存在着不同,从而导致某些文化专用名词在目标语体系当中无法找到与之相对应的词,如果生拉硬套将其进行翻译,则失去民族文化特色,反而会导致传递错误信息的结果,让外来语的受众产生错误的理解和联想。

比如"Goldlion"作为外国的一家男装品牌,在其进入中国市场时,最初将品牌命名翻译为"金狮",很容易让中国的消费者联想到与动物有关,后来改用音译名"金利来"不仅让消费者便于记忆,同时也蕴含着希望消费者穿上本品牌服装后财源滚滚的美好寄托,从而扩大了该品牌在中国市场的影响力。对于某些蕴含文化特质的词语,单纯使用意译的方式进行翻译无法将该词多涵盖的内涵及其所代表的文化特质充分表达出来。对于有些蕴含本民族文化特色的词语如果不选择音译进行转换,还有可能让人引发截然相反的联想。如"龙"在中国是带有主观想象色彩的,在古代中国它是天之骄子的象征,充满着褒义色彩,而在西方,龙是一种客观的具象存在,是会吃人的怪物。如果将汉语言当中带有文化色彩的"龙"翻译为"Dragon",不仅不能体现出龙在中国所蕴含的文化特色,反而会使外国人与吃人的妖怪联想到一起,从而产生错误的理解。

苏联翻译理论家巴尔胡达罗夫说过,"翻译是一种语言的言语产物,在保持内容也就是意义不变的情况下,改变为另一种语言产物的过程"。在将某一民族的语言转换为其他民族所使用的语言时,其实质是不同民族之间文化进行交流和融合的过程,采取音译的方式,在不同民族的语言交流之间架起一座桥梁,不但可以将本民族的语言特色原汁原味保留下来,还可以避免在传播过程中产生错误理解。

(四)保持语言文化特色

语言是文化的重要组成部分,也是不同民族之间进行文化交流的重要媒介。在不同国家和民族之间的文化交往之中,保持本民族语言所具有的独特内涵的历史底蕴是对外进行文化传播的宗旨,也是非常重要的一环。在将本民族语言转换为目标语言系统时,可以有许多的翻译方式,其中采取音译的方法最能反映原始语言所蕴含的文化历史特征,尤其是对于本民族特有的那些文化名词。音译可以将其所反映的文化和语言的信息充分传递给其他国家和民族的目标读者,同时也可以给后者带来新的元素。它们也传播它们的文化和价值观。音译之所以能保持语言和文化的特征,首先是因为它能满足人们寻求差异的心态,其次是因为它在文化产出上有发言权。

(1) 满足人们的求异心理。追求与众不同是人们的一种共性。无论是何种民族、何种肤色的人,对于社会文化与哲学思想上都不可避免地存在着求异心理。人类总是对所不了解的领域充满着好奇。正是因为人类的好奇心驱使我们去研究大自然的秘密,探索新事物,促进科学技术的进步。而语言符号系统上的新的和不同的心态是永无止境的。音译通过模仿发音,保留外来文化特征,将另一种语言系统词汇引入目的语词汇中,使音译成为忠实反映外来文化特征的一面镜子。在信息时代,人们更愿意吸收新的文化因素来丰富自己的文化,把它当成时尚。由于不同文化间相互交流越来越频繁,不同文化之间往往不是以排他性与单向性进行渗透,而是彼此间相互了解,在借鉴中挖掘出新文化,从而丰富自己的文化,传播本民族优秀民族文化。保存文化身份越来越成为一种趋势,人们希望了解其他文化的同时也能够保留自己的文化特色,这给音译提供了广阔的需求空间。

(2) 掌握文化输出的话语权。在文化全球化的国际交流中,保持本民族的独特性是根本落脚点,每个国家和民族在进行国际文化交流的过程中都在追求一种民族文化认同感,希望本民族的文化受到外国的认同。当今世界,国际的竞争与合作都在日益加强,人们开始明显意识到在文化交流当中保持本国独特文化的重大意义。而语言作为文化交流的重要媒介,如何在将其转换为它国语言的时候充分表现出本民族的文化特征,是需要思考的一个重大命题。对此,彼得认为"意识形态因素越少,就越容易接近翻译"。由此来看,音译可以说是一种在不同语言之间进行转换的过程当中最能够保持本民族文化特色不被同化的有效方式,原因在于:音译过程中不掺杂意识形态的因素,而仅仅只是语音之间的变换,在进行音译过程当中,译者无法把自己的主观感情元素加入其中。

二、音译的消极作用

音译法在将英语与汉语之间进行互译,从而实现文化交流的过程中所占据的地位是独一无二的,在我国不断借鉴学习发达国家先进技术推进我国经济迅猛发展的过程中发挥了至关重要的作用。然而在我国翻译界,对外来词进行音译的过程中,不严谨、不科学、不适宜、不适用的情况也时有发生,主要包括以下几种具体情况:

(1)译音不统一。由于汉语言博大精深,存在着大量的同音词、形近词、近义词,这就造成外来音译词会出现不止一个版本,如"AIDS"既可以被译作"爱滋病",也可以被翻译为"艾滋病","艾"与"爱"是同音字,在发音上一样;"Bush"一词既可以被译作"布希"也可以译作"布什","希"与"什"读音相似,类似于这种译音不统一的情况还有很多,如"Hacker"被译作"骇客"与"黑客","Cambridge"被翻译成"剑桥"和"康桥"两个不同版本。此外还会出现译音不完全准确的情况,如"Massage"一词被翻译为"马杀鸡"意思是按摩;"Violin"早期被翻译成"梵婀玲"表示一种叫小提琴的乐器;"Telephone"曾被译作"德律风","Science"曾被译作"赛因斯"等。诸如此类译音不统一的译词,在开始引入外来词时期确实发挥了相应的作用,但它们无法恰当地表达出外来词所富有的内涵,因此,随着翻译的不断发展,会一步步退出历史舞台被新的译词所取代。

(2)尽量避免产生错误联想。在运用音译法进行翻译过程中,需要尽量避免音译词发散出同本事物毫无关联的其他意义。曾经有人把"Laser"一词本意指激光,曾经被运用音译法将其翻译为"镭射",不免令人产生误解,引发畏惧之感。

音译在实现互译的过程当中是一把双刃剑,一方面它在实现不同语言间的互译过程中发挥着积极的推动作用,让不同语言的互译变得直接、明了;另一方面,对于音译的不恰当使用也为互译带来了消极影响。音译的消极影响来主要体现在两个方面:一是可能造成源语文化的缺失,二是降低了译文的可读性。这两点消极影响所造成的后果便是极大地限制了音译词在译文中被大量使用。

(一)源语文化的缺失

音译词在拼写形式与读音上与目标语言都存在着明显的不同之处,不少人因此而片面地认为其富含异域风味与异国情调,由此而产生了不少误解,究其原因在于不少音译词自己本身不具有体现源语文化特质的功能,从而导致源语文化在被译为另一种语言之后文化特质有所缺失。以下文中的英译汉为例:

傅东华在翻译著作《飘》时,将男主人公"Rhett Butler"的汉名翻译为"白瑞德",这样的音译名过于汉化,反而丢失了些许"洋味"。不少读者认为译作白瑞德使得英语所富含的语言文化丢失了,而后来的"瑞德·巴特勒"更加好。实际上,"瑞德·巴特勒"相比于"白瑞德",最大的优势在于起到陌生化的效果,这正体现出英语语言与西方文化的特点。音译词说白了仅仅是作为"陌生化"的保护伞而存在,但是它明确向读者说明了音译词与目标语文化有所差别,却又无法说明不同之处的具体表现。若没有解释或注释一系列的解释说明作为补充,其能够发挥出的积极作用就会十分有限。

英语名字的命名是一个相对封闭的系统,人们习惯于直接借鉴前人的名字,而非对其加以创造与革新,从而导致诸如 Kate 和 Lily 这样的名字不计其数。由此所产生的结果便是英语当中的名字大多都是以指称意义为主,即使通过音译的方式同样可以表达出其指称或纪念意义。在汉语中的人名就并非如此,汉语名字的命名是相对开放式的系统,某个名字在某些情境下不仅能够纪念先人,而且同样能够用来纪念某次具有意义的事件,甚至能够体现志向与祝愿,而且在汉语命名系统当中任何字都可以被拿来进行命名,与之不相适应的是音译无法做到表达如此繁多而复杂的意义。如下文当中的具体实例:

在中国,对于取名这件事情是极为看中的,一个人的名字往往代表着长辈对其的期望与祝福。在《哦,香雪》小说中的女主人公名为"香雪",其名字寄托了为其取名之人对她的美好祝愿,希望她如白雪般纯洁美好。如果选取音译的方式将其翻译为"Xiang Xue"则完全不能将取名之人对它的这种美好寄托展现出来,因此有译者将"香雪"译为"Fragrant Snow"。相比于直接将其进行音译,"Fragrant Snow"更加能够让外国读者了解到,"香雪"二字不仅仅是女主人公人名的代称,而且其名饱含着取名人对女主人公所抱有的美好期望。

(二)可读性降低

一方面,因为有大量音译词存在,从而大大提高了理解译文时的难度;另一方面,与音译词一同而来的注解被频繁地被插入文中,这就极大地降低了文本的流畅性,从而导致将阅读者的耐心被慢慢消磨掉。因而,导致翻译的文本在其他国家的语言文化中被边缘化，无法被认可。例如，有位译者对茅盾所写的《白杨礼赞》一文进行翻译的过程中，把文中"麦浪"一词译作"mailang meaning rippling wheat"；同时把作家郁达夫所作《故都的秋》一文中的"秋士"翻译为"Qiushi"。对上述两词的音译不仅让词语变得十分复杂，同时这类解释型句子让译文的句式缺乏灵活性。

埃文·佐哈认识到这类问题的严峻性，他提出假若外来文本形式过于极端或者会让读者产生陌生之感，会导致译文陷入难以进入目标文化的困境。显然，太多或不恰当的音译使翻译边缘化，无法成为目标文化体系的主流。相对而言，翻译被接受的要求比保存源语言文化的要求更为基本和重要。可读性是任何文本中大量读者的先决条件，而解释词或句子的音译往往会破坏译文的可读性。

第三节　音译法的使用原则

一、音译词的合理利用

在英汉翻译时，采用音译的翻译方法主要是为了让本民族的文化特色在其他国家更好地被理解，同时也能够保持自己文化的独特性在传播过程中不会受到其他民族文化的影响，让目标语读者领略其蕴含的文化意义。译者应该考虑两个问题：首先，音译词是否具有文化代表性？其次，音译词的使用是否影响译文质量？

需要特别指出的是，不具有本民族文化特质的那部分文化名词也并非缺乏音译价值，而不必对其进行音译。以"牌楼"与"秋士"来作为例子，对比二者，毋庸置疑牌楼一词充满着汉文化特色，代表着古代中国的一种特色建筑，而且相对而言使用的范围也比较普遍；相比之下，"秋士"一词则仅仅盛行于小范围群众当中，是包含着阶级属性的词语，对于整个汉语文化系统当中"秋士"一词能够很好地区分文化层次不同的人群，然而从所代表的文化群角度来看，就毫无代表性可言。所以，对"牌楼"进行音译有其价值，对比之下"秋士"就可以无须进行音译。

从译文在大众当中的可接受度程度来看，音译词会将文本的可读性大大降低。假若因为音译词导致译文失去流畅性或者缺乏美感，就会极大降低译文质量，最终被读者抛弃,以音译方式传播文化的目标将没有根基。出现这样的情况,译者不得不弃用音译或做出相应变化。陈林提出两种能够弥补音译这一缺陷的方法,值得借鉴:一是"断",二是"拟"。所谓"断"是指将一个名词同时使用音译和意译两种方式进行翻译,具体而言是指将名词划分为前后两部分,对其采取不同的翻译方式,或者是前部分音译后部分意译,或者是前部分意译后部分音译。所谓"拟"则是对某一部分采取直接音译的方式,将读音表示出来。例如我国湖南的著名小吃"臭豆腐"被译为"Tinky Dofu",前半部分采用意译的方式使得词语的意义明确,容易理解,从而避免接受者产生错误联想和理解,后半部分采用直接音译的方法。这样将两种方式结合起来进行翻译,虽然舍弃了一部分的原词读音,但是改用意译可以使得翻译后的词意义更加明确,防止发生歧义或是错误理解。男装品牌名"Goldlion"在中国被译作"金利来",前半部分采用意译,后半部分采用音译,不仅容易记忆,同时也更有助于被大众所接受。

相比于纯音译法,近似音译法在与原词读音上的一致性不如纯音译法严格,仅仅只需要在读音上面与原词的读音类似,而不必完全相同,它更加具有实用性和灵活性。采用近似音译法不仅可以在发音上面保持与原词的大致统一性,而且还可以根据实际需求灵活采取多种翻译方式,如明确译词的意义、避免发生错误联想、迎合受众的需求。如"Panten"被译为"潘婷",是美国保洁公司旗下生产的一款洗发水,在对其进行翻译时采用的就是谐音方式,不仅在读音上与原词相似,而且表达效果也非常好;瑞士的手表品牌"Omega"在中国被翻译为"欧米伽",同样采取的是谐音翻译方式,取得了良好的反响;中国的品牌"海信",其英文名译为"Hisense",不仅在读音上与本国名字相似,而且与英语"High Sense"读音近似,容易让外国消费者联想到高灵敏、高清晰,正好将其电器产品的性能进行宣传。

因此,音译是通过翻译进行文化交流的一种有效方法。然而,在使用音译时,既要考虑源语,也要考虑目的语:一方面,考虑音译有没有充分展示出本民族的独特文化色彩和历史底蕴,是不是有必要承担不被受众所认可、所理解的风险;另一方面,也要考虑音译有没有对文本的可读性产生负面影响或妨碍其吸引更多的读者。只有认清音译词的积极作用和消极作用,才能更好地利用音译词传播文化。

二、音译法的使用原则

当今全球化日益加快,各国经济都在迅猛发展,英语在国际的互动交往中起到了至关重要的作用。我国与西方国家的交往日益增多,英汉翻译的重要性不言而喻。在英汉翻译的众多方法里面,最常使用的包括直译法、意译法、音译法等翻译方法。张培基提出:翻译的过程是准确接收原文所表达的意思,并通过创造性方式以其他语言将原文的意义再现的过程。而我国汉语中的外来词主要是通过英语引进的,并且绝大多数外来词的翻译是通过音译法来实现的,这些外来词几乎进入了各个领域的各个行业。本书主要探讨音译法的翻译使用情况,一般在以下情况中使用音译法。

(1)英汉语中专有名词的翻译。专有名词几乎存在于任何语言中,而绝大多数专有名词都须采用音译法,如地名、人名、商标等。地名如"Canada"被译作加拿大,"Italia"被翻译成意大利;人名如美国总统"Bush"中文译名为布什,英国著名作家、戏剧家"Shakespear"的中文译名是莎士比亚,印度著名诗人"Tagore"的中文译名是泰戈尔等;商标名如"Infinite"被翻译为英菲尼迪,是日本汽车品牌名称,"Safeguard"被译为舒肤佳,其他如"Dink"被翻译成丁克、"Shock"被翻译为休克、"Copy"被翻译为拷贝等。此外,许多缩写词也可以运用音译法进行翻译,如"Nazi"翻译成纳粹等。

(2)英汉语中特定文化词的翻译。在英汉语系中,有很多词属特定文化词汇。如汉语当中太极拳(Taiji Quan)一词,是中国特有的文化名词,具有深厚的历史和文化底蕴,对其的翻译,音译法是最佳选择,能够发挥其价值,可以将中华民族特有的文化色彩和历史底蕴充分表现出来。诸如此类的词语比比皆是,如算盘(Suanpan)、豆腐(Toufu)、麻将(Mahjong)等词。以上词语都轻而易举地被其他国家的人们所理解与接受。同时,在汉语言词汇当中现在频繁在日常交际当中被使用的其实有很多都来自于外来词汇,如 Disco(迪斯科),Dink(丁克),Club(俱乐部),Modern(摩登)等词,其共同之处在于充满外国气息,使用起来很时尚,这些词都早已被中国群众所接受,也广泛适用于日常生活中。

(3)英汉语中无对应词的情况。在英汉翻译时,会出现两种语言的对应词都是空白的这种情况,即一种语言中的一些词或概念在另一种语言中没有对应的词,音译可以解决这一矛盾。随着语言的发展,汉语也吸收了外来词汇,使汉语词汇越来越丰富。大量外来词被译为汉语词汇。例如:Romance(罗曼史),Clone(克隆),Humor(幽默),Mosic(马赛克),Cartoon(卡通),Cocaine(可卡因),Tango(探戈舞),Volt(伏特)等词汇。

音译法是一种译音代义的翻译方法,在翻译中起着重要作用。在使用音译法时,必须遵循一定原则,以避免许多缺陷。

音译主要通过单纯根据原词读音进行翻译和将读音与其他方式结合的方式进行翻译。音译并不是随心所欲地按发音进行翻译,而是强调其准确性。因此,音译应遵循以下原则。

(1)使用纯音译法时,尽量不要选择生僻字,如 Arab(阿拉伯)一词,最初被翻译成阿剌伯;省去不明显读音,即尾音[t],[d]等一般不翻译出来,如 Chocolate(巧克力)。

(2)混合型音译法主要包括音译、意译结合法。在对某个外来词进行处理时,采用一半音译、一半意译的方法,外国独有的用音译,中外皆有的用意译,如此一来,音译词所表达的意义就会十分明确,也更加易懂。如 Wall Street(华尔街),Miniskirt(迷你裙),BasketBall(篮球),AIDS(爱滋病),Rifle(来复枪),Waltz(华尔兹舞)等。

(3)统一规范。许多音译词在使用过程当中已经为使用者所接受,就不需要额外加以改变,如 Bernard Shaw(萧伯纳)。不过需要注意的是,一些新的译词,需要由权威机构制定出相对统一的规范。试想一下,若是所有的译者都可以依照统一规范去翻译,那么,混乱的现象将会大大减少。

(4)使用增义音译法。增义音译法指中国人在翻译外来词时不只是按照语音进行词汇翻译,也会让译词充满汉民族独特的文化因子。如"Carrefour"在中国被翻译成家乐福,其为法国人经营的连锁超市,中国人习惯于将"家乐福"与家庭美满联系起来,法语中却并不存在,诸如此类译词的使用因为中国元素获得众多中国消费者的推崇,所以许多中国人喜欢前往该超市购物。

(5)重视汉语语法规范。对于语法规则,如名词的数、格,英语中可数名词复数,一般情况下是在其后加"s"或者"es"。翻译为汉语就要求对应汉语的语法表达方式,如"些""们""几"等。要想与汉语规范相符,需要把英文 Students,Books 译成"几名学生""书本"。此外,在书写形式上,英译汉时,翻译过来的词其结构要与汉语结构保持统一。汉语中,双音节词最多,它们短而精,是中华民族精神的一种体现。因此在进行翻译的时候,要尽量将英语中的单音节和多音节词译为汉语的双音节词,如 Bee(蜜蜂)、Volleyball(排球)、Democracy(民主)等。

综上所述,对于外来词的吸收,音译法具有不可忽视的作用,是必不可少的翻译法,值得加以重视。然而,需要格外注意的是,使用音译法过程中必须严格按照音译法使用规则,这样使用音译法才能充分发挥其价值。

第三章　英汉音译研究综述

第一节　英汉音译规律探微

《英语姓名译名手册》(新华通讯社出版)在特别第六条说明中强调:在英文姓名形式的后缀部分规律性较强。为了在对其进行汉译时在汉语当中找到相对而言比较与之相统一的用字,总结归纳了英语姓名当中常用的那些后缀在汉译中的对照用字,并以表格的形式进行对照以便读者在自己进行翻译时有一个参考。实际上,在以英文命名的单词当中不光是其后缀部分的音译用字呈现出相应的规律,就连整个音译也并非毫无章法,仔细研究,都有其规律可循。此外,无论是《英汉大词典》(2007版,陆谷孙主编)中所附的《英汉译音表》,还是《汉语外来词研究》一书当中所附的《英美姓名音译汉化示例分析》,都可以作为英文命名的音译用字存在着规律这一观点。具体来说,其规律主要包括增音、减音与通音这三个规律。所谓的增音,具体而言是进行英汉音译过程当中添加原词中没有的元音或辅音;减音则需要在进行英汉音译过程中减少某些元音或辅音;而通音是将不同的音汉译为统一的读音。它具体来说有以下几类:长元音与短元音之间、单元音与双元音之间、轻辅音与浊辅音之间、鼻音之间以及流音之间。

对于音译的三个规律在本书下文中将全面概括并据此展开详细论述。

一、增音

增音,指的是在进行英汉互译过程中,选用音译法来增加原词的音素,一般情况下所增加的音素多为元音和辅音。

(一)增加元音

汉字属于单音节文字,音节包括声母、韵母两种。而韵母的形式有两种:一种是单一的元音,一种是由元音加辅音共同组成。相比较而言,声母则单纯得多了,它仅仅由辅音字母所组成。按照《英汉音译表》当中多列出的字母表,国际音标[b]译作"布"、[p]译作"普"、[a]译作"德"、[t]译作"特"、[g]译作"格"、[k]译作"克";[v]译作"弗"、[f]译作"弗"、[z]译作"兹"、[s]译作"斯"、[ʃ]译作"什"、[dʒ]译作"吉"、[tʃ]译作"奇"、[θ/ð]译作"思"、[h]译作"赫"、[m]译作"姆"、[w]译作"伍"。将以上所列声母进行分类,可以得出以下规范:

第一类——唇音。具体包括双唇音和唇齿音两种,无论是双唇音还是唇齿音其后都填入了[u]。具体例子:对音标[b]进行汉语转换过程当中,首先会将其对应为声母/b/,然后再在辅音字母之后加上韵母/u/,通过这样一系列操作之后[b]被译为"布"的汉字。

第二类——爆破音。除了上文中所谈论的[b]、[p],其余的4个爆破音都需在其后加上/e/这个汉语拼音字母。如在对国际音标[d]进行音译过程中,首先会将其对应为声母/d/,然后再其后添加韵母/e/,如此便被译作"得"。同样的步骤,在对[t]、[g]、[k]进行音译过程中,首先分别将其对应为声母/t/、/g/、/k/,然后在它们的后面添加韵母/e/,由此被翻译作汉语中的"特""哥""可"。

第三类包括摩擦音以及破擦音。除了上文所列出的[f]以及[v]之外,其余的摩擦音与破擦音,在进行音译时,在其后添增上元音韵母/i/。如对国际音标[z]进行音译过程中,首先是将其对应为声母/z/,然后在其后添加上韵母/i/,在这一系列步骤之后被译为"兹"了。

第四类——喉音。在对国际音标[h]运用汉字进行音译的过程当中,首先是将它对应为汉语拼音中的声母/h/,再添上韵母/e/,如此便将其用汉字译为"喝"。

(二)增加辅音

音译中添入辅音字母读音,具体而言包括以下两类:一种是采取将某一个音具有两种用法,另一种将其他语言系统中字母转换为汉语拼音字母来进行拼读发音。

1. 一音二用

所谓一音二用,说的是在进行音译过程中使源来字词的拼音范畴发生相应变化,让拼音当中的辅音字母有两种用法,具体而言就是不仅将该辅音字母视作它前面音节的韵母,又将其视为其后一段音节的首位声母。如 Anata[əˊniːtə],[ə]是词首轻读音节,不和后面[n]联拼。进行音译过程中,需要将来词的音节界限进行变动,具体而言,即将音节中[n]进行一音两用,[ə]不仅需要和后面[n]联拼读作[ən],从而音译成"按",然后用[n]与其后面的[iː]联拼,组合成音节[niː],音译作"尼",然后与其后音节[tə]联拼,译作"它",如此来看,Anata[əˊniːtə]可译为"安尼它"。与此类似还有 Annan,Penny 这些词。在 Penny 中[n]一音两用,即用[e]与其后的[n]相拼为[en],音译为"彭",再用[n]与其后的[iː]相拼,组合成音节[ni],译作"妮",如此将其译作"彭妮"。

2. 汉读法

汉读法,顾名思义指的是将其他语言系统中所有字母变换成汉语拼音字母来进行拼读,同时,在表现形式上也一并转换成汉语音节的,特别是要联结外语词拼写单位的划分和中文译名的读音拼写形式,却不必顾及英文字母在原语言里有没有单独记录的语音,也不必顾虑英文字母在原语言系统里读什么音。按照当前的翻译情况的众多具体实例来看,汉读法中主要增加这两个辅音,它们是[k]和[x]。

(1) 增加辅音[k]。添加辅音[k]的读音,具体来说就是源来字词里面 g 字母不进行单独读音。在进行转换过程当中,首先是把原词进行相应的切分,然后变化成汉语拼音的读法,即将当中缺乏独自进行发音的字母 g 变成了汉语当中的声母 g,这样也就增加了声母 g 即辅音[k]。例如:language,读作[ˊlæŋgwɪdʒ],其中的字母 g 没有单独发音。音译时,先将 language 切分为 lan—g—uage 这样三个部分,再改换为汉语拼音字母的读音,且将其中没有进行单独发音的字母 g 汉读成汉语的声母 g 即辅音[k],也就是增加了[k]这个音,这样就把 language 音译为"兰各为吉"。类似的例子还有 singer,先将其分为 sin—ger 两部分,且将其中没有进行单独发音的字母 g 变成了汉语的声母拼音的读法,这样一来,将其音译作"辛格"。

(2) 增加辅音[x]。增加辅音[x],具体来说就是原词当中 h 字母不进行单独发音。在进行音译过程当中,首先是把原词进行相应的切分,然后变化成汉语拼音的读音,即将其中没有发音的字母 h 变成了汉语的声母 h 即辅音[x],这样就把辅音[x]添加进去了。例如:"伯名翰"的英文形式是 Birmingham,其读音是[ˈbɜːmɪŋəm],在进行读音时当中的 h 并不进行发音,在对其进行汉语的音译过程当中,首先是把 Birmingham 分割成 Bir-ming—ham 这样的三个部分,然后再对其进行汉语读音的变换,在进行变换时要把当中不进行发音的字母 h 变成汉语的辅音[x],继而同其后面部分的 am 进行拼合,依照鼻音相通这一原则来进行音译,就是说字母 m 通字母 n,在进行音译时汉化作 han,被译作"翰"。与此原理相似的还包括 John[dʒɒn]与 Buckingham[ˈbʌkɪŋəm],首先把它们分割成几部分,即分别分割成 Jo-hn 与 Bu-eking-ham,同时把其中不进行发音的字母 h 进行变换,用汉语的声母 h 来对其进行替换,如此一来就把其用汉语拼音的读音方式译作"约翰"与"白今翰"。

二、减音

所谓减音,顾名思义,是指在对英语与汉语之间进行读音上的翻译时,在不影响整体读音的情况之下减少那些在发音上不具有明显特征的音节,其最终的目的在于使得音译过后的名词不会出现发音过长的情况。减音具体而言,在操作时可以减少元音和减少辅音。

(一)减少元音

减少元音主要是减少不明显和非重读的[ə],如在 America[əˈmerɪkə]中,减去第一个音[ə]不译,将 America 音译作"美利坚"。采用相同方式的还包括:将 Cyrus[ˈsaɪərəs]的中间音[ə]进行删减,不进行翻译,如此一来就将 Cyrus 译作"赛勒思";将 Hysteria[hɪsˈtɪərɪə]的最后音[ə]进行删减,不进行翻译,如此一来就将 Hysteria 译作"歇斯底里"。

(二)减少辅音

减少辅音可分为减少词中辅音和减少词尾辅音。

1.减少词中辅音

减少词中辅音,一般说来,有三个辅音在一起时,把其中不明显的音减去。具体可以从表 3-1 的例子中看出。

表 3-1　减少词中辅音举例

原单词	进行减音	音译词
Eastman	[t]减去不译	伊士曼
Westcott	[t]、[k]减去不译	韦斯科特
Shakespeare	[t]、[k]减去不译	莎士比亚
Montgomery	[t]、[k]减去不译	蒙哥马利
Alexander	[g]减去不译	亚历山大

2.减少词尾辅音

在减音中,减少词尾辅音最为常见(表 3-2)。

表 3-2　减少词尾辅音举例

原单词	进行减音	音译词
Juliet	减少尾辅音[t]	朱丽叶
David	减少尾辅音[d]	大卫
Stanford	减少尾辅音[d]	斯坦福
Finland	减少尾辅音[d]	芬兰
Columbus	减少尾辅音[s]	亚历山大
Vandenberg	减少尾辅音[g]	范登堡
Elizabeth	减少尾辅音[θ]	伊丽莎白

三、通音

通音是指不同的音相通,音译为同一个音。通音包括长短元音相通、单双元音相通、轻浊辅音相通、鼻音相通和流音相通。

(一)长短元音相通

长短元音相通,顾名思义,是指在音译时,长元音与短元音可译为同一音。它包括[i:]同[i]对应、[ɜ:]同[ə]相对应、[ɔ:]同[ɒ]对应,[u:]同[ʊ]对应。

1.[i:]、[i]相通

[i:]、[i]相通,具体来说就是在具体翻译实践中将元音[i:]与[i]译作 i(表 3-3)。

表3-3　[i:]、[i]相通举例

原单词	音译词
Leakey	利基
Libby	利比
Eaton	衣盾
Ickes	伊克斯

2. [ɜ:]、[ə]相通

[ɜ:]与[ə]相通，是指把元音[ɜ:]与[ə]译为/e/。在具体音译过程中的体现可以从表3-4当中看出。

表3-4　[ɜ:]、[ə]相通举例

原单词	音译词
Kermit	克密特
Thurber	瑟伯
Arthur	亚瑟

3. [ɔ:]、[ɔ]相通

[ɔ:]、[ɔ]相通，具体而言是指将元音[ɔ:]同[ɔ]分别音译作/ao/与/uo/。在具体音译过程中的体现可以从表3-5当中看出。

表3-5　[ɔ:]、[ɔ]相通举例

原单词	音译词
Auden	奥登
Austin	奥斯汀
Dora	多拉
Doric	多丽丝

4.[u:]、[ʊ]相通

[u:]、[ʊ]相通,是指把元音[u:]与[ʊ]音译为/u/。在具体音译过程中的体现可以从表3-6当中看出。

表3-6 [u:]、[ʊ]相通举例

原单词	音译词
Brooks	布鲁克斯
Bruce	布鲁斯

(二)单双元音相通

所谓单双元音相通,是指在音译时,单元音和双元音可译为同一音。它包括[e]、[eɪ]相通和[ɒ]、[əʊ]相通。

1.[e]、[eɪ]相通

[e]、[eɪ]二者相通,是指把元音[eɪ]与元音[e]在具体翻译过程中音译作 ai 和 ei(表3-7)。

表3-7 [e]、[eɪ]相通举例

原单词	音译词
Keller	凯勒
Kate	凯特
Felton	费尔顿
Faith	费思
Peg	佩格
Page	佩奇

2.[ɒ]、[əʊ]相通

[ɒ]、[əʊ]相通,是指把双元音[ɒ]与[əʊ]音译为/o/。在具体音译过程中的体现可以从表3-8当中看出。

表3-8 [ɒ]、[əʊ]相通举例

原单词	音译词
Hopkins	霍普金斯

续表

原单词	音译词
Holman	霍尔曼
Bori	鲍里斯
Bowman	鲍曼
Dorothy	多萝西
Dole	多尔

（三）轻浊辅音相通

所谓轻浊辅音相通,是指在音译时,轻辅音和浊辅音可译为同一音。具体而言包括[p]与[b]相通、[f]与[v]相通、[t]与[d]相通和[k]与[g]相通。

1.[p]与[b]相通

[p]与[b]相通,一方面是指把辅音[p]与辅音[b]都译作p,具体在操作过程中如:对Payne[peɪn]和Bacon['beɪkən]进行音译时,将其分别译作"佩思"与"培根";另外一方面是在翻译过程中将辅音[p]与[b]两个字母音译作b,在具体音译实践中的例子,如对Paul[pɔːl]与Bori['bɒrɪs]进行音译操作时,将其分别译作"保罗"与"堡里思"。

2.[f]与[v]相通

[f]与[v]相通,对于[v]这个音,在汉语拼音系统里无法找到相对应的音来与之对应,由此在进行具体音译过程当中一般情况下会将[v]译作/f/,具体音译实例如:对Frank[fræŋk]与Virginia[vəˈdʒɪnjə]进行音译时,将其分别译作"弗兰克"与"弗及尼亚";对Fanny[ˈfænɪ]和Vanbrugh[ˈvænbrə]进行音译时,将其分别译作"范尼"与"范不勒"。

3.[t]与[d]相通

[t]与[d]相通,一方面是指把[t]与[d]音译为/t/,如把Teller[ˈtelə]音译为"特勒",把Delaware[ˈdeləweə]音译为"特拉华";另一方面是指把[t]和[d]音译为/d/,如Truman[ˈtruːmən]音译为"杜鲁门",Dewey[ˈdjuːi]音译为"杜威"。

4.[k]与[g]相通

[k]与[g]相通,一方面说的是对[k]和[g]进行音译操作时,一般情况下将其

译作 g；另一方面也可以将[k]与[g]通过音译的方式将其译作/k/。具体而言如：将 Columbus[kəˈlʌmbəs]译作"哥伦布"，把 Grenland[ˈgriːnlənd]译作"格林兰"；将[k]与[g]通过音译的方式将其译作/k/的具体例子如：将 Blog[blɑg]译作"博客"，将 Hacker 译成"黑客"。此外，对[k]与[g]这两个音，都统一译为汉音/j/，如将 California 译作"加利福尼亚"，将 Edgar 译作"埃得加"。

（四）鼻音相通

所谓鼻音相通，是指在音译时，三个不同的鼻音之间相通可以互译，具体地说：[m]与[n]相通、[m]与[ŋ]相通和[n]与[ŋ]相通。

1.[m]与[n]相通

需要特别指出的是：鼻音[m]同鼻音[n]之间的相通，并非是双向的，而仅仅是[m]能够被译作[n]，[n]一般不将其译为[m]，具体而言：对 Birmingham 可以音译作"伯明翰"，可以将 Olympic[ˈɑlɪmpɪk]译成"奥林匹克"，将 Dram[dræm]译成"达蓝"。

2.[m]与[ŋ]相通

[m]与[ŋ]之间的相通，与[m]同[n]之间相通一样，也仅仅具有单向性，一般情况下只将鼻音[m]音译成鼻音[ŋ]，具体而言如：将 Adam[ˈædəm]音译作"亚当"，将 Chamberlain[ˈtʃeimbəlin]音译成"张伯纶"，将 Clapham[ˈklæpəm]译成"克拉彭"。

3.[n]与[ŋ]相通

与上述两种情况不同的是，在[n]与[ŋ]之间的相通是双向的，不但可以将[n]译作[ŋ]，而且可以将[ŋ]音译成[n]。具体而言如：既可以将 Inness[ˈɪnɪs]音译成"英尼死"，将 Conrad[ˈkɒnrəd]译成"康拉得"，也可以将 King[kɪŋ]译成"金"。

（五）流音相通

流音相通是指两个流音[r]和[l]在音译时相通，具体地说，是[r]音译为[l]。如 Randy[ˈrændɪ]音译为"兰迪"，Henry[ˈhenrɪ]音译为"亨利"，Brown[braʊn]音译为"布朗"。

音译的过程并非想象中那么容易，在进行音译的过程当中需要遵循的规律和原则众多，上文中列举出的规律只是其中较为典型的，仍然存在着大量的规律需要越来越多的学者去进行深入研究、探讨,从而挖掘出相对实用的规则。俗话说,"世事无绝对",即使再具有普遍性的音译规律也无法适用于所有的翻译情况,换言之就是,所谓的音译规律仅仅是为翻译过程提供可借鉴的范式,却不是百分百适用。

第二节　英汉音译词的借用模式与属性

汉语言在书写体系上属于表义型文字,然而在与其他语言进行互译过程中,却表现出表音型文字的特性。对音译外来词的观察可以发现,汉字只被用作表音字符,其作用在于表现发音却不传达任何实质性的意义。从这一点出发,英语源词与汉语生成词之间是否存在"语音相似性",已成为音系借用中最重要的指导原则。由于外来词的狭义意义仅限于音译,这一原则有时被用作识别外来词的标准。然而,对现有英语外来词的分析表明,在翻译中很难把握上述标准的准确性。因此,"语音相似"的理论必要性与违背该原则的实践合理性是矛盾的,这种语言接触的效果应引起语言学家的关注。

外来语源语以外国语言字词作为媒介,是不同国家以及不同民族之间进行交往的过程当中各自借鉴、融合彼此系统中的语言元素所产生的结果,这个历程即是"语言的借用"。虽然将其称为"借用",但实际上这种借用虽有借但却不必还,不少理论家认为这样的看法并不完全准确,不过还是被翻译领域视为理论用语并借此分析研究外来语。

几乎所有的汉语借词分类法都着眼于语音和语义两大因素在借用过程中的参与作用,且不约而同地将纯粹的语音借词置于首位;上述"音译词""声音的替代",以及"语音借用"都是指语音借词。吕叔湘和王力从结构主义语言学理论出发,将仿模和原模的语音相似性作为界定借词的标准,主张把借词局限于因音译而产生的仿模中,伍铁平将其总结为"音译词,才是严格意义上的借词"。虽然该狭义定义后来被赵元任等人的广义定义所取代,但它也凸显了音译词在外来词中的核心位置,属于借词的原型案例。

在此,主要讨论英汉外来词的借入方法时刻意将义译和意译进行区分:义译与音译相反,选取"义"字能够同语义学说法保持一致性;而意译的方法则对应于直接翻译,表示重"意图"而轻"形式"。该区分有助于避免产生定义误差的情况。

一、音译词的借用模式

西方国家曾经在国际舞台上处于强势主导地位,反映在语言使用方面,英语的影响力也十分强大,在这种背景之下,汉语在过去的二百多年中为了更好地融入世界舞台,从西方吸收先进科学技术,从而引进了许多的英语外来词。然而,必须承认的是,不同语言间存在的差异对词汇借用构成了困难。当英语原型应当借用时,如果不理解其内涵,就很难从语义的角度来表达它。从词法形式分析并非易事,英文与中文的写作和语法体系差别明显。所以,汉语原语模式的发音成为最适合受益人语言的依赖因素,汉字是最方便、最有效的记录英语源词发音的方法。

宽泛意义上,音译词包括单纯的音译、语音语义翻译、音译注释等涉及语音成分的外来词。但是,假若要研究英汉外来词的音译经过,就应该把音译词从狭义上理解为纯音译词,即汉字只是模仿英文源词的发音,而不把自己的意思贡献给纯粹的拼音借词。纯音译词的借用过程可参见图3-1。

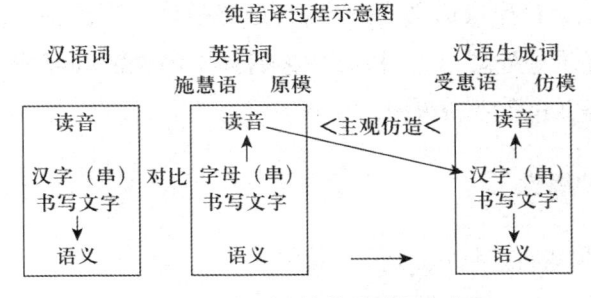

纯音译过程示意图

图3-1 纯音译词的借用过程示意图

如图3-1中前两竖列所显示,可以看出,无论是汉语词语还是英语词汇都含有读音、书写文字和语义这几种要素,虽然构成的要素一样,但是将二者的体系进行对比,可以发现它们的文字体系有很大的差别,这种差别具体表现在:汉语是一种表义型的文字体系,其汉字本身就含有具体的意义;对比之下,英语却是一种表音型的文字体系,英语词汇的字母串首先可以用来表示其读音,这一点从图中的实线箭头可以看出。再者,无论是汉语还是英语,它们的读音和语义二者间没有必然的联系,读音与语义间的这种现象恰好是语言任意性的一种具体体现。

在英语语系里的源词可以作为施惠语的原模,而汉语当中所形成的生成词则可以视为是对受惠语的仿模。英汉纯音译词的具体形成的整个过程可从图 3-1 中的后两竖列看出。

(1)当借用发生时,实际上是作为受惠语的英语源词通过参照原模的读音,在自身系统的书写文字当中选择与之相符合的一串汉字或是某个汉字,选取为汉字进行注音的方式来记录原模的读音,这种记录过程相对比较主观。正因为如此,导致原模读音与仿模的汉字具有比较直接的相互关联性,如图 3-1 中的虚线箭头所表示的。由于这种选择用字时的主观性从而导致了最终的结果具有多样化,所以对于纯音译词而言,一词多译的现象往往经常出现。具体的例子如下:英语单词"Monroe"作为姓氏词,在汉语当中其标准译名是"门罗",如第五任美国总统"James Monroe",著名好莱坞影星"Marilyn Monroe"其姓氏在汉语当中的对应词却被译作"梦露",这种译名主要是为了贴合梦露其人的气质,而汉语译名也因为符合主人翁的美貌从而被赋予女性气息。

(2)受惠语选择汉字时只用音不表义,所选汉字就个体而言不具备语义功能。但是,当汉字作为一个整体时,却在受惠语中具有某个特定语义。

(3)仿模语义借自原模语义,原模语义是仿模语义的源头。仿模是根据原模的特征、因素和性质等处理语义,核心是根据词义结构的必要成分分析出语义角色,并按照各个语义角色重新组构。

二、音译词的属性

音译词一旦生成,便具备以下几大特征。

(一)语音相似性

从上文当中所分析的具体生成过程来看,在仿模过程中,音译词与源词之间在读音上所存在的相似处,是其与原模最明显的关联,而纯音译词最为显著的特点也在于此。仿模在受惠语中的发音不但要能够和施惠语的原模具有相互关联性,同时要追求将这种关联性使之实现最大化,具体来说就比如,在将英语词中的"tank"一词进行音译时,tan-ke(坦克)因为包含鼻音的原因会比 ta-ke(它克)在关联性上更为紧密,因而选择译作"坦克",而非选择译为后者,前者显然是更佳的选择。

从理论层面上来看,上文中所论述的二者间存在的相似性,其对于使用受惠语作为母语的人群来说,是更加适合的一种选择,但是在具体的运用实践当中,语音之间的相似程度相对比较低的例子也比比皆是,下文将会对这种情况进行详细论述。

(二) 语义关联性

仿模的语义归根到底还是来源于原模的意义,二者从语义层面来看存在着必然联系,在大多数的情况下也是相同的。"嘉年华"一词在成为汉语词的时候便吸取了英语词"Carnival"的语义,它之所以被创造的目的就在于为受惠语表达这一层内涵意义;与此相类似的例子还包括"脱口秀"与"Talk Show","荷尔蒙"与"Hormone","Engine"与基因一系列词。而只有当英语源词为单义项的情境下,仿模与原模才有可能实现语义的一致性。

即使仿照的语义出自原语义,但前者也可能不与后者完全一样。比如,汉语当中的休克、坦克等词仿照自英语词当中的"Shock""Tank"二词,这两个英语词都是包含几种意义的词,汉语当中的词仅仅借用其部分意义,该词的其他含义没有借用。此类例子还有"Smart",其在英语当中有多种含义,包括"聪明,时髦,快速",中文对其进行引进的时候,只借用了其中时髦的含义,音译作"时髦"。从上述分析可以看出,借词的借用对象看似是某个外语词,实质上是借用某个词的一个或部分义项,实际上是"造词借义"。

由于个体自身文化储备及素养不同,造词者对原词的理解也许存在或多或少的误差,所以,就会导致仿照的意思在一些情境中与原背离原模语义。英语词"Car"起初音译为 ka"卡(车)",但如今仿模与原模在语义上显然不是同类。

总体而言,纯音译的仿模和原模存在语义关联性,但两者并不必然等同。

(三) 特征混杂性

英语与汉语的音译词汇可以说是两种语言交往互动的产物,它同时把英语和汉语两种语言当中部分元素加以融合:它在读法上与英语接近,同时,其读音在汉语化的一系列操作之后,加上运用中文字符进行书写,汉语的属性也较强烈。从语言特征来看,这些词汇可以说是半成品,具有很强的混杂性。

(四) 用途单一性

单纯的音译词一般情况下出现于人名、地名和特殊领域的专业词汇。其在用途上十分单一,实际上,单纯的音译词一般仅仅包含发音上的关联性,因此严格意义上不能看作真正翻译;如果在借用的时候未将被借词的义项进行改造,其词义就会引发错误理解。

三、语音偏差的成因

就像上文分析的那样,音译词的确应该尽量使二者的类似程度最高,然而在具体实际中要达到这一要求并非一件容易的事情。产生语音偏差的原因主要有以下几点。

(一)语音体系不对等

中文词汇在引入外来词的时候,应该根据汉语发音特点对英语词发音进行相应转换,这是由英汉两种语言在发音上的差异造成的,其读音只能相似,无法同一。例如,英语词 mosaic [məʊˈzeɪɪk]的重读音节[zeɪ]在汉语中无相同音才使用 sai "赛"(与汉字 zei"贼"发音差距更大),因而才有 ma sai ke(马赛克)的说法。同时英语词发音以辅音结尾很普遍,但汉语却没有这种现象。此类末尾辅音要么被附加汉语元音(类似英语[ə])等,如同上例的[k]被改造为 ke;要么被使用,要么被丢弃,如同 toast [təʊst]末尾的[t]被丢弃后成为 tu si"土司"。

从以上论述的原因来看,如果选择在发音上近似的汉字来对英文的读音进行仿照,那么极有可能会发生注音出现偏差的情况,通过音译的方式,所追求的原词与异词在读法上的相似性只可能维持在理论层面。

(二)汉语方言介入借用

若是仅有上述因素,原模和仿模的发音还是很容易被关联起来,局部差异并不影响整体相似。但是汉语的区域变体——方言却使该问题复杂化。如不考虑方言作用,汉语中既有的许多英源音译词几乎无法解释,仿模与原模的发音差距甚至会令人怀疑其音译词身份。

在改革开放之前,几乎全部的英汉音译词均有广州话和上海话借入,原因在于广东、上海是历史上中西方交流最频繁的地方,两地的本土人在对英语进行借词的时候,不可避免地会依照当地的方言音来挑选汉字为外语词进行注音。鸦片(opium)与沙发(sofa)两词就是带有广州和上海方言发音的典型词汇。近几十年来,由于普通话的普及其适用范围越来越大,英汉音译词一般都是根据普通话的读音而被引进中文词语之中,如 clone(克隆),moody(木滴)等。

音译词在最开始出现并开始运用的早期呈现出多样化的倾向,具体表现在,即使是借用同样的一个外语词汇,受不同的方言的影响导致最终翻译为不相同的音译词,这些不同方言背景下所产生的音译词,有可能长时间并列存在互不影响,也有可能碰撞融合从而实现相对的统一。以借用"chocolate"这一单词为例,在广州话中被译作"朱古力",在上海话中被译成"巧克力",这两种音译的结果在各自的领域被人们所使用。又比如英文当中的"salad"一词,受广州话发音的影响被翻译为"沙律"、受上海话的影响被译成"沙拉",但是在长期的使用过程中"沙拉"逐步被越来越多的人使用,而"沙律"慢慢被淘汰。再比如著名的汽车品牌"BENZ",其受广州话影响将其翻译成"平治"、在上海话中被译成"奔驰"、用普通话音译为"本茨",这三种形式都比较接近原词,但是在使用过程当中,"奔驰"成为主流。

值得一提的是,汉语方言对音译词产生的影响并未对原语与优语之间在读音上的类似性造成实质的影响。然而,某些时候大家在使用音译词时出现读某些音译词时存在发音与音译词不相似的情况,是因为现在普遍使用的都是普通话,然而许多通用的音译词时受方言影响的词,大家习惯性用普通话的发音去读那些音译词,从而导致读音不相同的情况。

(三)语义的渗透干扰

在对外来词进行借用的过程当中,音译词通常是在进行用字选择时,着重于采用读音相似的用字而不考虑其意义,这就造成字与字之间在含义上缺乏相应的内在联系。为了便于音译词的记忆和传播,译者往往更倾向于在遵循发音接近的基础之上,选择含有某层字面意义的汉字字符。比如,英文单词"husband"(丈夫),在早期被上海翻译者译作"黑柒板凳",这种读法容易让听者误以为是给板凳刷漆的人,从而造成错误理解。

造成上述错误理解的主要原因在于中文汉字是一种表意性的文字。哪怕是那些完全以拼音作为基本元素的借入词,中文字符表达意义的属性仍然能够体现出来,更别说那些不完全以读音进行翻译的词语。比如在音译过程当中对于字符的提取和中国人习惯在音译词中读出含义来的想法。

在具体实践过程当中,诸如上文中的依靠字面意思理解音译词的情况,虽然有

英汉音译研究

可能产生误读,但是这情况不是完全起到负面影响的。如果目标词语在进行借入时对其音译的过程中有意识地融入与原英文单词意思有联系的部分词义因素,那么对于译词使用者而言便可以更容易与音译词所指称的对象关联起来。从这一点出发,如果要实现最佳效果,那么翻译者在进行翻译的时候不仅要力求做到在发音上与原词语接近,而且应当兼顾到字符自身所具有的意义与英文原词在词义上相互关联,如表 3-9 所示。

表 3-9 词义上的相互关联举例

单词	读音	意义
gene	ji yin 对应[dʒi:n]	"基本因素"对应"遗传物质"
vitamin	wei ta ming 对应[ˈvɪtəmɪn]	"维持生命的营养素"对应"维持人体的有机物"
shopping	hyut ping 对应[ˈʃɒpiŋ]	"俗血拼杀"对应"疯狂购物"
share	Shai 对应[ʃɛə]	"把东西放在太阳光下"对应"把东西拿出来与人共享"

在选择用字对原词进行借入的时候,为英文单词在汉字当中找到合适的既能体现读音又能表达含义的用字实在不是一件简单的事情。在一般情形下,如上文所列举的实例,从中可以发现使用汉字字符对英文单词的读音进行表现,由于英文与中文之间存在的差异性本身就不容易实现完全的统一,更别说要兼顾词义的体现,由此而言,在读音上的接近程度必然受到相应的损害。

综合上述分析,可以得出这样的结论:由于词义的干扰导致音译过程扩大了原词和仿词二者在发音上面的差异性。

(四)源词的主观误读

英语词汇在书写形式与发音方法之间并非是完全一致的,在英语当中很大一部分单词其实并不符合常规的发音原则。当这类型的英文单词被借入中文词汇当中,人们十分容易因为惯性读法而将其错读,进而选用与错误读法相适应的汉字字符。

由于元音字母的读法并不容易全面将其掌握,在中文词汇中由于念错元音导致翻译错误的情况十分普遍。具体的误读举例如表 3-10 中所列。

表 3-10 误读举例

单词	误读的字母	中文音译词
Hades	元音字母 a[eɪ]被误读为汉语拼音 a	哈迪斯
Plato	元音字母 a[eɪ]被误读为汉语拼音 a	柏拉图
Utopia	将 u[juː]误读为汉语 wu	乌托邦
rabbi	将 a[æ]误读为拼音 a	拉比
Afghan	将 gh 误读为 h	阿富汗

  汉语吸收了大量的英语外来词,音译是英汉外来词的主要组成部分。与语义翻译相比,音译方式由于简单、容易操作,所以在引入外来词的过程当中始终被放在主要位置上:在英语与汉语的最早交流融合中,音译是最普遍的借词方式,时至今日仍然有大量的英语借词通过语音借词进入汉语词汇。

  研究借词,不仅要注意借词的来源和借词事件等史料的来源,还要从语言学的角度分析借词的方法和原则。在本节中对音译借用的步骤和流程进行了图形分析,并从语音、语义、功能等方面阐述了音译词的基本属性。

第三节　英语专有名词的汉语音译

  英语专有名词,通常情况下都是采用音译的方式引入汉语的,而英汉语音的差别无疑是影响音译的一个重要因素。音译则作为吸收外来语的一种基本手段,在翻译专有名词方面起着重要的作用。所以这一节将对英语专有名词的音译所出现的问题和现状进行一定的探讨和研究。

  音译,具体而言指的是把甲国家所使用的表达词汇选取乙国家的语言当中与其在读法上面相同或接近的字词进行转述出来,一般情况下适用于翻译外国语言当中的那些特指名词。对于英文与汉语互译过程当中的音译,即以汉字的拼音来表达、仿照英文中一些单词的读音,集中在那些不适合进行直译或意译的英文名字。所谓的特指名词就是说该名词指向特定的对象,可以是具体的人、事或物,包括人的名字、某地的称呼、国家名称等。本节主要分析研究的是进行模拟发音的人名、地名。

一、专有名词音译中既往的困惑

(一)汉语的习惯

在汉语的运用传统当中,人名的典型格式如李白、屈原这样的,再看传统的地名也是如此,主要由2~3个汉字字符构成,有的还有可能只用单个汉字字符。相比较而言,英文当中的人名与地名确实过于复杂和冗长,这就导致在进行翻译时,出现了不小的难度。不仅需要考虑读法的相似,而且要能够顾及本民族的使用习惯,于是常常出现一些简化的译法,如将"New Found Land"译作"纽芬兰"。

(二)国际音标系统未完善

从翻译的历史来看,英语与中文两者间的互译在很早的时候便已经开始,而19世纪末期,才开始提出国际音标的设想,同时因为存在的种种不足而需要不停对其进行完善,现在国际所通用的版本是2000年以后修订的方案。因此,在相对完善的音标系统出现以前,在国际上对发音的认知程度是不够透彻的,所以常常出现一些不统一的译词,如将"Britain"译成"不列颠"。

(三)其他外语的影响

外语当中的姓名、地域名称是已经存在的,不同种类的用语从读法角度存在不同之处,历史上,不少译者在进行翻译的过程当中通常会受到思维惯性的影响,比如Spain(西班牙)等词就因为受到其他语言的影响,与英语发音相差较大了。

(四)汉语拼音方案未确立

在未能制定出相对规范的汉语拼音方案以前,即使是分析汉语的发音都存在困难,仅仅依靠模仿更是难以有效辨别二者之间的类似程度,由此就产生了大量似是而非的音译:Canada(加拿大),其发音应为"开纳得";Washington(华盛顿),其发音应该是"哇申盾";Hilary(希拉里)理应读作"黑嘞瑞"。

二、专有名词音译中现有的困难

历史上,由于种种原因所造成的局限性,在进行音译时往往会存在或多或少的不完全准确或不太科学的情况,这些问题要用宽容的眼光去看待,不可吹毛求疵。

甚至于目前许多人在进行英语与汉语之间的转换过程当中,仍然遇到各种阻碍从而损害了模仿读音的正确程度。

(一)汉语拼音中没有的音

英语当中构成读音的基本单位,有很多在中文当中并不存在。这并非是中文所暴露出的不足,而是不同语言其发音的特征与方式各有特点,按照不同的规范进行语言的拼读所造成的。下文当中的许多发音单位便是中文系统中不存在的,因此唯有凭借与其相似或者谐音来进行替代。

1.元音的长短

英文在进行发音时,会有长音和短音的区别,而在中文的拼音系统当中不将其进行严格区分,因此在对其进行借用时,一般情况下,只能采取模糊化的方式。比如:在英语单词 Walker 中的两个元音;再如 Reed 和 rid 中的元音,译成一样的音。

2.汉语中不存在的辅音

汉语中不存在的辅音如表 3-11 所示。

表 3-11　汉语中不存在的辅音

very	用 w 代替
these	用 z 或 j 代替
thanks	用 z 替代
zero	用 s 替代

3.汉语中没有的元音

汉语中没有的元音如表 3-12 所示。

表 3-12　汉语中没有的元音

wet,cat,kite	用 ai 统一代替
harm,but	用 a 统一代替
mouse,mop,morning	用 ao 统一替代
zero	用 s 统一替代

4.汉语中没有的组合

有些音,元音和辅音是中文字母系统和英文单词系统都存在的,然而英语中随处可见的搭配在汉语普通话当中却找不到。

boat,b 和 ou 汉语都有,但没有 bou 的组合。同样的情况还有很多:key,gib,gear,no,而 fit 只能用 fate 的汉字,fiber,four,fear,few,sea,say,raft,red,rye,she,tube,heat 要用 hate 的音,等等。

5.汉语中没有的排列

英语系统中单词,不仅包括元音作为开头(表 3-13)的情况,也包括辅音作为开头的情况(表 3-14),其结尾不但可以使用元音,也可以使用辅音。但是在汉语系统中,基本都是辅音作为开头,元音作为结尾,这样的区别无疑让英汉之间音译的过程变得更加复杂。元音开头:Eve 不得不加上辅音,变成"伊";Urdu 要加辅音,变成"乌"。

表 3-13 元音开头

Eve 加上辅音	变成"伊"
Urdu 加辅音	变成"乌"

表 3-14 辅音结尾

以 p,b,t,d,k,g 发音结尾	加拼音 e,读作"坡,波,特,德,克,格"
m,f 音结尾	加拼音 u 读作"木,夫"
s,z 音结尾	加拼音 i,读作"斯,兹,施,日,池,支"

(二)汉语方言的影响

我国是一个拥有众多民族的国家,因此在我国领域中所使用的语言和方言数量很多,各个方言之间在发音系统上的差异性较大,对于相同的汉字,辅音与元音之间甚至都会存在各种各样的差异,而这种差异的客观存在自然而然会在英汉音译过程中体现出来,例如相同的单词在我国大陆和港台的翻译就有所不同如表 3-15 所示。

第三章　英汉音译研究综述

表 3-15　汉语方言的影响举例

单词	大陆	港台
Bush	译为"布什"	译为"布希"
New Zealand	译为"新西兰"	译为"纽西兰"
Beck Ham	译为"贝克汉姆"	译为"碧咸"

也正是由于汉语与英语之间辅音与元音存在的种种差异，导致在音译过程当中音节之间的误读现象比比皆是，主要集中在 r 被错误的读成字母 l，w 读成 h，h 被读成拼音的 x 等情况，具体以表 3-16 当中的事例可以体现出来。

表 3-16　音节之间的误读举例

r 被读成 l	Larry 读成"拉里" Bridget 读成"布丽姬特" Carrie 读成"卡琳"
w 被读成 h	Washington 读成"华盛顿" Wallace 读成"华莱士"
g 被读作拼音的 j	Chicago 读成"芝加哥" California 读成"加利福尼亚"
t 和 d 不分	Betty 读成"贝蒂" Martin 读成"马丁" tim 读成"第姆"
h 被读作拼音的 x	Hawaii 读成"夏威夷" Hilton 读成"希尔顿" Houston 读成"休斯顿"
元音 a 前加辅音	Adam 读成"亚当" Arizona 读成"亚利桑那" Noah 读成"诺亚"
s 被读作 x	Nan 读成"南希" singapore 读成"新家坡" Seattle 读成"西雅图"

续表

p、b 不分	Portland 读成"波特兰" Canberra 读成"堪培拉" Pakistan 读成"巴基斯坦"
n 被读成 l	Joseph Needham 读成"李约瑟" Nippon 读成"立邦"

(三) 英文单词重音的处理

在英语单词系统里存在着重读、轻读音节,在汉语拼音系统中却不存在重读与轻读之分,由此在对英语单词进行音译时将此情况排除在外,不予以重视,不得不说这是将英语音译过来时所存在的一大缺憾。但是,通过许多学者与译者的不断研究与探索,有人提出可以选择采用中文拼音当中的声调加上轻声这样进行相应的转换,就能够一定程度上显示出英语的重音以及轻音的区别。通过对英语单词进行发音,类似的情况显而易见:

(1)对仅有一个音节的词进行重读处理,转换为第四声。例如将英文名 Tim 译作"蒂母"不如"替姆"更适合;Dob 译成第一声调"岛伯"不如译为第四声调"道伯"更好;Hertz 译作第二声调的"荷茨"不如译作第三声调"赫茨"更好。

(2)在众多的双音节或是多音节词当中,如果需要进行重读的音在前则选择读成第一个声调,若没有则顺延下去译成第二声,对于非重读的其他发音,则依照轻读进行转换。例如将 Fisher 译作"非舍而"要比译作"费舍而"更加恰当;将 Martin 译作"麻亭"会比现在被为的"马丁"更适合;Larry 译作"莱蕊"会比译成"拉里"适合。

(3)最后一个音节需要重读的,读成汉语拼音的第四个声调,非重读的其他音节,按轻声处理。Riyadh "蕊亚德"比"利雅得"更能体现重音;"柏林"不如"伯蔺"更相似于 Berlin;Dundee 读"丹地"不如"胆地"更说明重音位置。

(4)在具体使用过程当中,汉语里根本找不到如此大数量的轻声字,所以,就需要进行灵活方式,在具体进行转换时,应当采用第三声调和第二声调使声音得到稍微地弱化,以此来烘托出重音。如 Isaac 现被译为"艾萨克",完全感觉不出重音的存在,根据上文所论述的原则,重音处于前则选择第一声调,其余音节全都弱化为第二或第三声调,采取这样的处理之后可读作"挨择可",由此重音得以很好体现出来。

(四)选用汉字的问题

汉语言的文字系统博大精深,而且汉字本身所具有的性质也相对比较复杂,不仅存在一个字多种意义、一个字多种读音,每个汉字还既有与读音相关的属性也表达具体的含义,不同的词性其用法和意义也有所不同,因此在进行音译时要格外注意用字的选择,一般情况下不选择动词。同时,也要综合考虑到字义,原文当中表达的人名还是地名,如果是人名,所指称的对象是男性还是女性,努力做到既与读音相一致,又能够充分表达出意义,比如对于英文名中,具有同样"te"音,如果该名词指称的是男性,则可以选取汉字中的特作为译字,如果指称的对象是女性,则可以将其译作蒂。除此之外,鉴于音译的方式主要追求在读音上的统一性,那么在选择译字的时候,就要格外注意避开使用多音字,而选取语音明确的用字,以免产生误读,例如 Bush"布什",不如用"石";Cigar"雪茄",经常被误读作"茄子"的音,所以不如"雪佳"。

三、专有名词音译的几种方法和原则

通过翻译历史的回顾和对目前英语与汉语之间的音译现状进行总结分析,可以清晰认知到一点,那就是在音译领域仍然有不少有待进步的地方。对于翻译所追求的"信""达""雅"要求还不能完全做到,从以后的发展可能性来看,不管汉语在国际中如何进行传播,也无论英语在中国如何流行,英语与汉语之间的互译问题都客观存在着,无法将其避免,因此需要加强在该领域的探索与研究,力求更加有效地克服在英汉音译过程当中的各种困难。

对于音译而言,最完美的状态是百分百地照搬源语言的读法,并且不会造成错误理解。英语与汉语两种语言之间所存在的固有差距使得一模一样地完成音译是不现实的,作为译者,在能力范围内能够完成的是尽可能将汉语译音准确读出来,如此便可以相对准确地掌握源语言的读音元素,最理想状态便是一个完全不会英语的人来进行表达,没有汉语基础的一个人仍然可以听出其表达的读音。

现就音译中较难处理的音,列出专有名词音译的几种方法。

（一）组合法

在两种以拼音形式作为读音形式的两种文字之间进行音译，能够选取单纯的读取音节的方式，然而，英语与汉语不同属于拼音文字，因此在二者之间进行音译的时候不能够直接采取简易方式，而需要对其进行重组的处理。Arm-strong 这个英文单词包含着两个音节，在早期将其译作中文"阿拇司特郎"稍显冗长，而不够简洁，在这种情况下，便可以利用组合的方法，将该词组合为"阿拇司庄"；又如，英文单词"tracy"的前两个音节可以组合为一个"炊"音。

（二）拆分法

在汉语当中，存在不少不具有英语发音的词汇，因此需要将其划分之后再进行翻译。例如，可将 Brown（布朗），分为"不茹盎"；Rice（莱斯），应拆分为"茹艾斯"；Rocky（洛基），其两个音节在汉语发音当中都不存在，ky 发音在汉语拼音当中也不存在，因此可以利用汉语拼音将其进行划分，最后译为"弱克以"；又比如，英语单词"Missisippi"（即密西西比）当中的两个 si 发音在汉语拼音当中也不存在，因此可以尝试把读音偏向于重音的进行拆分，译作"米司思依皮"。

（三）结合意译的音译

对于表示某些地名的词汇，其不单单具有表音的功能，同时也包含着表示实质意义的构成部分，比如"Cambridge"，仅仅对前部分的 cam 的处理很好，类似的还有"New Delhi"（新德里），"Northlreland"（北爱尔兰）这些单词均只音译了其表音部分。值得注意的是，此种方式不适宜运用于对人名进行音译。

张培基在其著作《英汉翻译教程》里总结整理出英汉译音表，这可以说是积极探索音译规律的标志性一步，通过后来的实践也在一定程度上证明了，这是把音译原则统一化的有效范式。但是，仍然存在部分研究者对当中的部分音所使用的翻译方式存在质疑的情况，例如 g-i 与 k-i 这样的构成，张培基先生将其分别译作"吉"与"基"，有研究者指出这样进行翻译本身存在误差，同时也不能完全区分开，选择运用与意译的方式结合起来，译作"各衣"和"可依"比较与原词读音相似。

鉴于当前翻译界的各种翻译方法繁多，对于相同的名字译出的结果各种各样，从而为检索造成困难。如果是对那些熟练掌握外语的人而言，不会造成困难，然而，对那些不熟悉外语的大部分民众而言，会产生较大困扰和麻烦，这值得加强关注。

需要引起注意的是,要想尽快有效克服英汉音译中的困境,有必要按照下文中所列出的对专有名词进行音译的规律进行操作。

1.准确读音

在进行音译时,要按照原文本和目标语各自系统的发音规律,如英文单词的读音要依照通用的国际音标,中文字词需要依照《汉语拼音方案》。音译是以准确的读音为基础的,没有明确原词准确的发音就随意进行转换,必然将导致从源头就开始出现差异。为了能够将原词的发音进行更加精准的音译需要遵循的首要原则便是"名从主人",具体而言,就是如果需要进行翻译的名字和地域名称原本不属于英文,那么就需要依据其初始的读音进行操作,而不必根据英文的读法。当然有些音译虽然译音不准,但已经约定俗成,沿用至今,为世人所公认,一般不再改动。比如,对于法国作家"Hugo"的名字,因为他为法国人而非英国人,所以在对其名进行音译的时候,需要依据其在法语中的读音来进行翻译,故而将其译作"雨果",而并非根据英文读音译成"休果"。

2.增加特征词

很多专有名词一般会由专有名词与通名两部分构成。在对整个词进行音译的时候,一般情况下只需要按照专有名词的部分进行音译,而对体现特质等含义的通名运用意译的方式。例如,翻译"Calvinism"一词时,前面部分的 calvini 表示是达尔文的名字,属于专有名词,后面部分的 sm 作用在于体现该词的词性,在进行翻译的时候对前面的部分采取音译的方式,按照读音进行翻译,对于后面部分运用意译的方式,故而将整个词译作"达尔文主义"。

大多数的情况下,原词构成元素当中并没有出现表现特征的因素,但是为了让接受者更容易理解和记忆,从而更加精准地领会到音译词的含义,一般会在译词最后添上特征词,如 carbine。

3.注意词语搭配,避免不当联想

汉语博大精深,造词方法也多种多样,在汉字当中常常会出现即使是在读音上一模一样的汉字也会由于书写形式、字符所表达的含义和组合的方式的改变使人引发不一样的想象义,所以在进行音译时需要特别重视词语的组合方式,从而防止接受者望文生义,引发错误的理解。例如,我国古代对佛经进行翻译时,对众多的神仙有不同的表述和搭配,有某某菩萨、某某仙、某某神,使得接受者能够明确感知到每一种神仙。

4.兼顾音意双关

在进行音译时,假若可以在遵循与原词在发音上接近的前提之下,采取灵活的方式对音译词的意译兼顾起来,那么将会实现音意兼顾的最佳效果。实现音译双关可以通过两种途径来实现:

一种途径是利用语义间的搭配。具体来说,是指提取合适、贴切的同音字重新搭配,让改造后的词可以传递出原词内涵。例如,英语当中的 coolie 一词原本的含义是用来指称那些不懂得先进生产技术、没有文化知识,而仅仅通过出卖自己的体力养活自己的劳工,在汉语当中被译作"苦力",不仅在读音上与原词接近,而且在表意层面上也兼顾到了。

另一种途径是以偏旁进行暗示。这种方式主要在于凭借汉字既有表音又有表示意义的独特优势,借用汉字的偏旁部首来暗示某个词语指称对象的种类,这种方式有利于接受者更充分理解译词。如将英语当中的 coffee 音译作中文的咖啡,从两个字的偏旁"口"可以联想到这是用嘴喝的一种食物,从而让人更容易将其理解为饮料。

5.注意选字

对音译词用字的选取需要遵守以下几个原则。

第一个原则:注重汉字涵盖的文化底蕴。音译名称采用哪个汉字对其译名会造成举足轻重的影响,成功的音译名能够使接受者引发生动的想象从而表现出所指称对象的本质与内涵。如英文 shampoo 一词指的是充满香味的洗发用品,它被音译为"香波",其音译名称十分轻松便可以促使人联想到使用该产品之后产生的美好体验。

第二个原则:遵循约定俗成原则。具体而言,是指在翻译那些运用范畴宽泛的专有名词的过程当中,因为它们已经有了被大多数群众普遍认可的译名,虽然其译名也许与音译的某些原则和规范相违背,翻译者们也不需要将其推翻进行再一次翻译,而可以继续沿用这已被人们所接受的译名。

第三个原则:尽量使用普通话发音,避免使用方言音。因为方言音只适用于某小范围的区域内,不如普通话的流传性广,而且方言的发音与普通话发音也许会存在较明显不同,相同的外语词选取方言和普通话进行音译就有机会得到完全不一样的结果。所以,在将外语词音译成汉字的时候应该使用普通话为标准来保持一致性与标准化,如 Guatemala 用普通话译为"危地马拉",用闽南话则译为"瓜地马拉"。

第四节　英汉语言词汇空缺与音译策略

英汉语言之间的词汇空缺是语言和文化意义上的客观存在,是对翻译工作的一种障碍和挑战。在翻译过程中,只有充分了解产生词汇空缺的原因,尽可能采取音译策略,才能更好地体现出对原语文化的尊重,完成语言符号的转换,以实现跨文化交际的目的。

词汇作为语言最基本的组成要素,是整个语言体系存在与发展的重要基础和主要支柱。各民族都试图运用词汇这一有效工具将心目中所理解的客观世界拆分为不计其数的微小概念。一个人所掌握的词汇量越多,其对于外部世界的认知自然会更细化。汉语与英语虽然分别隶属于不同的语系,在许多方面具有不同的特性,但有一点是相同的,那就是它们都具有十分丰富的词汇量。通过对汉英语言进行大量的对比研究,学者们找到许多对应词语,由此而形成了不同语言间进行互译和实现跨文化相互交往融合的语言基础。不过,因为地理环境、思考习惯、历史文化传统、社会政治基础之间存在的差异,不同类型的语言之间会有大量不对等的词汇,具体体现就是出现词语空缺或词义不完全等同的现象。如英语单词 karaok,这个词无法在汉语词汇中找到与之相等同的用字,所以没有办法用准确贴切的字符译出其内涵,不得不借用英语字母将其译为"卡拉 OK"。同样的,在中文当中的许多词汇,也无法在英文单词库中找到完全涵盖其意义的词汇,诸如,唱白脸、跑龙套、对牛弹琴、周瑜打黄盖、一个愿打一个愿挨,等等;英语中也有一些独特的说法,例如:a skeleton in the cupboard, a green eye, after death, a bee in one's bonnet,等等。简言之,词汇空缺指某语言当中的一些词汇在与其他语言进行互译时无法找到意义、指称等同的词汇,因此唯有采用其他手段间接传达和体现其内涵。

从词汇学角度而言,一个民族的语言文化能够在很大程度上展现出本民族对于主观世界与客观世界的认知,而反映主客观世界的相同对象往往会因为不同人所处的生活环境、宗教信仰等方方面面存在的差异而在现实生活中指代不同的事物,包含不同的意义并采用不同的表达形式。因此,在以其他语言作为参照时,该种自然语言的词汇场中很有可能会出现词汇空缺的情况。某词汇可以采取本语言系统中现成的单个词加以标记和表述,在其他语言系统中却必须绕着弯子才能表达出来。

1954年,美国霍凯特在分析两种语言的语法特征后,总结出"偶然缺口"这一概念。这是翻译历史上第一次系统谈及词汇空缺现象。一直发展到如今,该现象仍旧是被学者热衷探讨的命题之一。从本质上看,引发不同语言之间词汇不对应的具体原因在于以下几个方面。

一、词汇空缺产生的原因

语言的产生与发展和某一特定时期的生存环境、风俗习惯、宗教信仰方面有着非常紧密的联系,而这些方面的差异则是造成英汉两种语言词汇空缺现象的重要因素。

(一)生存环境差异引起的词汇空缺

语言是对外在环境的反应,语言与人类所赖以生存的自然环境息息相关。人们生活在怎样的地理、自然环境之中,便会在此基础之上产生某种语言文化。假设某事物在人类所生存的生活环境当中是没有的,则语言就会产生空缺。

具体说来,我国的地理环境及地势条件呈现出西高东低的趋势,地势的条件对河流的走向产生着影响,导致我国境内的绝大部分河流都自西向东流入大海。在这样的特定自然地理环境条件的背景影响之下,在汉语言的语言体系当中存在着大量表述,诸如"努力都付诸东流""大河向东流"这样的表述。而诸如此类与本土地理环境息息相关的表述无法在英语语言系统里找到与之相关联的表述。又比如,我国境内山脉分布广泛,所以中国人常常会通过运用"山"来传递一些具体意义。"高山流水"等词比比皆是,可是这些表述中的山不能以真正意义上的山来理解,它们不含有"mountain"的本义。以其他国家来看,英国作为岛国,其渔业发展程度高,大海养育着无数的英国人,因此源于对海的这种情感倾向从而导致许多与"sea"相关的延伸含义的词语,例如"take the sea"意思是选择职业、"half sea over"意思是喝酒喝得酩酊大醉。在这些表述中"海"也同样不再具有原词包含的意义。在世界板块中,我国偏离海洋,其气候特征在于春季时一般干旱少雨,由此而出现诸如"春雨贵如油"这一类的表述;然而对于英国而言,其四周都环绕着大海,气候特征在于一年四个季节降雨不断,所以英国人对于春雨不具有任何独特的企盼。

(二)风俗习惯和心理因素差异引起的词汇空缺

不同民族之间由于各自风土人情、传统习俗、文化心理方面存在着差异,人生观价值观也存在着不同,其对同一事物所引发的内心所思所想也千差万别,由此奠定了在不同语言进行互译过程中出现词汇空缺现象的基础。如在中国,大家在日常交际中十分热衷于谈论一日三餐的主题,美食是长期以来中国民众特别关心的事情,因此在见面相互寒暄时都会习惯性以"吃饭了吗?"这样的表述作为开头,不过这种情形在英语当中却是空缺的,原因在于对吃饭问题的谈论与他们的心理定式不相符合。汉语语系当中以吃饭为主题所产生的众多词语与表达方法,诸如"秀色可餐""餐风沐雨"等,在英语中无法找到与之对应的恰当表达。

再比如,在中国的传统习惯当中,将"娶媳妇"统称为"红事",而"去世"则称作"白事",原因在于在中国人的思维习惯和历史传统当中结婚一般偏爱采用红色的用品,然而与之形成鲜明对比的是,在西方新娘结婚时的礼服多以白色的婚纱为主;在中国的传统中,参加葬礼、进行追思的场合一般穿白色系的服装,在西方却习惯于穿黑色的衣服。

(三)宗教信仰差异引起的词汇空缺

宗教是人类内在思维观念的集中体。在各个国家的宗教发展历程当中,它包含着民族意识的历史积累。不同的宗教映射出不同的历史背景,展现不同的传统,也由此而造成不同语言间的不对等现象。

在我国比较流行的宗教是佛教和道教,佛道对中国人有着极其深厚的影响,可以说已经超出了信仰范畴,而渗透进日常生活、文学创作等各个方面,俨然已经成为中华文化中不可或缺的组成部分。反映在汉语言文化当中,出现了许多与宗教相关的言语表达,如"烧高香""土地公公""平时不烧香,临时抱佛脚",诸如以上与宗教信仰相关的表达在欧美语言文化体系当中却是空白的。与中国信仰佛道不同,欧美国家的人们长久以来都受到基督教的深刻影响,而《圣经》一书作为基督教的经典,也被西方人们所推崇。从《圣经》散发延展出的各种表述如"Raise Cain",意思是闹腾,脾气爆发;"Noah's ark"一词则用以指称避难之所或是巨大灾难情况下唯一仅存的安全之地。诸如此类来源于《圣经》的典故,在汉文化中无法做到一一对等。

(四)历史文化差异引起的词汇空缺

任何民族的语言文化和词汇,都是在不断发展、不断更新创造中逐步积累壮大起来的。各个民族在传统文化上的不同所引发的词汇不对应,集中体现在其语言文化体系当中以历史背景为基础的典故、广泛流行于民间的谚语以及文艺性著作当中。如果缺乏对中国五千年悠久历史文化底蕴的认知,那么将造成完全没有可能深刻领悟汉语里"刮目相看""滥竽充数""纸上谈兵""泾渭分明""四面楚歌"等等词汇或成语的具体含义。原因在于以上的成语是汉文化所特有的,充满着本民族厚重的历史底蕴和民族色彩,对于其他国家的语言来说没有与之相对应的译字,呈现出空缺现象。对于英文译为中文也同样存在这样的想象,英语当中富含深厚历史以及文学底蕴的那些表达,在汉语言系统中也无法找到恰当的方式进行充分互译,例如"fiddle while Rome is burning"与"to have January chicks"这样的短语,在译为汉语时,也一样存在着不一致。由此在进行转换时或在跨文化交际过程中,为了能够更加贴切地传递出语言所蕴含的本民族独特的文化内涵与特色,在过程中,需要对此类空缺现象进行相应的解释。

同时,将动物视作喻体的许多成语,它们的内涵也是千差万别的。中文和英文中虽然都存在"龙"一词,但"龙"这种动物在英语文化视野当中是毫无地位可言的一种爬行类动物,被认为是恐怖的、令人厌恶之物象征,然而在汉语当中的境况却恰恰相反。在古代的中国"龙"是天之骄子,是皇帝的象征,后来封建王朝被推翻,皇帝不存在了,它又被延展为与众不同的含义,在中文中,有"人中龙凤""卧虎藏龙""龙马精神""龙凤呈祥"等褒义的表达。

另外,中华文化是一种人文文化,强调集体,崇尚的是群体观念,而西方文化则推崇个人至上。中国强调家族、家庭,历史上伦理观念明确,其中体现出中国独特思维观念的是在亲属称谓及亲戚关系上。由于中国人历来十分重视血缘、宗亲关系,亲属间的称谓词数量众多。在我国,血亲传统上分为"九族",长幼顺序为祖—

父—自己—子—孙—曾孙,论资排辈的观念同样很强。而在英语当中对父母亲的兄弟姐妹的子女可以共同使用同一个称谓,即 cousin,而汉语中的"表哥""表弟""堂姐""堂妹"等称谓将男女性别、年龄大小都加以判断。中国人所使用的"九族""表(堂)兄弟姐妹"等称呼在英语中无法找到与之相对应情况的词汇。

二、音译策略

不得不重视这样一个客观事实,那就是对不同民族和国家所使用的两种不同语言进行转换时,其间出现词汇的空白是无法避免的,这种情况为英语与汉语之间的转换与交流过程中带来了干扰和障碍,但必须意识到,这种现象并非是无法克服和解决的。美国翻译家奈达提出,如果一个事物,可以用某一种语言来进行表现和传达,那么它也可以被其他的语言体现出来,在不同文化和不同语言系统之间,可以找寻到二者之间相互转换的中间媒介,并且用合适的方法对其进行再一次的形式和语义结构的排列,从而通过其完成交流、互动。以上理论的提出为词汇空缺是可译的,确保了充足的支撑。按照不一样的研究者对翻译所下的不同理解和规范以及不同文化间彼此借鉴融合的过程来加以分析,可以看出词汇空缺词汇空白现象的确是能够克服和解决的。但是,二者之间完全对等也无法做到,这种对应只是相对的。因而,在进行互译的时候,十分有必要在了解词汇空缺产生根源的前提之下,采取灵活方式有效地将这些词汇进行转换,以此而确保译文准确无误、具有较强可读性与文化感染力。在实践操作当中,能够选取音译、直译、意译或加注这几类方式加以弥补。然而,要想更好地将源语所富含的独特文化原汁原味保留下来,下文将详细讨论音译手段所要遵循的规律及其积极意义。

所谓音译法是以读音作为单位,翻译时尽量不改变源词自身的读法,由此来更好强调文本所具有的价值所使用的方法。音译法的基础是读音,它可以说是在避免词汇空缺所能够使用的较为简便的一类方法,不仅可以保持语言符号不产生变化,而且可以在口语词汇中寻找到与之相对应的事物,因此音译法被广泛运用于具体翻译实践之中。在进行翻译时音译法主要有直接音译法与音译加注法两种。

(一) 直接音译法

面对词汇空缺的困境,在进行翻译时可以想到选择直接音译法进行转换,它是凭借汉语拼音的模仿来进行转换。漫长而悠久的运用实际导致某些文化空缺音译词在英语中出现与其相对等的人名、地名和许多展现新思想新理念而源语又无法找到贴切的词汇对其加以转述的那一类词,可以考虑选择音译法转移到目标文本中。如汉语翻译为英语时"算盘""功夫""豆腐"分别被翻译为"suan-pan""kongfu""doufu";又如英文翻译成中文时,"Internet""talk-show""shock""chocolate""gaitur""dominoes"分别被翻译成"因特网""脱口秀""休克""巧克力""吉他""多米诺骨牌"。

(二)音译加注法

因为文化缺失现象的大量存在,采用直接音译方式对于接受者来说仍旧是晦涩而难懂的,所以最好使用音译表示法,也就是说,在音译中给原文添加注释。正如尤金·奈达(Eugene Nida)曾经指出的那样:"在这种情况下,译者最好选择译文正文中最接近的意思,而在注释中选择最接近的意义。"尤其是具有文化特色和历史底蕴的词语,如隐喻、典故等,为了避免误解,应增加必要的注释。虽然这样的注释可能显得可有可无,但它对读者在一定的背景下理解某些人物、现象有很大帮助。

不少人认为注释并没有发挥任何作用,反而过多使用注释容易消磨掉读者的耐心,其实不然,对于许多历史著作或是专业性作品而言,注释发挥着极其重要的作用,例如在对特定历史时期中出现的某个人物或现象进行翻译的时候,注释能够向读者解释说明该现象或当时的历史背景,从而让读者更深刻地理解文意。如《三国演义》当中对于"诸葛亮"的注释是"Zhu Geliang, the master mind, a statesman and strategist during the period of Three Kingdoms in Chinese history",即诸葛亮是中国历史上三国时期的政治家和战略家。通过这样的注释读者能够了解到诸葛亮在战场上发挥的是谋略家的作用,而非上阵杀敌的将军。运用加注的手段,不但能够将词汇空缺产生的理解误差难题解决掉,而且能够更好地将中华传统文化元素和内涵传播到西方,从而达到传播中华民族优秀文化的目的。

翻译作为一种不同文化间相互交流互动的活动,不仅仅是在不同语言系统之间进行转换,同时也是不同文化间进行借鉴与融合的过程。不得不承认的一点是,出现词汇空缺的情况无法完全采取手段避免,正因为如此,给不同语言之间的互译带来了严峻的挑战。为了克服词汇空缺的困境,需要在对其进行深入、全面了解的基础之上,继续研究其产生的原因,掌握其所具有的文化内涵与历史底蕴,唯有如此方能更加全面分析多种因素,从而具体分析选用不同翻译方法,以便使得译文更加通顺、更加忠于原文,避免出现歧义。具体而言,翻译家在进行具体转换时,能够选择采用依照读音进行互译的方式,努力把英汉语言中独具特色的文化特质和历史底蕴成功转移至目的语之中,从而能够圆满实现文字信息之间的转换。如此,不但能够保持住本民族语言所具有的独特优势和文化内涵,而且也可以成功地将本民族语言自身富含的独特之处呈现出来,在避免源语文化丢失的同时,还可以有效推进中西文化间的相互融合,从而达到不同文化互动交流的目的。

第四章　英汉音译用字规范研究

第一节　音译词不规范状况概述

一、语言规范的重要性

信息时代为音译词提供了很多机会。同时,随着网络通信的发展,非标准因素日益突出。处于网络可以共享的年代,沟通就成了人们不可避免的事情,不仅通过面对面,还有网络上,比如现在常用的 QQ、微信等。所以,我们不得不把音译方面做得更为规范。汉语词汇的规范包括音译规范并且音译规范还是重要组成部分,它站在金字塔的最高端,每个人都要对其产生关注。本章是为了能在网络共享时期更好地为人们代开便利,积极尝试一定音译规范被影响的原因,只有然后才能更好地改良音译规范,找准原因,对症下药才能提高效率。本章结论部分对全文进行了总结。指出汉语音译词的多样性是汉字在中国文化语境中音译的肯定结果。为了规范音译词,有必要从汉字中找出一条出路。

在这样的大潮流下,肯定会有不同的文化产生碰撞,这样就不可避免地影响到语言这块领域。而其交流所产生的结果就是,不同语言系统之间的词汇借用也比以往任何时候都更加活跃。随着音译词迅速吸收外来词,并迅速适应信息时代的快速发展,音译是最令人眼花缭乱的词汇借用方式。如今,音译词运用越来越多,并且在汉语词汇中形成了一个光辉的词汇层。

我们在生活中能明显感觉到音译带给我们的便利,在平常生活中我们都会接触到音译词,如"肯德基""可口可乐""夹克""的士"等。但有时候音译词也会让我觉得不可思议,比如,"桑拿""桑那"和"桑纳"这些都可以指同一种沐浴方式。美国总统布什在中国内地与香港的叫法也是各不相同,这些都可能成为交流障碍,使得在阅读理解方面也是会大打折扣,连关键词和索引都被影响了,更别说汉语在世界语言中的地位能够永远屹立不倒。因此,在读音译词存在的态度上也需要做一个客观的调查,并分析为什么音译词会产生歧义,使音译词能够增强其优势,避免其弱点,让我们在生活中可以更好地运用音译词带给我们的便利。音译规范本来就是外来词规范中的典型代表,有它自身的特殊性,不同于汉语的基本词汇和本土新词。它们经常涉及各种因素。因此,语言规范理论本身具有重要的价值和创新意义。

二、研究种类和研究方向

(一)音译词的种类

本章将从音译词的五种表现方式上对其做一个深入的研究。

1.完全音译(表4-1)

表4-1 完全音译举例

沙发	sofa	卡片	card	马拉松	Marathon
酷	cool	马赛克	mosaic	维他命	Vitamin
布丁	pudding	尼古丁	nicotine	霓虹	Neon

2.音义兼译(表4-2)

表4-2 音义兼译举例

克隆	clone	俱乐部	club	咖啡	coffee
基因	gene	豆腐	tofu	模特儿	model
逻辑	logic	卡通	cartoon	台风	typhoon

3.一半音译一半意译(表4-3)

表4-3 一半音译一半意译举例

冰激凌	ice-cream	马克思主义	marxism
汉堡包	hamburger	盘尼西林	penicillin
香格里拉	shangri-la	因特网	internet
浪漫主义	romanticism	木乃伊	mummy

4.音译加义标(4-4)

表4-4 音译加义标举例

芭蕾舞	ballet	啤酒	beer
拖拉机	tractor	吉普车	jeep
雷达	radar	马达	motor
法兰绒	flannel	扑克牌	poker

5.音译且赋予汉义(汉化音译,表4-5)

表4-5 音译且赋予汉义举例

Benz	原义为人名	现指"奔驰"汽车
Nike	原指有双翼的希腊女神	现指"耐克"运动鞋
Coca Cola,一种饮料	原指古柯叶和古拉果两种成分	现被译为"可口可乐"

(二)音译词领域的现状

从字面上看,汉语音译还是存在严重的不规范情况。根据《现代汉语新词词源学词典》的统计和《汉语外来词词典》的调查,我们得出以下结论,除了音译词和自由翻译的共存之外,其主要还表现在以下方面。

1.异名同译

如:英文"have confidence/be convinced"都被大家翻译为"相信";英文"cell phone/mobile/cellular phone/handset"全被译为"手机";英文"Cool"(凉快),被大家

说为"酷",还有"Simmons"(西蒙斯),被翻译作"席梦思"。他们的共同点就是,汉字音译存在一样的部分,即主题部分。

2.一名多译

如:英文"Kentucky",这个单词相信大家都比较熟悉,就是人们经常去吃的一种食品"肯德基",还有个叫"肯塔基州"的地名;而"McDonald",是跟"Kentucky"有竞争关系的一种食品,经常被称作"麦当劳",如果是人的名字一般就会叫"麦克唐纳"先生。这样的例子还有很多,大家对这些音译词都不会觉得陌生。

在上述两种情况下,同义翻译相对较少,而多义翻译几乎是普遍存在的。根据《现代汉语新词词源词典》中音译词的统计,词典中音译词约 570 个,但词数仅为 253 个,词条数和词数均大于 2∶1。从这个数据我们可以看出,汉语之所以会出现很多的异形词,是因为音译词有时不止一个名字。

(三)汉字音译的步骤和本章研究方向的确立

我们现在就对研究汉字做一个大胆的解剖,让音译的步骤一步一步显现出来。英文术语中"hydroquinone"是一种有机化学物质,生活中的显像剂大多数都是加入了这种化学物质做成的。在芬兰语中译为"hydrokinoni",法语译为"hydroquinone",世界语译为"hidrokinono",德语译为"hydrochinon",西班牙语译为"hidroquinona",从发音和形态上可以看出同源性。然而在俄语和日语中,也是发音相似,形态统一。在我国"hydroquinone"有 43 种翻译之多,其中有 20 余种音译词汇。

音译是指根据单词的发音翻译单词。理论上,当我们在确定外来词的发音时,规定大家都用一样的母语符号来转写,那么译音会产生混淆的概率就小了很多。既然音译外来词的忧虑已经被解决,为什么还会出现问题,这是值得我们思考的。其实,音译在吸收外来词的时候,在同一个语音系统中,音节、因素、字母都不约而同会产生对应关系。因此,在音译中,只需要先找到两个语音之间的对应关系,而后按照本身的发音规则进行转录,音译的步骤如下:首先,确定外语单词的发音;其次,找出母语的对应发音和书写符号;最后,把词语写出来。

但是,在汉语积极吸收音译外来词时,情况就会有些变化,变得比较复杂。因为书写系统的根本不同,语音外来词只有披着中式外套才能保证自己能够进入汉语词汇体系中。要做到这一点,我们需要选择一个载体——汉字,加入其中。然而汉字的加入,因为汉字的特性,会对音译词的吸收不一样,而汉字在音译中首先要作为音标的符号和工具。由于汉字具有同音字、多音字并且一字多译,所以在音译中选择汉字的程序仍然很多。汉语音译的步骤是合乎逻辑的:第一,确定外国单词的发音;第二,使用汉语发音来对应外国单词的发音;第三,选择合适的汉字;最后,写音译的单词。

比较这两种方法,确定外来词的读音和写音译词是一个常见的过程。那么,汉语音译词唯一使用的关键在于汉语音译和字母词音译之间的两个不同步骤:使用汉语发音来对应外来词的发音并选择合适的汉字。即汉语语音符号和选词。

汉字在音译过程中的使用,即音译中所用汉字的动态显示,也是汉字的语音符号化和选择。

现在就出现了一种静态的音译被呈现出来,而特殊异形词就是这类的代表,音译规范的基础我们都能总结出来——音译规范。

三、音译用字不规范情况汇总

通过借用英语词典、网络、报刊等力量,对音译新词进行分析,我们把不规范现象的表现分为几种情况。

1.同一音质用读音不同的字音译(表4-6)

表4-6 同一音质用读音不同的字音译举例

gannes	坎市;戛纳;加纳
AIDS	爱死病;爱之病;艾滋病
Sydney	雪梨;悉尼
Comprador	江大北;康白度

不只这一种情况的出现,还有不同词形中经常会发生类似情况。如"cartoon"(卡通)和"carnation"(康乃馨)中都有"car"音,却被翻译成不同的字"卡"和"康"。所以同一音质有不只一种的音译方式是一种常见的现象。

2.同一个字音译不同的音质(图4-1)

比如:同一个"卡"字,既被用在卡路里(calorie)、卡片(card)和卡车(car)中,还被用来音译卡其(khaki)、卡式录音机(cassette)和卡式炉(casserole)。

第四章　英汉音译用字规范研究

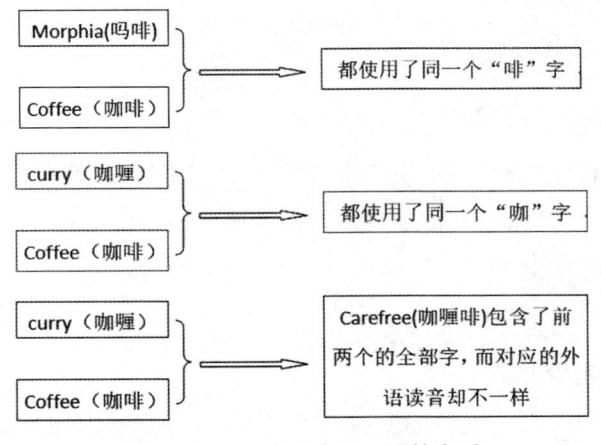

```
Morphia(吗啡)  ┐
               ├──→ 都使用了同一个"啡"字
Coffee（咖啡） ┘

curry（咖喱）  ┐
               ├──→ 都使用了同一个"咖"字
Coffee（咖啡） ┘

curry（咖喱）  ┐
               ├──→ Carefree(咖喱啡)包含了前两个的全部字，而对应的外语读音却不一样
Coffee（咖啡） ┘
```

图 4-1　同一个字音译不同的音质

3.同一个外语词用数目不等的字音译(图 4-2)

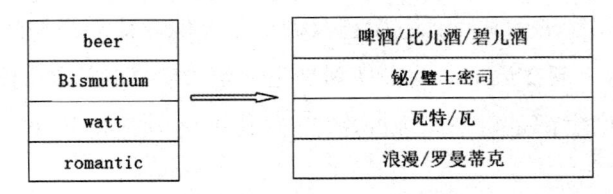

```
beer       ┐      ┌ 啤酒/比儿酒/碧儿酒
Bismuthum  │      │ 铋/璧士密司
watt       ├──→   │ 瓦特/瓦
romantic   ┘      └ 浪漫/罗曼蒂克
```

图 4-2　同一个外语词用数目不等的字音译

4.用了同音字

比如：sonar 声呐/声纳；salon 沙龙/纱笼；clone 克隆/刻龙/渴龙；ponk 旁克/庞克；dink(s)丁克夫妇/顶客士；opium 鸦片/雅片。

5.用了音近字

比如：hollywood 好莱坞/荷里活；sandwich 三明治/三文治；SARS 萨斯/撒肆/沙斯/沙士。

6.用了多音字

比如："戛纳（Cannes）"中的"戛"字正确读音为"ga"，但该字一般读为"jia"音，只在地名"平戛"中读为"ga"。

7.用了方言字

比如：啫喱冻(ferry)和啫喱水(gel water)中都使用了"啫喱"这两个粤语方言字。而"卡片"在粤语中被音译时选用了方言字"咭（card）"，再比如慳费（keep-

73

fit，一种健身运动)中的"喑"、咕臣(cushion，靠垫)中的"咕"等也是选用了粤语方言字。

8.使音译用字增加读音

比如："雪茄"中"茄"字的"jia"音；"茜茜公主"中的"茜"字读为"xi"音；"的士"中的"的"字读为"di"音，都是为了使音译字而增加的读音，在原本的汉语当中"茄"字读"qie"；"茜"字读"qian"；而"的"字只有"的(di)确"和"目的(di)"这两个声调。

9.用了比较生僻的字

比如："契诃夫"和"堂吉诃德"中的"诃"字，原本应该读作"he"，但因为这个字在平常比较少见，所以大多人就跟着"可"字读音变了声调，读作"ke"。

10.造新字，增大了汉语字库

比如：汉代出现的葡萄、石榴、琵琶及狮子等。魏晋梵语的和尚、阎罗、菩萨、伽蓝、玛瑙、茉莉等。现在最突出的表现则是化学新造字，如镁、钒、硒、氡、铀等，数不胜数，以上出现的字都是后来出现的新字，尤其是化学新造字，难写的程度比前两个都大。

11.用了容易引起字面误解的字

比如：许多人认为乔布斯(Jobs)姓乔、马克思(Marx)姓马。

再比如：地厘蛇果，简称蛇果，不懂的人可能以为是蛇才能吃的水果，其实它跟蛇没有任何关系，而是现在在各个水果店、超市都能买到的一种人可以吃的苹果。"Red delicious apple"香港人翻译为红地厘蛇果，简称为地厘蛇果，原产于美国的加利福尼亚州红元帅，名为蛇果实际上与蛇一点关系都没有，被音译后其名称慢慢演变成蛇果。

12.音译字不规范产生的其他混淆

我们生活中经常用到音译字，由于音译字的不规范，所以很容易让人们混淆，而且它在机器识别当中也有一定的弊端，包括在中文方面。

比如之前比较火的一部电影《夏洛特烦恼》，到底是"夏洛/特烦恼"还是"夏洛特/烦恼"，这种就比较容易让人产生混淆，虽然这部电影并不是音译过来的，但是中文都会出现这种情况，更不要说不规范的音译领域了。

第二节　浅析影响音译用字的因素

一、对语言本身因素的分析

（一）汉字标音与音译

在我们的母语汉语中，要求汉字与音节必须做到对应，所以使用汉字注音法也是使用音节注音法。

从以往的历史事实来看，在汉语外来词的吸收方面，我国已经经历了两个高潮。第一个发生在佛教文化传入的时候。出现了一些比如阿罗汉（Arhat）、刹那（Ksana）、夜叉（Yaksa）、涅槃（Nirvana）等从梵语中吸收的音译词。第二次是欧洲和美洲文化的引进。大量的音译词是从欧洲和美洲语言中引进的，包含英语、法语、德语、意大利语、拉丁语和许多其他语言，如 pound、beer（德语 bier）、分米、oliva 等。在此期间，我们还从日本引进了许多音译词，如 gas（瓦斯）、sushi（寿司）、tatami（榻榻米）等。

我们现在所经历的是汉语对外来词吸收的第三次高潮。这次的高潮主要是吸收英语，英语在我国的地位比较高，从小学到大学都必须对其学习，可见英语已经是我国的第二大语言，根据我国的现实情况，本节的内容一般局限于中英文之间的比较。

1. 音节数量与音译

现代汉语中只有 400 个音节，1 300 个左右的音调变化，而英语在音节方面的数量变化很大。理论上，在这种情况下，如果汉字的发音与外来词的发音相对应，就会出现"无对错"的问题。例如，[v][v][r][z]等，在英语发音中很常见，但在汉语中找不到。

2. 音节结构与音译

由于汉语和外语在数量上做不到全部一样可以对应，并且外语不存在音调的变化，所以我们能不能用 400 多音节和外语相对应是一个值得思考的问题。这样我们就不得不讨论它们的另一个方面——音节结构了,我们都知道音节由音素组成。那么,不可否认音节所具有的特征也就是音素的组合特征。由于种种原因,我们的汉语一般都是单音节词组成,这是显而易见的规律,然而在音素的组合上,我们可以发现,它还有自身的特点。例如,在我们都知道的定理中:"因素的种类被限制,是因为音节最多由四个因素组成,不仅音节长度受到限制,从自由排列组合的方式来看,必然导致种类不多。"举个例子,汉语音节的音素组合特点如下:

(1) 通常元音是不能出现在辅音前面的,只能在后面,但是还有两个特殊的存在,就是零声母和带鼻韵尾的音节。

(2) 在音节中占主导地位的是元音。我们发现所有的音节中都是有元音存在的,辅音可能就不那么肯定。作为汉语音节的核心,它可以独立存在,也可以加在主元音的前、后,再加上次元音或者辅音形成一个韵母,再与辅音匹配。这些附加的元音和辅音有其自身的要求,比如 i、u 可以作为韵头,i、u 和 n、ng 可以作为韵尾。

(3) 不存在复辅音,也就是说在一个音节内肯定不能出现两个独立辅音。

(4) 辅音和元音的组合搭配也是有许多条条框框限制,虽然上面的例子中的规则可以运用到其中,但还是受历史原因和现实因素影响。我们小学就学过,在汉语中没有一个声母能搭配全部的韵母,比如舌根音只能搭配开口呼和合口呼,齐齿呼和撮口呼就不能搭配舌根音,要和舌面音才能搭配。就算让"L"声母去韵母表上一一对应地配合,也最多只能找到 25 个韵母。那么相反的,一个韵母也不可能和所有的声母进行搭配,就算强行搭配出来也是没有读音的。简言之,在汉语音节中,元音是最为核心的,辅音搭配不生动。在这里,我们列举出英语音节的音素组合的特点:

英语和汉语有不同的特点。英语以辅音为核心,辅音在英语中的位置不仅稳定而且重要。在与元音搭配的过程中,它们的位置异常灵活。每个辅音和母音都能够自由组合和排列,比汉语自由得多。例如,相同的四个音素是 s,p,t 和 a。在汉语中,只能出现 a,pa,sa,ta 四个单音节。除了这四个音节外,英语还可以组合 at,as,sap,sas,sat,spa 和许多其他音节。这样,辅音出现的位置就很灵活了,可以放在元音前面,元音后面也是可以给辅音留一条位置的,就算元音中间它也不会放过机会,也要占有一席之地。它可以是辅音和元音的组合,或者是几个辅音和元音的组合。

由于音节结构明显不一样,在汉语音节中还存在"有"这一数量已经很小的部分,受到其影响,也会让其利用价值变得更低。马庆柱先生在《完善汉字体系》一书中提到:实际上,汉语只有200个音节来翻译外来音节。很明显,相应的变化是不均匀的。

由此可见,除了"无对有"的现象外,两个音节的"是"部分还会有不均匀的对应关系,因此汉字音译毫无疑问是根本没有办法可以达到准确的标音的。

3.汉字标音的方法

通过音节结构的探索,我们知道音译达不到准确标音,站在现在的角度,结合汉语的实际情况,又不得不用汉语音译,那么我们就要思考汉字标音到底应该如何做。从音译的发展史和目前的状况来看,最常见的是以下几种:

(1)删音。把一些汉语比较难对译的音,或者音译过来读起来比较拗口的一些音节或者因素。如 chocolate(巧克力),删除尾音;sandwich(三明治),删除了中间音;Humour(幽默),删除首辅音。

(2)增音。在本来外语词已经有的读音上,音译过来为了让大众理解、交流、传播,会适当增加一些音节或者音素,当然增音的方法还有很多,目的都是为了让音译词更规范,更实用。

(3)改音。有些发音可能对应的汉字,让计算机无法识别,这就要选取比较相似的读音进行音译,即用相似读音的汉字来代替。如:clone,克隆(ong)代替了(one);bikini,比基尼(j)代替了(k)等。

(4)谐音对译。利用汉字的表意特性,把汉语和外语相似的地方进行替换,让汉语和外语做到相互对应,相互联想,得出最后的音译词。如:card(卡片);tango(探戈);bungee(蹦极)。

(5)用方音音译。很多地方的语言有普通话没有的发音,那些普通话不足的地方就可以用方言去填充,增加音译词的多样性,也许有时候方言会比普通话更加适合音译。发音更相似,单词使用更简单。如:salmon(三文鱼),disco(的士高),mini(迷你)等。

上面的例子大多是相对简单和固定的词。至于如何在音译中改变、添加、保存、妥协和使用方言。即使我们可以参照汉语发音系统进行我们需要的操作,但实际情况不容乐观,总有一些因素会让其受到影响。

(二)选字与音译

1.汉字的超时空性与音译

汉字,我国的通用语言,虽然在极少数地区有地方客话,绝大多数还是用汉语交流,所以从语音表达来看,它最多只是"代数笔记",通过各种不断的尝试与实践,发现汉字在语音范畴上只能是泛泛而谈,而不能具体表现为特定的语音价值。所以,尽管某一个汉字的功能非常强大,也还是存在缺陷,就是发音却不同于南北。好比在古代"namo"被大家翻译成为"南无",就和现在的汉语相差甚大。在汉语吸收音译外来词的近代史上,吴方言和粤语方言(包括香港方言)由于政治、经济、文化、心理、语言等因素而发挥了重要作用。

吴方言——一种以上海方言为代表的方言,在某一时期,因为地位因素的特殊性,使其变成吸收音译词的主要工具,汉语在其影响下,也顺其自然的、默默的吸收了很多音译外来词,如表4-7所示。

表4-7 吴方言的音译词举例

苏打(soda)	香波(shampoo)	霓虹(neon)
逻辑(logic)	巧克力(chocolate)	歇斯底里(hysteria)
沙龙(salon)	芭蕾(ballet)	拿摩温(number one)
马拉松(marathon)	沙发(sofa)	席梦思(simmons)
雷达(radar)	三明治(sandwich)	康白度(comprador)
密斯(miss)	尼龙(nylon)	卡通(cartoon)

站在普通话的角度来看他们,会发现其实它们也不是那么地"接近"外语单词,还有些话你觉得力不从心,但如果用吴侬软语独特的声母和平发音,它们是相当相似的。

20世纪80年代以来,因为改革开放政策的到来,粤语方言,特别是香港方言,成为吸收外来语的又一理想场所,就是因为其优越的地理位置和文化环境,如表4-8所示,表格里这些外来词都有着粤语方言的特点。

表 4-8　粤语方言的音译词举例

的士(taxi)	小费(tips)	比基尼(bikini)	的士高(disco)
苏打(soda)	拜拜(bye-bye)	海洛因(heroin)	妈咪(mammy)
巴士(bus)	摩登(model)	马达(motor)	士多(store)
忌廉(cream)	芝士(cheese)	波(ball)	秀(show)
泊(park)	蛋挞(tart)	恤衫(shirt)	贴士(tips)

在这些方言中,音译词的使用是基于其方言和外来词的对应发音。因此,如果用普通话发音或其他不同的发音进行音译,在单词的使用上自然会有一些不同。因此,在汉字的环境中,自然会出现同一个意义相同但外观不同的外语词的音译变体。

2.汉字中多种类型字的存在状况与音译

在信息化日新月异的今天,可以明显感觉到各国之间的文化交流有多频繁,可以互相渗透进彼此的领域中,这必然会导致音译词的增加。为更快更好地使我国在国际中的地位稳固不变,汉语的现代化建设必须提上日程,照顾到普通人阅读和计算机输入的需要,翻译原则上应限于常用词,尽量避免使用不常用词、死词和新词。根据调查研究,7 000 个现代汉语通用字中,大概就有 6 985 个会出现多音字,占的比例还是比较大,从这个数据我们可以大概算出一个音节有将近 20 个字。

在同音字方面,它们是可以为汉字的选择提供依据的,因为它们读音相同但有各具特色,这确实是好的一方面,那么考虑到各种字符与复杂意义之间的转换过程,也是一件非常苦恼的事情。不仅如此,在选择了汉字后,还应考虑同一个词是否有不同的发音,因为汉字中有大量的多音字。据统计,在 7 000 个常用词的范围内有 625 个多音字,在 2 500 个常用词和 1 000 个常用词的范围内有 417 个多音字。所以,其中 2/3 是常用字。所以青睐于用多音字来音译的话,就会发现,这些字都是读音比较复杂的字。在这种情况下,很难区分音译词的发音,因为这样的问题随时都在上演,而且经常会碰到。

3.汉字的表意性与音译及音译词中汉字性质的辩正

汉字是包含在表意文字体系中的,是音、形、义统一体。表意体系的汉字,就是字义与语素义密切相关。从开始到现在,生活在这种文字状况下的人,都有一个共同的特点:有一种强烈的"集体无意识"——以字的形态来猜测字的意思。这一点可以从古至今的例子里都能看出,毫无疑问。

受到它的影响,汉字音标的标准也要有其自身的独特性,它并不只是受发音好坏来确定的,对于这种,我们习惯性地更加注重它的形式和它翻译过来的意义。比如大家都知道的一种广泛存在市面上的饮料"可口可乐(Coca Cola)"和现在大家都乐于出国所必须要经历的国考"TOEFL(托福)",托福就是"Test of English as a Foreign Language"的缩写。

从理论和音译的出发点来看,汉字都是语音符号,但在目前的现实中,不管是翻译的人还是使用的人都会出现下面这些反应。

(1)基于音译方式,主要表现为在音译中有意译成分。如前所述,音译有五种方式:"完全音译、同时音译、一半音译一半意译、音译加语义、音译和汉语意义的音译。"在这五种音译的方式中,有四种都是采取的与自由翻译相结合的方式,然而在平时受到高度赞扬的优秀翻译属于这四种方式。

(2)单从平时用字的角度来说,就会出现以下几种表现方式:

①尽量能让汉字的部首意义充分发挥,这样外来词才能更好地领略他们的表意成分(表4-9)。

表4-9 部首意义充分发挥举例

吉普车(jeep)	沙龙(salon)	茉莉(malli)
卡通(cartoon)	咖啡(coffee)	绷带(bandage)
比基尼(bikini)	踢踏舞(tiptop)	妈妈(mummy)

②对于人名的音译,我们就尽量用给我们自己汉族的姓氏字或者习惯用的字,再人为去区分性别(表4-10)。

表4-10 人名音译举例

乔布斯(Jobs)	奥斯汀(Albrecht)	艾琳(Alyn)	马克思(Marx)
邓肯(Duncan)	卡尔(Carl)	辛迪(Cindy)	朱丽叶(Juliet)
高尔基(Gorky)	苏珊(Susan)	戴安娜(Diana)	马丁(Martin)

③尽量选择和原本的词意思差不多并且能让人可以一看就联系到一起的字,不管关系是否清晰,我们要的效果就是有联系(表4-11)。

表4-11 能联系到一起的英汉音译举例

黑客(hacker)	幽默(humour)	士巴拿(spanner)
康乃馨(carnation)	蒙太奇(montage)	休克(shock)
基因(gene)	保龄球(bowling)	摩登(motor)
香波(shampoo)	模特儿(model)	席梦思(simmons)
啫喱(jelly)	因特网(internet)	吉他(guitar)

都可以从字面上找到与外语词意义的相通之处。

④习惯于经常使用形声字,可以制造表意的新字,因为形声字从字面意思就能看出它包含了音和形都能显示出的特点。

在汉字中,使用形声字就具有了绝对优势。它们易于理解和掌握,使每个人都能不时地学习。很多翻译人员在找不到合适的音译词时会选择音译新词。

以前是新字,现在已经是大家所熟悉的字,比如琉璃、枇杷、葡萄、咖啡、狮子、茉莉等。这种方法在化学造字上也有一定的表现,如氯、铅、氦、硼、硒等。这些字用简单的字标音再加上形象旁来表意,以达到能让人一看就认识还能表达食物属性的效果。

⑤意化音译用字,使之成为汉语语素(表4-12)。

表4-12 意化音译用字举例

"迪斯科(disco)"中"迪"本是假借标音的符号,意化为语素后可以组成"迪厅""迪妹""迪哥"等词
"啤酒(beer)"中"啤"字产生了"黑啤""暖啤""瓶啤""听啤"
"巴士(s)"的"巴"字组成了"大巴""中巴""小巴"
"吧(bar)"字意化后组成了"静吧""书吧""赢吧""陶吧"
"的士(taxi)"的"的"字组成了"面的""板儿的""轿的""摩的""的哥""的姐""的费""的票"

综上所述,音译词中汉字的性质实际上发生了与原意相反的变化。其实在汉

字中有"偏旁"就证实了这点。我们在书写由最开始的单音节,因为重叠产生的多音节词时,"偏旁"的作用就比较明显了,一般会用它来确定这个字的单音节部分,并不是我们所认为的整个多音节词。

这样,许多音译词就可以用作有意义的词素。从理论上讲,虽然外语词音译中使用汉字作为语音符号,但事实上,由于汉字普遍性的影响,导致理论与现实之间的严重矛盾,使得音译词中汉字的性质不能简单地确定为语音符号。

由于汉字表意性质在人们的脑海中已经根深蒂固,当出现不符合人们习惯的词后,如菲洛索菲(philosophy)、迪斯科(disco)等外来色彩浓烈,非常明显就知道是外来词的,我们一般都不会再把其中的汉字当作语素来理解。然而,如果音译词不了解词句的确切含义,只从字面上牵强附会地作解释,而意思和意义"驴唇不对马唇",那么就不要怪罪大家会把你抛到九霄云外。如"爱滋病(AIDS)"经常会被大家错误,造成对其有不好的想法,所以被翻译者改为"艾滋病",在新旧交替的过程中,音译形式的存在已经成为事实。然而,究其原因可能表现在下面这两点:

一方面,单从理论层面上看,在音译词中,汉字的性质没有被充分的利用,仅仅是借以记录音节的符号。在这种情况下,我们发现它其实与它本身的一般性质相反,但如果只是对其音译,确实是合理合法的,特别表现在一些专有名词上,因为它可以具备全部的语言符号特征。因此,不同的翻译方法和词的选择导致了许多有趣的现象。

另一方面,基于汉字本身的特征,如汉语语音符号的种类限制及普遍存在的表意特征,在音译实践中容易选择一些发音和意义比较相像的字。甚至有的时候,可以为了让它们的意义达到我们认为可以的相关度,不得不牺牲发音的相似性。

(三)汉字特点与音译

在前文的分析当中,因为汉字本身的特点,使得音译本体论成为被影响的主要因素。

语音是语音学的生命线,上文中提到,汉字是以单音节词为重点的,而语言学的核心却是多音节词,因此,我们在考虑用表意汉字作为语音符号,来对应外来词的发音时,就将面对两种困难:第一,这两种不同体系的对立与统一;第二,作为汉字,有其自己的性质,在这些性质当中也存在一些冲突。这就成为表意文字外来词的一次彻底革命。从构词的角度看,字母和汉字似乎可以一一对应。然而,从语音学的角度来看,拼音词是基于字母和音素之间所产生的关系,汉字则是基于音节和汉字之间所产生的关系。音素是个特殊的存在,在整个汉字的发展中,我们没有发现可以和它匹配的书写形式。在这样的状况下,翻译外来词时,就顾及不了全部的因素,自然也不可能达到准确的发音。那么方言就可以利用自身的优点,在音译方面发挥自己的优势。例如,在上海方言中,连连的平调特征比普通话更符合无声调的外语语音特征。

表意汉字虽然在表音学上存在不足,但其形式和意义的丰富性相对较大。不恰当的发音被形式和意义所取代。汉字对同音词的显著影响、汉字的意义和其他意义,特别是对语音字的意义和其他意义,以及汉字作为语素的表意功能,都是在表音表达不起作用时显现出来的。做到准确地表达语音是非常困难的。在这个前提下,汉字表意文字在许多情况下都起到了一定的作用,因为表意汉字产生了强大的同化力和给人们带来的巨大心理冲击。即使在音译的第一步,汉字的表意文字也起了必然作用。

在这里我们做出一个对比:在语音近似方面,方言可以利用自己更加接近这一便利条件,让译者不必使用自己的方言音译词。同样,由于在翻译手册中使用单词只能实现语音近似。

总之,音译过程受到多方面的影响,其中汉字特征对音译过程的影响最大,在之后的音译过程中可以遵循这一规律,让音译更规范。

二、影响音译用字的其他因素分析

语言是我们都会接触到的东西,它的形成、起源、应用、产生、搭配、组合,都扎根于特定的文化环境中。这种文化环境不仅对实践中使用的语言有着强烈的制约,而且对语言结构的静态存在面貌也必然产生巨大的影响。因为语言结构的形成本身就是在天长日久的动态使用中稳固下来的……在特定目的的要求下,不是不可以把语言当作一种单纯的形式符号来进行一种高纯度的结构分析。但这样做是冒着这么一种危险,即人为地割断了语言与它背后母体之间的血脉脐带。它所得到的结果要么就是一种人为的理想状态,要么就是对现实物的一种变态反映。基于此,应对音译用字的影响因素进行文化语言学等方面的分析。

(一)从时代、地域等因素进行分析

我们从文化语言学的角度来分析,词语的产生肯定是与我们生活的环境有特定的关系,它不仅仅是一个词语而已,还表现出了当时的文化缩影,承载着一定的文化底蕴。就是这个原因,我们从历史的角度来分析,在不同的社会、不同的历史期间,就算是同一个外语词也会有不同的音译形式。如"vitamin",在20世纪被叫作"维他命",后来习惯性地称为"维生素",一直到现代社会,我们还是一直这样叫着,但是受到其他文化的熏陶,影响了人们的需求,导致音译词也越来越常见,一直到现在"维生素"这个词依然很常见,同时也有其他的叫法,比如"维他命","维他命"主要用于药品和广告方面。从当代共识的角度看,中国内地与香港、澳门、台湾三个地区的区别最为突出和明显。通过四者的比较,我们可以发现,中国内地和其他三个地方的音译理念都是有差别的,就比如在人名上,台湾就和大陆不一样了,他们更崇敬汉文化,必须加上汉姓。如甘乃迭(Kennedy,肯尼迪)、柯林顿(Clinton,克林顿)、戴卓尔(Thatcher,撒切尔)、杭士基(Chomsky,乔姆斯基)等。

(二)译者和使用者主客观因素分析

由于翻译的人和使用的人在各个不同的方面有不同感受,比如生活习惯、个人爱好、说话方式、心态、知识储备等各不相同,他们在选词、音译和音译词的使用等方面会加上代表自己个人特征的一些特色。

比如opium(鸦片),大家都对其深恶痛绝,制药行业却为其开辟了一条新的通道,有一个新的名字叫"阿片",从字面意思可以感觉在制药行业对其没有贬义。还有关于化学音译新造字的问题,苏培成先生作为语言学家,主张在化学领域不要再出现新的名词,只要坚持使用用拼音来代替科技术语就还可以在新的研究领域出现新的音译。石磐从科学家和技术人员的角度提出,只有采用新词的方法才能使复音化学术语变得简单和科学。这两个人都能拿出论证要素,都有各自的道理。翻译人员和用户是密切相关的,对于翻译人员来说,翻译后的单词能在市场上被广泛运用就是达到了自己的目的,那么要在市场上被广泛运用,就要考虑大众的喜好,因此翻译工作其实还会被用户偏好所影响。正因如此,"Coca Cola"才被大众叫作"可口可乐",而没有通过直译选择为"口渴口腊"和"苦口苦辣",同样的例子,"Nippon Paint"为了能够更好地进入中国市场,巧妙地避开了"日本漆"这一名称,选择用"立邦漆"作为品牌入驻中国市场。

(三)社会文化心理因素分析

人们常说生活在什么样的环境中,就会成为什么样的人,但也从不缺乏会对这种环境产生逆反心理的人。把这个真理运用到音译领域,就可以认真研究社会、文化、心理因素在同种汉字文化的背景下对音译所产生的影响。

1.传统文化心理与音译的关系

中国文化源远流长,长期以来,汉文化形成了调和中庸、求善、谦虚含蓄、崇尚权威、相亲相爱的心理。同时,由于中国长期孤立,与外界缺乏沟通,其结果是,中国的"民族中心主义"具有较强的文化优越性心理,在吸收外来词方面,多是保守心理,偶尔还会对其产生抵触排斥心理。

有人曾说:"自由翻译是正常的方式,音译只是一种灵活的方式。"如果音译被随便应用,也就是说,外来词被滥用,因为这意味着汉语词汇太差,无法在基本词汇的基础上形成新词。如果一定要音译,那么在完成之前必须结合一些"中国味"。

在这种心理的作用下,汉语音译词表现出如下特点:

第一,纯音译相对较少,但更多的是表意元素的音译。

第二,汉语音译在吸收外来词这方面的数量相对来说还是比较少的。除数量绝对较少外,还有一点也很重要,那就是其中很大一部分被免费翻译所取代,从而导致借词资格的丧失。

第三,尽管汉字的外来词与拼音的外来词有很大的不同,但外来词音译中的语音、语法、文字等因素大多是按照汉语的固有系统来重构的。即使有变化,它们大多很小,基本上在可接受的心理范围内。

由于种种原因,中国文化除在大陆的主流文化以外,还在港澳台地区有了分支。在港澳台的文化中,香港的最为凸显。产生这些分支的原因我想每个中国人都应该清楚,第一是由于和我国内地的长期分离,第二是受到西方文化的熏陶。因此,它们比中国内地对外国文化更为开放,音译词的风格也更为多样化,还有直译式的生搬硬套也是它的特点,如巴士(bus)、的士高(disco)、迷你(mini)等。

和中国内地相比,在选字上它更加倾向于诙谐和调侃,而内地则更加喜欢传统审美。

表4-13　内地与香港译法区别

单词	内地译法	香港译法
show	秀	骚

续表

单词	内地译法	香港译法
bungee jumping	蹦极跳	笨猪跳
massage	按摩	马杀鸡
toffee	太妃糖	拖肥糖

2. 认知心理与音译

以表意文字为主的汉字具有明显的代表性。汉语习惯于用直观形象的方式反映客观事物,用形象组合的方法使语言表达丰富形象,用联想和平行的方法讨论抽象的概念原则,这就是代表性汉语的表现特征。在这个环境中生活了很长一段时间的人,都很重视文字形式带来的视觉感受。他们有自己的一套方法,喜欢把单词拆分成几个部分,然后把每一部分的字面意思先解释出来,再合在一起得到这个单词的总体意思。这就是他们喜欢联想的优点。因此,音译词的选择就是尽可能地选择与其意义相关的词。

3. 美学心理与音译

中国文化美学心理的代表即中国画、中国建筑、中国书法。与外国语相比较,中国更喜欢简单美,而且非常讲究留白,这反映了汉族追求美与简单的审美心理。"bismith"到"mi"、"kram"到"ke"、"bodhisattva sleeping"到"bodhisattva"等音译词是简单美学心理的反映,去过外国的人都能发现国外追求的是哥特式风格,中国建筑艺术与国外建筑艺术有非常大的区别,更注重前后呼应的共谋、平衡和对称。比如外语词 morphia,lemon,coffee,kasaya,molli 等最后被音译定型为"柠檬""吗啡""袈裟""茉莉"等这些都是美的象征,听到这些字都是一种心理享受,然而这些在世界美学领域不被理解,认为中国书法艺术比较奇怪。因为汉字是由象形文字演变而来,每个汉字都能被看作是一幅小型的中国画,存在着一定的审美享受。受到汉字熏陶,人们在翻译外来词时,总是倾向于选择一些吉利、喜庆、美好及可以给人良好感觉的词。虽然现在我们也努力接受港澳台的音译词,但不得不说"骚""笨猪跳""托肥"这种类型的词还是不能冲破人们的心理障碍,去接受他们。

4. 社会文化心理的新发展

从古至今,信息全球化越来越明显,这刺激着经济的不断完善和发展,推动着科技变化,更是刺激了国际友人对其他文化的好奇心,所以各种信息通过媒体网络快速传播,加快了不同文化的交流,极大地激发了人们特别是青少年对不同文化的渴望。一段时间以来,标新立异为各种人们所崇拜。同时,由于市场经济的影响,过分追求外国文化的心理得到了很好的诠释。如:人们更加倾向去说"拜拜",而不是"再见";各种音译商品品牌出现在市面上;我们熟知的乔丹、阿迪达斯、沃尔玛、可口可乐、曲奇等。

第三节 音译用字的规范措施

一、浅析已存音译用字规范

总的来说,对现已有的音译规范可以按照下面几种方法进行处理。

(一) 按已有的"音节汉字表"进行音译

根据"音节汉字表"的音译:"一个汉字代表一个音节,我们在音译时,就可以参照这个表。"也就是说,它提倡建立一个科学有效的音译词典,以规范单词的使用。

这个方法我们在生活中会经常使用。它能处理汉字环境中的许多不规则音译现象,具有重要的应用价值。然而,这种方法只关注静态层次,难以处理动态层次中复杂多变的语义和上下文。因此,它只对专有名词的音译有效,对其他名词,特别是日常生活中使用频率高、意义复杂的名词,很难进行规范。而且,就现在来说,这种表格的编制还比较困难,有许多不完善的地方。那么在还没有合适的词语可以对其进行规范的情况下,译者们都是会选择独立行动的,因为他们不能依靠这些词语。

(二) 以汉语拼音为根据转写

刘涌泉的"标音式转写法"是其代表作。这种方法吸收了语音符号和转录的优点。一方面,它首先对外来词的字母根据汉语的发音习惯进行了重新的调整,使其更加规范有序;另一方面,它突破了某些地方汉语的音节结构,以保证某些字体的一致性或相似性。为此,刘涌泉还花了比较长的时间,特定制定了一系列规则。根据这套规则体系。比如:他把术语"atropine(阿托品)"转写为"atopin",把"spectrography(摄谱术)"转写为"spektogafi"。

此外,在汉字领域中,还有一种怕拼音变成汉字的心理担心。改变汉语的社会和心理冲突是一件非常困难的事情,而汉语在自己的音节结构方面,还需要突破各种不同的变化,这取决于普通话推广的加强。因此,虽然这种方法是非常可取的,但在目前的情况下,仍有一种很难让人们接受的方法。如果实施,将会有很大的阻力。为此,虽然刘涌泉早在1987年就制定了这种方法,而且到目前为止,仍有许多支持者,但很少得到实施。

(三)直接引进外语词

今天我们直接把外来词拿来运用在生活中,不做任何修饰或修改,我们和拿来主义就没有什么区别了。

要想在音译领域找到一条快捷的路,直接引进外来词确实是可以很好消除不同文化的转换所浪费的时间问题,还可以保存大量的人力物力,主要还能迅速进入国际化市场。但说实在的,不经过任何本土文化的熏陶的处理,就直接拿来用是非常没有责任心的,虽然我们已经接受了卡拉OK、KK派对、V领,并且能够大声朗读MTV、VCD、AIDS、DNA、CEO、DIY和进出口BOBO,但目前这些词的接受更多是由于对时髦和时尚的心理追求,流通范围大多局限于文化和外语水平较高的年轻人。普通人总体外语水平和开放性还没有达到顺利接受和理解这类外语词汇的水平,更不用说接受和理解复杂而大量的词汇了。就目前的情况而言,汉语音译不能为了国际化而完全牺牲民族化。这就是为什么,尽管许多著名学者都提到过这种方法,但在他们谈话的背景中,往往会发现许多无助的因素。即使在香港,在外语水平相当高的环境中,也基本没有人想到用这种方法。目前也只在单词前面或者后面添加原词的音译痕迹。

目前,在文化交流越来越活跃的背景下,汉语音译发展的方向只能是引进外来词,书写的工具这一重要作用汉字是不能体现出来的。近年来汉语音译所占份额的增加是由于汉语音译所占比例的增加。因此,当前音译规范的焦点就是汉字音译规范。在这个英语普及到小学的新时期,任何人对罗马字母都不会感到陌生,甚至有些人还会觉得熟悉,更甚者会觉得认同。所以,第二、第三种方法自然而然就会被推到一定的地位上去。但是,今天我们对这个方法不再进行拓展,有需要了解的可以自行查阅资料。

二、音译用字规范的牵引绳

到目前为止,语言接触的发展被划分成三个阶段:第一阶段就是最原始的报纸被拿来广泛运用,这个时期的语言接触还不是很活跃,只能通过写在纸上的文字进行思想交流;第二阶段出现了电,就有了电话、电报和电视等媒体的使用,让语言接触更为频繁、方便;第三阶段是从 20 世纪 80 年代至今,主要以计算机和其他微型电子设备为标志,还伴随着其他各式各样的方法,使语言得到全球化的发展。随着信息技术进入加速创新和快速迭代的新时代,我们每天都能接触到新技术、新模式、新格式。互联网+云计算、大数据、人工智能、5G 技术的快速发展,改变了行业的改革创新,同步了网络、平台、服务、智能等新技术。

根据《2018 年中国互联网发展报告》(以下简称《报告》),统计表明:

截至 2017 年年底,中国网民已经达到了 7.72 亿人,其中移动网民 7.53 亿人;中国网站 5 330 万人,其中"中国"域名 3 115 万人;中国互联网新增 6.47 亿人。3.98 亿是中国网络广播用户。中国人工智能产业规模为 152.1 亿元,预计 2019 年将达到 344.3 亿元。中国大数据市场规模 358 亿元,是 2012 年 35 亿元的 10 倍,预计 2020 年将超过 700 亿元。

有了网络的推动,音译领域就不会再坐以待毙,会随着交流的增多变得丰富多样,并且范围扩张到全球。所以音译界也要发生翻天覆地的变化,跟随时代的步伐不仅音译的概念和标准会改变,就连作风也会有不一样的要求。当然我们不能坐井观天,认为全球化只是一个一维空间之间的认知交流,它是一个多维空间的碰撞,涉及各个国家各个领域。因此,在音译实践中,我们就要拿出我们应有的正气,将中华文化优良传统贯穿其中,让音译实践把汉字的独特性展现出来,并且能起到主导作用。同时,要避免"牛头不对马嘴",认识到汉字的音译会受到汉字超时间性和大量的同音异义词和多音节的困扰。

随着时代的不断进步,网络信息的发展应与时俱进。因此,在关注民族特色的同时,也要始终关注开放性和国际化。我们要以开放的心态面对汉语中的"异类"成分,适当地吸收外语中的有用成分,使汉字在一定程度上具有灵活性。

语言总是动态的,应该从动态和变化的角度来看待。词典的作用我们不能忽视,它影响着一代又一代人,比如讨论音译发展的规律,我们应该把研究的视角放得更加长远,而不是只关注静态的东西,还要引导动态语言的发展,不断关注新的发展趋势,从而达到静态和动态不断完善,让他们相互作用,相互调节。

在音译层面,它不仅仅是一种音译,还是各个层面的组合,它有着自己的特征和姿态。一般情况下音译包含专有名词和日常用语。专有名词包括人名和地名,而且它的发音和它所表达的意思关系不大,主要体现在听着舒服就可以。由此可见,在音译中,大多数还是会选择汉字音译。因此,词汇使用的规范化自然主要取决于音节与音译中使用的语音表的一致程度,以及字体的准确性,这是相对简单和科学的。

科学术语还有一个特点:因为科技经济文化的全球化,科学术语就不得不与经济文化相联系,作为这种情况的必然结果,术语国际化的声音越来越大。因为科学在发展,人们的生活也会慢慢有变化,人们的日常生活都被快速发展的经济影响着。主要体现在科学术语进入日常生活的比例在增加,有的在汉语中比较常用,被列入汉语的基本词汇当中。因此,它更适合于根据人群和应用场合进行多级音译。在这种情况下,词汇使用的标准化自然需要根据人群和应用场合在不同的层次上进行评估。由于日常生活中的音译名词被引入中国文化圈,因此更适合选择符合中国文化的音译方法。在规范词汇使用中,应特别注意公众的接受和客观的语言事实。

近年来,商业发展形势迅猛,很多的商标和商品都成为现在人们口中耳熟能详的词汇。鉴于这种情况,商标和商品音译应划分为单独的类别,并列为名词音译中的第四类。这样我们就可以上报给主管语言和文字的部门,建议其对这类名词音译单独划分。它们的特点很明显,是伴随着商业发展应运而生,那么就对商业组织或团体进行约束,做到音译规范。有关部门不应该阻止采取音译方法去追求广告效果,这在一定程度上呈现出多元化。

综上所述,音译标准化的指导原则是:兼顾民族化和国际化,动静结合,从不同的场合、层次和角度制定科学有效的词语使用指南和标准。

三、音译用字的规范提议

到目前为止,汉语中引入的音译外来词大多是名词。根据《现代汉语新词词源词典》,尽管已经吸收了极少数的动词,但音译词中100%是名词。而且这种状况在现时情况下不会有太大的变化,这是由汉语自身的特性决定的。可以说,只要音译名词的使用达到标准化,整个音译就会标准化。因此,本章会将主要分析精力集中放在名词方面。

根据之前的经验,对音译规范做一个解释:就好比法律规范一样,将《译音通用汉字表》编制为音译词规范的最高标准;在本标准下,可根据需要制定相应的"音译用字表"为补充标准,如"专有名词音译补充表"和"名词音译补充表"。鉴于以往汉字表存在的不足,这些表必须满足以下要求:

1.基本条件

在科学化、规范化的基础上,对语音符号和词的选择进行头脑风暴,以满足绝大多数人的需求。

(1)用音原则。我国的汉语是基本语言,以普通话发音为最高标准,在此基础上,我们可以对方言进行适当的处理,即识别一些方言的音译变种,并赋予它们一定的地位。就像上面说到的商业音译词一样,我们一样可以给方言定一个标准,但他们两者又有区别,方言音译只是有个平台而已。比如在情况比较特殊的港、澳、台地区,我们要一味压制方言的发展就比较困难,那么就可以选择一种折中的办法,对其进行音译规范,不压制也不鼓励,同时还要加强对他们的普通话宣传,让他们接受并向其靠拢。还得利用现代最发达的通信设备,加强两岸的交流,组织海峡两岸的专家学者开展相关研究,实现我国音译领域的"书与文"和"语同音"。

(2)用字原则。选择单词时,最高标准是将一个外国音节与一个汉字相匹配。根据词源学附录,我们就只能选择一些意义比较中性而且只有一种意义的最为合适,并且还要让它使用的频率不高,构词能力不强。为什么需要选择这样的词呢?也许大家都会有疑问。其实选择这样的词我们就可以节省一些不必要的麻烦,不会出现其他的意思对我们造成干扰,并且也不会表现出我们自己的态度倾向。为此,我们需要做大量的功课,组织大家去对汉字的历史进行研究,总结出汉字的现状,对两者进行一些比较,运用现代手段进行大量的词频统计分析,必要时还需要对每个汉字的构成进行考察。

在这一最高标准下,我们也不是对他们进行全盘的否定,可以允许一些特殊的情况出现,但只能是极少的。例如,在专有名词的音译中,可以让其有补充的余地。在商标音译中,可以添加一些具有良好含义或广告效果的同音词作为附录。但是,所有的次级标准只能作为暂时性和部分性标准,原则上只能接受,但不提倡或鼓励。对于所选字数的限制,可根据其具体情况确定。一般来说,与一个外文音节相对应的汉字数目不应太多。除适当放宽商标和商品名称外,在其他音译类别中选择的单词数应以两个为最佳近似值。

(3)附加原则。对于语音符号和选词与新使用的词表不一致的音译词,也不能一味地淘汰旧词,有些有很久历史发展历程的旧词是不能跟随本心随便淘汰,我们要守住历史留下的财富。也为了能够长期发展,在1949年以后新的音译词才慢慢显现出来,被视为"次标准",即"未来原则"。目前,为了更好地执行新词表的标准,我们需要有个过渡的时期,旧词表依旧是作为参考的标准。方法是以新词形式为正统形式,旧词形式为副词形式。例如,我们可以不废除旧词,只是在后面对其进行一个新词的解释,这样就不会让新旧词出现一个断层。这是一个比较现实的原则,比如之前的taxi这样的音译词,已经很久没有被使用了,但是由于它们之前也是风靡一时,而且本身也被汉语影响,具有了构词能力,所以它们可以被列为"照顾老人"的行列。这是例外原则或特殊原则。

2.辅佐要求

(1)必须引入权威部门,制定并实行法律法规,不能放任语言的音译自己横行。媒体方面也不能放松,要积极组织,特别提出新闻媒体,一定要听从组织命令,积极配合。

这不仅是历史的教训,也是时代发展的新要求。过去,指在中华人民共和国成立以前,译音机构和译音个人设置了障碍,开展了自己的业务。其中一个重要原因是得到权威的认证。语言是有一定文化底蕴的东西,政府应该出面为语言规范制定一些制度、规则。现在越来越交流广泛的网络通信,在语言文字规范化发展方面起到了一定的推动作用,达到了相关民族特征的高度。因此,无论是政府还是个人,都必须改变观念,在思想上给予更多的关注。而加入权威部门,制定一定的法律法规,是必不可少的途径。

第四章 英汉音译用字规范研究

（2）组织和建立由社会各阶层组成的高效音译词标准化研究会，利用网络等现代媒体工具监测音译词的现状，定期总结新情况，制定新的指导方针。

音译词的规范化涉及术语、词源学、翻译学、社会学、心理学等诸多因素。这是一个需要各界人士，特别是新闻界和翻译界人士来解决的问题。语言总是动态发展的，而规范相对是静态的。监测不仅能及时了解规范的执行情况，而且能随时发现语言的新变化，及时对规范进行修改和调整，达到与时俱进的效果。

（3）除支持相关法律法规外，政府语言监管协会还要时时注意学者动态，不让别人有机可乘，打擦边球。特别要注意按期组织各类人员编译借词标准化词典和"现实词典"（即包括了社会上独立呈现的一切译借词的词典能够增补标准化词典）。

静态规范词典和"现实词典"是外来词动态发展的化石。这个物化的产品展示了当时音译词的发展历史。有了它，不仅可以很好地理解这段历史，而且可以找出规律和教训，为以后的翻译规范提供指导和参考。

在这个全球化信息网络时代，能对国家和社会进步产生影响的要素是能否最大限度地掌握信息。因此，最大限度地实现网络资源的畅通和共享，将是造福国家和人民的重大举措。据了解，作为获取信息的重要手段，95%以上的互联网是英语信息，而汉语信息所占比例很小。

在现在这种情况，汉语不得不考虑引入更多的音译外来词，所以，这就显示了音译词标准化在语言和写作标准化方面的重要性。

汉语音译词的不规则性主要表现在一个词的多态性。通过拼音与汉字音译步骤的比较，笔者认为导致汉语音译词多态性的主要因素是汉字语音符号的混淆和合适汉字的选择，因此，音译词的标准化是音译词标准化的基础。音译中的混淆主要是由于汉字的特点和中国文化的影响。汉字具有表意特征、语音差、跨时态、多音节、同音异义等特点，汉字音译的内在缺陷早已经被决定，从语言文字的本体论上我们就能看出。中国人的丰富个性和汉族悠久的历史文化积淀，对词的音译有着更为复杂的影响。汉字意义的复杂性和丰富性，以及中国文化的广度和深度都存在不确定性。

事实上，笔者想要讨论的内容仅仅是以汉字作为基础的音译方面的问题。虽然规定"一个外文音节对应一个汉字"的音译汉字表可以更好地确定和统一音译

93

词,从而更好地解决音译词形式的混淆,但这却没有考虑到其丰富的含义并充分利用,也没有更好地利用汉字的表意特征。因此,也规定了相对灵活的"次标准"层次,提出了各种"附加原则",这在一定程度上增加了音译的不确定性,破坏了音译词的确定和统一。本章的规范性原则和建议其实并不是很全面,在很多方面还是存在一些限制。目前还没有能力可以大面积解决汉字音译规范问题,必须借助国家各部门权威语言的宏观调控和个别干预来实现。

因此,音译的标准化需要找到一条走出音译的途径。一方面,我们不应该放弃意译,即使在某些领域,如日常使用的词汇。另一方面,在当今世界,拼音被广泛使用,我们也可以找到一种摆脱汉字的方法。例如,我们可以用汉字书写固有的词汇,而不改变汉字的主流地位,让外来词的引入在词汇的使用上取得一定的突破。

此外,一些国际上要求较高的音译词也可以译成汉语拼音,如人名、地名等。或许只有这样,中国才能更快、更好地实现"全球化",获得更高的国际地位。但是,要做到这一点,还需要进一步加强人民外语水平的提高和普及工作,以及时代的发展和人民汉字文化心理的变化。

第四节 英汉音译用字应遵循的原则

目前,英汉音译中使用汉字的不规则现象主要有八种:同一音位或音节的不同发音的汉字音译、同一汉字的不同音位音译、不同数量的汉字音译、同一个英语单词的特征、同一个英语单词与同音或近音节的音译、复音词的使用、不常用词的使用、方言的使用和误导性联想词的使用。

在现在英汉音译规范和实践的基础上,英汉音译词的选择就应遵循以下四个原则:所有者姓名的发音原则、常用词的简化原则、避免误读的联想原则以及基于约定的收敛原理。

因为现在英语作为世界通用语言,是我国的第二大语言,它包含了太多的生活、文化和科技信息。在这种情况下,汉语会引入更多的英语外来词。汉语吸收外来词的手段主要依靠音译。音译词的出现是有两面性的:一方面丰富了现代汉语词汇,而在另一方面也对现代汉语词汇的规范化提出了挑战。如今,汉语和写作规范化的一个重要方面就是外来词音译的规范化。为了适应这个时代的需要,本章主要从词汇使用的角度,通过对极性外来词词典、现代汉语新词词源词典等外来词词典中的音译词的使用进行深入研究,并且能够在深入研究音译的基础上还能找出影响音译规范的因素,为音译规范提供一些原则。

一、英汉音译用字不规范的情形

英汉音译是以英语词汇的发音为基础,在汉语中寻找相似的发音词、词或词的组合进行翻译。由于英汉语言的巨大差异,如果在音译过程中任意选择词语,必然会导致一个词的多重音译现象,使读者不知所措。在汉字规范化的现状下,研究和规范汉字音译是一个迫切需要解决的问题。音译中的不规则现象可以概括为以下八点。

（一）同一音素或音节用读音不同的汉字音译

这样的情况在平常还是很常见的,在外语中同样的音素被翻译成汉语就会出现不一样的读音,但是大部分的读音还是很相似的。比如"cartoon"和"cartel"两词都有"car",被音译过来就不一样了,第一个通常被称为"卡通",第二个被翻译为"加迭尔"。所以相同的外语读音不一定就存在相应的汉字与之对应,这就造成了音译的多样性。

（二）同一汉字用于音译不同的音素

与（一）中的相反,相同的一个汉字对应的外语也不一定都是同一个音素。

比如我们常见的 curry（咖喱）和 coffee（咖啡）,都有"咖"这个字,在外文的表现上就是不同的。这样也会影响音译的多样性,增加音译难度。

（三）同一英语单词用不同数目的汉字音译

一个英文对应多个中文的情况一点也不觉得奇怪,更别说音译词出现这种状况了。一个典型的例子就是"romantic",音译为"罗曼蒂克",一般情况下我们都翻译为浪漫,因为人们习惯于用简短的语句来表达,觉得方便实用。

（四）同一英语单词,在音译时用同音字或近音字

由于汉语音素的音节不多,导致同音词普遍存在,且同音词最多可达数百个,在音译中使用同音或近音节是很常见的。如果不统一,音译词就很难标准化。

例如,disco 被音译为发音相同的"的士高"和"迪斯科"。

（五）用多音字

多音字在汉语中是经常出现的,比如和第(四)的例子一样,"的士高"中的"的"字,就有至少三种发音,有些比较生僻的不常用的字出现多音字就比较麻烦了,很多人不是专业人士根本不知道该怎么读。

（六）用生僻字

有些译者为了追求新颖或吸引读者,故意使用不常用的词语,而这些读者通常不识字或容易误读。例如,在堂吉诃德这个名字中,当大多数读者看到这个词时,考虑到汉字的音、形、义的统一,他们习惯性地把"诃"错读成"可"。

（七）使用方言

前面有提到的用粤语或者吴方言做音译,它与正常地用普通话音译也有不一样的地方,方言之所以叫方言,就是一个地方的语言,会造成有些不懂的人根本不清楚到底在说什么,而且不利于在正式场合运用。

（八）用有误导性联想的字

由于汉字表现力强,汉语中的音译词只能同时使用,不能分离,否则就没有意义。

周有光先生曾经对音译的实际情况表示遗憾。音译名词,包括人名、地名、其他专有名词,极其容易混淆。翻译和书写同音词是一种习惯。即使一本书是统一的,几本书阅读下来还是不一样的,会造成译者感觉麻烦,读者也觉得不便,检索困难,印刷出版、网络传输等不断造成混乱。这种情况是需制止的。在音译实践过程中,我们可以找到一些规律并加以总结,便于音译的规范化。

二、英汉音译用字应遵循的原则

由于汉字在语音翻译中的局限性和表意特征,音译并不是那么简单和容易标准化。根据上述原则和音译实践,可以总结出以下原则。

（一）基于名从主人的音近原则

音译,字面上理解就是根据源语言的发音,然后对其进行翻译的一种方法,即在目标语言中找到相同或相似的发音来复制源语言内容的发音。因此,音译词的发音应尽可能接近源词的发音。发音原则是在选择单词时,使整个音译单词尽可能反映源单词的发音。那么对于英文名字"Kennedy"来说,大陆版的"肯尼迪"显然比台湾版"甘乃迭"更好。在音译和选词的过程中,如果不能根据人们的心理使人们对文学意义产生希望,就要注意音的传达。根据这一点,我们可以避免多个版本的音译词与我们习惯的同一个外来词的形成。

(二)基于常用字的简化原则

在这个一切从简的时代,音译词也不例外,在翻译的过程中我们都是尽量简化音译词,比如长度、发音等。所以就不存在音译词就是单个的词,特别是一些词。译者在翻译过程中应避免使用复音词或不明词,使人对发音产生不确定性。如果使用多音节或不常见的词,对于外语背景较弱的读者来说,很难确定音译词的发音,为了更好地使音译词在生活中使用,就有一些专家学者提出,翻译者在翻译的过程中应该用一些单音节词,避免出现误会。

例如,"Violin"曾被译作"梵莪铃",但是由于"莪"字容易让人误读为"我",因此最终被译为"小提琴"。

另外,被音译出来的词,要满足这个条件:不能形成太多的汉字。如果汉字太多就会让很多人记不住,这样就会阻碍交流,阻碍音译字的传播。

"bikini"被译成"遮盖很少的游泳裤",因为这个翻译既不好交流,听起来也不雅观,最后被"比基尼"所取代。

科学本身就是带着面纱出现的,奇妙而复杂。这样的特性造就了科学术语必须要简化,加强科学知识的普及,才能让大家有兴趣去揭开面纱,去到专业的领域与更多的人学习交流。英语中的多音节词,如金属钪(Scandium),镁(Magnesium),氦(Helium),锰(Mendelevium),氦(Helium)等不是按发音进行音译的,而是按前面的单音节进行音译。

(三)基于避免误读的联想原则

如果单把音译按照直接的意思表达出来就会出现比较多的难以理解的音译词,而且误读的概率比较大。这时候我们就需要想办法把这些难题解决掉,所以我们根据汉字的表意性特征,可以展开自己的想象,对外文和汉字进行一些联想,用人们更能理解、更简单的词代替,这样就能避免读者误读和不理解。如芭蕾(ballet)、冰激凌(ice-cream)、俱乐部(club)、卡通(cartoon)等,都是比较好理解的且听上去比较舒服的音译词。

（四）基于约定俗成的趋同原则

要建立音译规范，就要对音译词有一些规定，那么对于译者来说，就需要有一个意识：在进行翻译过程中，要多查阅资料，尽量使用已经被广泛利用、大众所接受的词语，才能让大众快速有效地吸收。而且，大家都应该心中有个标尺，会选择发音和意义比较简单的单词，使用较少的复音词和多义词。由于多音节词会使人不敢随意发声，所以多音节词会使人因文学意义的误解而困惑，促进音译规范。比如"meter"表示的是"米"这个单位，已经被所有人接受，那么再遇到需要音译的时候就应该用"米"来表达，如果选择其他的词可能会造成不理解。

一般来说，以上四个原则对音译词的选词过程有实际的帮助，有助于统一音译词的选词，进一步规范音译词的使用，避免普通用户不知所措时译者"坚持一个词"的情况。音译中汉字的规范化是一个漫长的过程，面临着许多困难。上面提到的一些原则和建议是音译中的参考，只能在一定范围内解决，并且，所有的规范和原则都应该随着时代的发展而不断发展，不然就会有时代的局限性。

第五章　英汉人名音译的研究

第一节　研究背景与研究现状

　　人名音译指的就是用本语言及目标语言之间名字发声的相同之处,将目标语言的名字音译为本语言的名字,以此将不同语言间的名字进行转换的过程。人名音译有很大的现实作用,比如在机器翻译和双语语料库对齐等语言任务处理中。本章节把构建英文来源的英汉人名音译模型和人名来源识别模型作为重点讨论对象。

　　英汉人名音译发展已久,把基于音节划分和短语表优化的方法作为英汉人名音译的讨论方法,已显得尤为重要。为了实现英汉人名音译,我们将以音节为单位,通过基于短语的统计机器翻译,以此来达到英汉人名音译的目的。首先,以上提到的基于音节划分和短语表优化的方法并不是完美的,其在运用中也存在一定的问题,要先对音节划分方法存在的问题提出一种更合理的改善;然后,再通过使用去掉低频词法、基于 C-value 的除杂法、基于黏结度的除杂法等方法来优化短语表,以此来解决训练语料偏小导致短语表中存在杂质信息的问题。通过大量的实验,得到的结论是:基于 C-value 是去除短语表的杂质信息最可靠的方法之一;而后,要解决音译候选汉字选取的不合理性的问题,通常采取的方法是将其融入汉语人名中首尾字的位置特征,再调整生成的音译候选的先后顺序;最后,为了解决音节划分粒度过大而导致的在短语表中找不到翻译所引起的音译错误的问题,我们可以在解码阶段引入两阶段音节划分方法去解决这个问题。通过以上所述方法的改进之后,我们得到的结果是,音译准确率提高了四个百分点,同时说明了上述方法具有较高的可靠性。

众所周知,不同语系之间的发音不同,所以人名的音译发音也不一样。因此,为了获得更加好的效果,应当对名字的来源进行确认。本章是基于统计融合和发音规则,两阶段方法来确定人名来源。先利用日语片假名发音规则、汉语拼音规则将人名分为四大类;使用朴素贝叶斯分类方法(基于统计的方法)判断语言的来源。使用基于发音单元或字符的 N-gram 语言模型及基于发音单元的位置特征当作实验特征,与不同的特征相互组合可以分别对人名来源或其他来源进行识别实验。显而易见,使用基于发音单元的二元模型、基于发音单元的位置特征及基于字符的四元模型三者融合的方法,来判定系统的人名的来源是日语、英语还是汉语时,这样出来的效果才是最优的,人名来源识别的准确率也最高。

一、研究背景及意义

随着现代科技的不断发展,互联网络也得到快速发展,根据现实状况的需要,各国之间需要更加密切的交流。在各国交流日益频繁的今天,生活中不断涌现出大量外来词汇,比如网络用语、网名、机构名等命名实体。随着社会的不断发展,外来词汇的翻译在许多自然语言处理任务中起着举足轻重的作用。由于外来词是随着当下而产生的一种具有即时性的词语,很难及时地将生活中出现的所有外来词和其音译名称及其含义都加入词典,因此,我们把这类未能及时加入词典的外来词汇称为"未登录词"。未登录词在命名实体中占有相当大的一部分,根据某些学者的研究,我们得出了命名实体携带了很重要的信息,因此对命名实体的研究显得越来越重要,从而开始引起大众的关注。

随着现代生活的深入发展,老式的翻译方法对于现在的翻译,已经不能满足当前的需求,基于数据驱动的人名翻译方法比老式的翻译法显得更科学,因此传统的翻译法有逐渐被基于数据驱动的人名翻译方法所取代的趋势。以前,根据发音对人名进行翻译的方法,称为人名音译,比如英文名"James",根据音译我们把它翻译成中文名是"詹姆斯"。人名音译就是利用目标语言和源语言发音的迥异,将英文形式人名翻译成中文名,在命名实体的翻译等多语言任务中可见有非常大的作用。人名音译可以分为前向音译和后向音译。以中英文为例,设 O 表示单词的英文表现形式,如"James"是英语;T 则表示翻译成其他语言的形式,如根据音译成中文名"詹姆斯"。这样就能浅显地解释前向音译和后向音译的定义。

由于不同来源的人名的发音规则体系不尽相同,因此我们可以根据人名本身的发音特征来确认其所属的语音体系。对于不同语言体系的发音不同以及相同音译名有不同来源人名的,其音译出来的结果也会有或多或少的不同。如人名"Matsumoto",在英文翻译为中文时,如直接看英文来源,肯定会翻译为"马茨莫托";但当日文翻译为中文时,我们一般翻译为"松本",这样就能看出,名称来源不同的时候,我们能得到不同的音译结果。研究表明,能改善人名的音译效果的方法是将人名来源与自动音译系统相互结合,这样便可大幅提高其音译效果。

由于英文在全世界被普遍使用及推广,所以,在此把英文与中文之间的互相转换作为一个研究重点,另一个重点是对不同语言来源的识别,比如中文、英文以及日文。不同语系间的发音规则决定了音译名的差异。对来自英文的人名来说,通常把人名划分成音节序列,而音节序列正是英文音节的发音规则,这样就能找出对应常用的音译字或者词语;对那些中文来源的人名来说,先根据拼音的规则将人名划分成拼音序列,然后根据拼音找到对应的常用汉字;日语发音根据罗马音,所以对于日语来源的人名来说,应该先将罗马音转换成日语片假名,再按照日语发音规则将人名划分成片假名序列,再转换成合适的日语名字,这样就能翻译成中文汉字了。

人名音译在各方面的作用越来越大,比如双语语料库对齐和信息抽取等方面,都需要音译的技术支持。不过我们现在存在的问题就是人名音译的准确率还不够高,仅仅为 60%左右,甚至可以说准确率很低了。所以这段路还需要我们孜孜不倦地去探索和开发。所以,我们当下的任务是研究如何提高和改善音译系统的作用效率和工作质量,这也是需要我们用脚步去丈量的一段科学之路。

二、研究现状

(一) 英汉人名音译的研究现状

近年来,全国的研究者普遍开始关注音译这个问题,国际计算语言学协会

英汉音译研究

（ACL,The Association for Computational Linguistics）在过去四年里,举办了四次实体音译评测会议（Named Entities Workshop:Shared Task on Transliteration,NEWS）,吸引了很多研究者来关注音译这一课题。

人名音译的研究可以从两方面来研究：

一是音译模型构建的研究,是指在构建的时候使用平行的双语语料库,再由其词语自己的意思和联系全文,确定词语在全文中所表达的意思,自动形成一个音译模型。在构建的音译模型中输入一个人名,模型就会输出一个相同的音译词语。

二是音译等价对挖掘的研究,是指在平行的语料库中,或可比较的语料库中获取与所需要翻译的预料等价的词语,使用此方法的目的是建立一个更广泛更准确的音译词典。比如一些世人皆知的明星或名人（如 NBA 球星 Kobe 科比）,我们就可以使用音译等价对挖掘的方法,因为我们的词典里已经存在了这个词语音译,当我们翻译的时候系统就自动借鉴这个词语了。而对于一些陌生的词语,我们音译词典中可能不存在这个词语,当你用音译等价对挖掘法时,每次的音译结果可能不一样,因为更新音译词典费时费力,且实时性不强。所以我们就可以换一种方法,使用音译模型构建法。在实际翻译当中,我们都是音译模型构建法和音译翻译等价对挖掘法两种方法一起使用,取其长,补其短。本章节就重点研究人名音译模型构建法。

音译模型构建法分为三部分：第一部分是训练翻译,通过训练可以生成跟发音翻译相对应的词典；第二部分是优化翻译,是把建立的模型中每个词的特点在所翻译的这段文字语言中所占的比重调整到最优的效果,这样音译出来的解释才能与语境相符；第三部分是解码,根据上面两个阶段音译出来的词语模型,挑选出最符合标准的候选词语。每个翻译的过程中使用的方法不同,音译的效果也将不同。比如用 EIVI 算法进行第一阶段的训练和用信源信道模型,EIVI 算法生成的词典,建立基于发音的直接音译模型与信源信道模型建立的音译相比,其优点在于融合上下文的发音,权衡比重。以单个字符或字串采用基于短语的机器翻译方法进行实验,结果表明,基于字串可以采用更多语意信息,比单个字符显示的语意要准确。在解码的实验中,先采用了基于维特比的方法,其效果一般。第二次用了基于转换器的方法,结果比基于维特比的效果要好很多。

有学者还提出了实验,对每种语言都用四元模型对文段中人名的来源、性别分别训练,取得的结果是识别率又提高了。所以后面的改进方法就把人名的语言这些特征与音译系统相结合,优化了音译系统的性能。

有学者提出了最大 N 元隐马尔科夫模型(maximum N-gram Hidden Markov Model),其原理是通过"汉语拼音—汉字"和"英文音节—汉语拼音"进行翻译材料训练,生成音译概率词典。使用两个最大 N 元 HMM 模型解码,选 20 个最符合标准的词,再把 20 个音译输入前端搜索引擎中进行过滤检验,去掉误差比较大的词。

音译等价对挖掘方法的核心在于方法的选择。有学者提出,通过英文的编辑距离与汉语的拼音的相似程度来计算 20 个候选英文名的相似程度,按照相似度大小排序,取最大的那个作为翻译的人名词。也有学者分别从目标、语料、源中提取出来关键词,通过多个特征的融合,获得中文和英文对应等价对实体。文中的中英匹配、英中匹配、音译、翻译、上下文向量及长度六种特征可以使用。使用最小样本风险算法(MSR)将适合于人名、地名及机构名的特征组合,各特征权重调至最优。有学者们在命名实体对抽取中应用锚文件。先在需要翻译的语句中把需要翻译的单词识别出来,再在翻译的目标语句中查出对应的实体,这样获得的锚文件中就包含了实体的链接,最后通过一定的技术支持解析链接,参照与命名实体的相似度,选取相似度最高的实体作为翻译的词语。还有学者提出可以通过构建命名实体图(NE),再抽取命名实体之间的关系,再计算 NE 的相似度、NE 关系的相似度、上下文 NE 的相似度及上下文的 NE 关系相似度。此方法是用两个 NE 图的匹配来代替命名实体翻译的问题。实验结果显示,通过几种相似度相结合,人名的翻译准确度可以得到明显的提高。

(二) 人名来源识别的研究现状

由于不同语系间发音规则是不一样的,所以当人名来源不同时,其音译结果自然也就不一样。因此,加入人名来源识别可更好地解决由于名称来源不同而产生的音译结果不同的现象。现今,能较好解决以上问题的方法有分类、基于规则和统计等。因为汉语拼音和日语片假名的发音有很多不同,所以要克服这个难题,可以根据从最高匹配度到最低匹配度的方法,来判断日语或汉语的发音规则是否跟实验一致。所以就有人提出使用基于规则的手段来识别人名的语言来源,假若与该语言的发音规则基本相同,那么就可以确认此人名的来源是该语言。

接下来介绍两种解决人名来源识别问题的方法。第一种是基于 N-gram 语言模型的统计方法。在此语言模型中,选取不同的单元,可以使人名来源识别结果出现很大的差异。其中,在语言模型当中,以单个字符来作为最基本单元,得到的实验结果表明,使用三元模型的识别效果最好。还有一些学者使用基于音节的N-gram 模型和基于字符的N-gram朴素贝叶斯分类器做了几组对比实验,一个以单个字符作为基本单元(实验一),另一个则是以频繁出现的字符簇作为基本单元,对比两组实验的结果(实验二)。以频繁出现的字符簇作为基本单元的效果要优于以单个字符作为基本单元。因为实验一和实验二识别错误的人名有很多不同,因此运用AdaBoost融合实验一及实验二两个弱分类器,检测的结果显示,两个实验的错误率下降了很多。因此我们应该使用融合技术。

  第二种是基于分类的方法。如今大部分研究都是使用了分类器技术来解决人名来源的识别问题。其中最大熵模型融入了多种不同语言的特点,此模型有着良好的扩展性,使用的特征包括频次特征、发音规则特征、N-gram字符特征和字符位置特征等。有研究者在前人研究结果的基础上稍加改进,对数据使用最大熵模型来训练;然后对于那些没有标注的一些训练集,再结合地区名和国家名在上下文中的不同特点与原来的特征相融在一起,再使用期望最大化模型对混合在一起的数据进行相互重叠,然后连续使用训练出来的模型对那些没有被标注的数据进行标注,直至模型收敛为止。为了融入更多有效特征,使用基于最大熵模型作为改进方法,使用隐马尔科夫分类器作为基准系统,将人名解析为姓、名、父姓等信息,使用包括N-gram字符模型、N-gram长度模型及语义特征。还有学者对各种方法进行了大量的实验以及详细的论述之后,再经过对比,得出的结果表明,向量机的人名来源识别是目前效果最好的方法。

三、人名音译存在的主要问题

  随着人名音译的问题不断被发掘,国内外研究学者对它的关注也多了起来,它的方法从最基本的基于规则法,再发展到基于统计的方法:最大N元隐马尔科夫模型(maximum N-gram Hidden Markov Model)、最大熵模型、对数线性模型、条件随机场模型、支持向量机模型等,最后是引入外部资源辅助法,比如维基百科、搜索引擎等。一系列的发展,不断优化了人名音译的准确性。但是,就目前的准确性来看,还是有很大的提高空间。人名音译的研究还存在以下挑战:

第一,音节划分规则不全面。目前我们常用的发音规则在音译系统中是占主要位置的,都是根据我们平常在用的发音规则来作为标准,但是现在我们使用的发音规则还没有完善,所以我们需要完善我们的音节划分规则,才能更好地改善人名音译的效果,提高音译的准确性。

第二,音译标准不完善。有些字母在读的时候,在某段话中发音,而在另一段话中又不发音,以人名"David(大卫)"及人名"Field(菲尔德)"为例,虽然人名的尾部都包含有"d"字母,但是"Field(菲尔德)"发音,"David(大卫)"不发音。这些音译标准都是很不明确的,没有统一的音译标准。

第三,人名来源的差异。不同来源的人名发音规则也是各种各样的,而翻译时使用的是统一的一套发音规则音译模型,所以会造成各种各样的音译错误。

第四,意译或音译的选择。人名可以使用音译,也可以使用意译,还可以使用两者的组合同时进行。所以,我们在选择何时使用意译,何时使用音译时,这就是一个判断性的难题,同时,这又是一个提升我们翻译准确性的突破点。

本章重点总结了英汉人名音译模型构建的发展历程,其方法研究思路是:首先对给出的英汉语料进行分词、分句等预处理,然后进行训练生成英汉音译词典:使用对齐算法;再计算双向音译特征的概率。接着融合多种有效特征,可以使用对数线性模型,调整各个特征所占的重要程度调至最合理程度,建立英汉人名音译模型。人名来源识别问题是本章研究的另一个重点,是从使用发音规则与统计两种方法相融合,先根据发音规则将人名分为四类,然后基于统计的方法实现来源的识别。

第二节　英语姓名汉译探究

随着国际交流日益密切,世界已经呈现出合流文化的态势,在跨文化交际的融合下,语言融合无时无刻不在进行中。我国的本土语言文化也慢慢在跨文化中呈现出多元化的现象,这种现象有好的地方,也有不好的地方。多元文化的融合可以取长避短。但是也会使英语姓名汉译产生一些新的问题。在文化合流的大环境下,不同的文化英语翻译成汉语意思也存在着差异,翻译的作者和读者自己的文化程度、价值观都将使得英语姓名翻译成中文会变得更加复杂。综合考虑,本节内容将从各种不同的英语姓名汉译方法共同存在的现象来讨论英汉互译的问题,共同探讨现存的英语姓名汉译方法的合理之处及局限之处。同时也对以后研究英语姓名汉译方法的研究者提供一个参考,对现在英语姓名汉译过程中存在的新问题有一定的现实意义。

这一节从最早时期探索我国译名这一问题,从《春秋谷梁传》中孔子就开始提出了译名现象。到近现代,国际之间的交流日趋频繁,故译名问题得到进一步探究。再者研究了文化的共性和文化的个性,不同的历史文化,孕育出的文化个性是不同的。基于英汉文化差异,在总体上我们的翻译方法是差不多的,常见的汉译方法有:音译,根据发音来翻译;音译附加原文,发音加原文语义相结合;音译加注,发音与注释相结合;音意兼意译等。现在我们提出了一个新的英语姓名汉译方法——零翻译。功能翻译理论的核心理论——目的论,目的论与英语姓名汉译方法的发展相关联。并提出了"零翻译"对英语姓名汉译有补充作用,英语姓名汉译方法发展要遵循多种译法并存。

英语姓名汉译方法有很多,其发展离不开多种方式并存。在跨文化交流的影响下,我们也应该遵循多种翻译方式并存的方法,一种方法不足以解决所有的问题,所以需要多种方式并存。

一、英语姓名汉译研究的文献综述

早在《春秋谷梁传》中,孔子就提出过译名问题:"名从主人,物从中国。"论述是从春秋时期就开始了。"事物以主人所称之名为名,地名往往是确认领土主权归属的一个重要标志。"所以在翻译外姓人名的时候遵循的是"名从主人"的原则。在历史文学《正名》中,荀子认为"成名"(确定名称)是一个很重要的部分,在书中提出了"名定而实辨"的重要观点。唐朝圣僧玄奘[①]曾说过选择译名汉译的方法是很难的,"通译音讹,方言语谬,音讹则义失,语谬则语乖"就说明了翻译绝非易事。

近现代以来,中西交流通道打开后,交际日趋频繁,对于译名这个问题,中外学

---

① 玄奘是中国佛教史上的四大翻译家之一,一生致力于佛经翻译事业,所翻译的佛经不论在数量上还是质量上都是前所未有的。

者也展开了讨论,各自有各自独到的见解。以下为各个研究学者对音译人名问题提出的观点如表 5-1 所示。

表 5-1　学者对音译人名的观点

研究者	书籍	观点
高凤谦	《翻译泰西有用书籍议》	西人语言为拼音式……建议编中外人名、地名对照表,外文以英文为主,按罗马字顺排,中文以北京音为主
梁启超	《变法通议》	涉及译名统一问题,是当时有关译名问题最详尽切实的论述,所议大多为后来译界所认可和遵循
严复	《天演论》中《译例一言》	译名之难可谓"一名之立,旬月踌躇"
章士钊	《论翻译名义》	讨论译名的意译之弊与音译之利,掀起了对英语姓名汉译方法尤其是音译方法的辩论风潮,众多学者及翻译爱好者纷纷撰文针对姓名音译问题发表了鞭辟入里的见解,展开了针锋相对的笔伐之战
胡以鲁	《论译名》	继承了玄奘的"五不翻"理论,以荀子的"正名"理论为指导,全面研究了译名问题,反对随便音译,主张尽可能用"意译"的方法去译名
朱自清	《译名》	把历来译名的方法概括为五种(音意分译、音意兼译、造译、音译和意译),认为译名统一固然是要靠译名本身的正确,也需要"政府审定、学会审定、学者鼓吹、约定俗成"四者并行不悖
何炳松、程瀛章	《外国专有名词汉译问题之商榷》	对外国专有名词音译问题的难点以及外国语音的异同进行了系统的比较分析
夏衍	《论翻译之难》	谈论人名翻译的专文

总的来说,在近代,研究翻译的学者们对译名的研究,相对于春秋战国时期已经达到了一定的水平,我国有很多学者都撰写了论文阐述自己对译名方法的见解,并对译名统一问题达成了一定共识。

自从中华人民共和国成立后,国家成立了一个部门,统一为一些常见的外国姓名进行翻译,前前后后出版了多种常用外国姓名的翻译手册。1993年中国对外翻译出版公司的夏德富出版了一部综合性的收录词目达65万条,涉及一百多个国家和地区的大型人名翻译辞典《世界姓名翻译大辞典》,还以本书为底本,刻录了光盘《世界姓名翻译大全》。

我国的翻译学家王燕和王金波联合多名学者,对中国的译名历史进行了回顾。仔细地研究梳理了我国发表的有关译名的历史书籍,如果我们译者跟相关部门不协同合作,那么我们根本无法从源头上解决译名混乱的问题。所以,这就需要我们的综合部门遵守译名制度规范,加强标准化意识。

周松在湘潭师范学院学报(社会科学版)中提出了姓名翻译有归化和异化两种方法。归化是要求译者向目的语的读者靠拢,译者必须像文字描写的作者一样,要把源语本土化,以目标语或译文读者为归宿,采取目标语读者所习惯的表达方式来传达原文的内容;异化就是迁就外来文化,"译者尽可能不去打扰作者,让读者向作者靠拢"。最早的归化和异化这对翻译术语是由美国著名翻译理论学家劳伦斯·韦努蒂(Lawrence Venuti)于1995年在《译者的隐身》中提出来的。归化和异化可以视为直译和意译的概念延伸,但又不完全等同于直译和意译。而周松的观点,为我们展现了归化翻译姓名的历史,从书中我们可以看出,他是比较赞同异化翻译姓名的方法的,不排除可以借助归化译名法,因为它们各有优势,也各有缺陷,因此顾此失彼不能达到最终翻译的目的。两种方法相辅相成,相得益彰。

当代学者对于孔子的"名从主人"的原则还是比较赞同的,不仅一直秉承这样的原则,还对此进行了深入的研究。有学者提出,中国人名与外国人名的互译,都应遵循"约定俗成"[①]与"名从主人"的原则。中国学者公认这两条原则为姓名汉译的基本原则,并进行了深入的探讨。学者林宝煊(1998)在书中解释了"约定俗成"这一原则为什么会被人认可,林宝煊指出那些自行指定姓名汉译法并不包括在"名从主人"原则中,并与中国有关方面的外国知名人士进行了协定。汪化云(2001)

---

① 约定俗成指事物的名称或社会习惯往往是由人民群众经过长期社会实践而确定或形成的。出自《荀子·正名》:"名无固宜;约之以命;约定俗成谓之宜;异于约则谓之不宜。"

指出"名从主人"原则在现实中每个使用领域都有不同的表现情形。例如"音形皆从主人;音从主人,形从音定;形从主人,音随客便。"

目前之所以会造成多种翻译方法并存的局面,均是因为英汉文化的差异导致了英语姓名汉译错综复杂。金圣华(1997)提出译名统一的问题目前一时间是无法实现的,在中国内地和中国港台都因为种种文化差异导致英语姓名汉译的方法不尽相同,更何况各国姓名翻译呢。而各国姓名译名手册的出版,是对姓名翻译各国统一的一个大进步,是一个新起点。也存在一些问题,虽然有不足之处,但是英语姓名汉译是一个理不清的问题,无法一概而论。

因此,许多学者为了找到更合适的翻译方法,坚持不懈地对英汉姓名文化进行比较研究,期望对英语姓名汉译研究做出贡献。如表5-2所示是各个学者研究的结论。

表5-2 学者研究的结论

学者姓名	研究结论
包惠南、金惠康	分别撰文回顾了英汉姓名文化的历史渊源,对中西姓名文化进行了详尽的比较分析
贾卫国	着重强调了社会文化因素对英语姓氏演变的作用
潘炳信	着重提出对姓名有个统一的理解和一致的选择标准将十分有益于跨文化交际
康志洪、王文君	分别撰文指出,姓名翻译并非是对源语名称的翻译,而是为完成其在的语中的指称意义对名称所指进行的跨语种的重新命名
胡维佳	以功能翻译理论为指导提出翻译英语人名时需要考虑其依附的文本类型
朱志瑜	通过回顾五四时期关于专有名词的音译标音法的讨论,指出译名混乱不统一是中国翻译史上的一大问题
张捷	分析了造成姓名音译名混乱状况的原因
林木森	对汉语姓名音译词的"义溢出"现象进行了深入探析
许均	指出单纯音译无法表现原文暗示意义,只得加注说明,或按照汉语造字规律重新创造

续表

学者姓名	研究结论
周方珠	主张作品人物名称在翻译时以意译为主,因为意译能更清楚地表达原义
陈勇	针对英语人名非指称用法的特点提出应充分考虑原语的语用用意和译语的语用目的,使用音译、意译、增译、注解补充和换用等方法达到语用等效
陈法春	除了赞同上述方法来汉译文学作品中的英语人名外,还探索性地提出在上述方法均不奏效时,可以保持这类名字原貌不译,再用括号紧随其后予以汉语释意
朱志瑜	通过对五四时期有关专有名词汉译的讨论办法的实施结果进行追踪,发现直接用原文的情况很多,特别是学术翻译,大多在不出名的人名后加上原文作为参考
任文	进一步强调了"零翻译"法的可接受性

综上所述,从古至今,很多学者对英语姓名汉译一直都进行着条分缕析的研究,不断提出了各种意见和建议,发表了独特的见解和翻译方法,因此,我们的研究之路才会越来越平坦,论述日趋全面翔实。但是,研究是不能懈怠的,英语姓名汉译的方法还没有统一,没有取得结果,况且在跨文化大势所趋之下,文化之间原本的差异性,中国本土文化呈现出的多元化现象都会使英语姓名汉译更加复杂。

二、英汉姓名文化比较

(一) 英汉姓名文化的共性

英语姓名汉译的可能性在一定程度上是因为英汉姓名文化是具有一定的共性的。在文化层面上英汉姓名文化不仅拥有完整的姓名文化体系,而且在语言层面上还具有符号性及特指性特征。在文化上汉姓名文化有一定的相似性和普遍性。

1.语言层面

姓名是我们人生的第一张名片,是我们在社会中的一个符号,是我们在社会交际中传达重要信息的必不可少的交流工具,是在人际交往中人们的能量气场核心延续的载体,发挥着不可或缺的作用。它作为一种个人的社会符号,不同的人群就会有不同的社会。从这个意义上来说,原来认为姓名就是一符号,但在认可后就是名主将来思想的短语,在思想上姓名为名主表达最深刻的意境,人们经过受用的名称之为姓名。因此世界姓名文化也具有一定的共性、符号性级特指性。

莎士比亚在《罗密欧与朱丽叶》中曾说过"What's in a name? That which we call a rose by any other name would smell as sweet."翻译如下:"一个名字能算什么呢?玫瑰换个名字依然芬芳。"也就是说姓名是有符号性的。

综上所述,满足姓名文化的符号特征,是为了顺利实现人际交往。人名是一个用来区别人之间的不同的社会符号,是最基本的人际称谓之一,是人类社会特有的一种语言现象。无论是中文名还是英文名,都只是为了标记一个人或者一类人的存在,所以,需要通过语言来标记。而英文名和中文名的特指性共性是指无论是英文名还是中文名,姓名文化中必然是指向某一个人或者某一类人的,是一个特定的标记符号,固定指向某个人的社会成员。

根据 Saussure 的理论,语言是一个符号系统,语言符号的本质其实是概念意义(concept)与语音形象(sound-image)的集合体,即所指(signified)与能指(signifier)的统一体。无论是中文的汉字还是英文的字母,都拥有极其丰富的概念意义和语音形象,当这些概念意义和语音形象分别组合成其相应文化中的姓名时,该姓名本身就是一个所指与能指的统一体,因此,该姓名本身也是一个符号。诚然,英汉姓名都具有所指意义,但是,由于姓名的交际价值(communicative value)占据主导地位,这些所指意义往往被忽略,英汉姓名在社会交际中往往率先凸现符号性特征。对于这一点,英汉姓氏的所指意义被忽略的情况都很突出。例如,英语姓氏中常见的"Fox""Carpenter",汉语姓氏中常见的"马""司徒"等本身虽有具体的含义,但在人际交往中通常处于被忽略的地位,不会有人对其所指含义产生极大的兴趣。

由于英汉姓名都具有特指性的属性,所以它又有社会区分的作用。在很多的文学作品和社团中,姓名系统都是由姓名构成,代表不同的人物关系与故事背景地位,相互联系,纵横交错,所以说任何一个人的姓名都不是独立的,它的价值存在于它与整个故事系统成员中的共性中,同时也是区别于与其他成员的语言符号。人的名字与其他普通的名词不同,它是属于专有名词。它所指的意义与它能指的意义之间有很大的区别,代指的意义之间联系并不明确。我们平常取名字就是为了为某个人取一个固定的称呼,这个人名仅仅属于他一人所有(singular reference),比如说取名"李四",就是为了区别其他不叫这个名字的人,叫这个名字时就能固定地想到这个人,否则他的名字在人际交往中将毫无意义。不仅中文姓名如此,英文姓名也如此,取名"Rose"就是为了区别于其他人,让自己有个特定称呼而已。

综上所述,在语言层面上,符号性和特指性是英汉姓名文化的主要共性。姓名在社会交际中主要就是满足社会人物的区分。

2.文化层面

文化产生了语言,语言是文化的载体,语言在文化的土壤中被孕育。所以姓名不仅是语言的社会符号,还是文化、社会的符号。无论是语言层面还是文化层面,英汉名称都是具有共性的。虽然它们都分别属于一套完整的姓名文化体系,但是却在一定程度上具有相似性和普遍性。所以姓名文化既离不开语言也离不开文化。

首先,姓名是由"姓"跟"名"组成的,是东西方姓名文化的首要共同特征。姓名是中华名文化的脉承之一,世界上的一切生灵都是具有姓名或代称,是民族共有的文化现象。中国几千年的名文化历史积淀,英汉姓名中的"姓"和"名"不断发展完善,形成了完整的姓名文化系统,两者殊途同归,都表现出来了"有名有姓"的共性。二者在来源上也很相似,"姓"是一个家族的标志,"名"是个人本身的区别。

比如,英文名字"George W. Bush"是英文文化系统,"张三"是中文文化系统,"Bush"是姓,"张"也是姓,都是代表了一个大家族,而名"George"和"三"就是他跟其他人区别的标志。

其次,在姓氏来源和命名方式方面英汉姓名文化也在一定程度上表现出惊人的相似性和普遍性。在姓氏来源方面,英汉姓氏均多由古地名、居住地地名、职业名称、颜色名称、金属名称、官职名称、动植物名称等发展而来,例如,秦、韩、宋、齐等姓氏的历史都可以追溯到中国春秋战国时期的朝代名和国名上来,而英语姓氏中的 London 取自英国首都伦敦、Boston 则取自美国城市波士顿,与上述汉语姓氏的来源情况相似。又如,在以职业名称为姓氏来源方面,汉语姓氏中的石、陶、鱼等的来源就与英语姓氏中的 Carpenter, Baker, Hunter 等的来源相类。在命名方式方面,英汉姓名也极具相似性和普遍性,多由出生地点、出生时间、金属名称、动植物名称、神话历史人物、父母姓氏等得来。此外,以金属名称命名,且以金属贵贱的排列顺序为子女排行,这是汉英人名文化惊人的相似之处。

比如,"金锁、银锁、铜锁、铁锁",而英语人名中也有,比如"Gold, Silver, Copper, Iron",无论中文名还是英文名都是按照金属的贵贱顺序来表示子女排行的。所以说中英文姓名具有一定的相似性与普遍性。

最后,我们发现无论是中文名还是英文名都能根据名字来区分性别。姓名可以在一定程度上反映一个国家或者一个历史阶段的社会文化价值观,在我国一直都存在着"男权社会"意识,其实在英语国家也存在着强大的"男权社会"意识,从取名之中就可以看出来。英汉的男性人名大多是比较威武阳刚的、大气的。女性的人名则表现得比较温婉、秀美、娴静等。所以通过这一点就可以很容易地判断出一个人的性别,姓名发挥了社会区分职能。换言之,英汉姓名都分男女,"男子阳刚,女子柔弱",都体现了寓意丰富的性别区分意识。

比如,英语男性人名中的 Andrew,意为刚强,Charles 意为大丈夫,而女性人名中的 Jenny,具有文静的含义,Emily 则意味着该姓名持有人具有勤劳的品质。又如,汉语男性常常以"威""博""乾""勇"等命名以彰显男性的雄心壮志,而女性人名中多以"淑""梅""芬""娜"等命名,其寓意往往不言自明。

简而言之,从语言层面他们都具有符号性及特指性特征。文化层面都拥有完整的姓名文化体系,并在取名的时候区分性别意识,在姓氏的来源、姓名命名的方式等方面都有相似性与普遍性,所以说英汉姓名文化在某种程度上具有相通之处。

(二) 英汉姓名文化的个性

英汉文化是生长在不一样的历史文化土壤中的。不可避免的是,英文和中文名字之间的差异要大于中文名字之间的差异。这不仅使它们之间有个性存在,还会使个性远远超过了共性,所以才会导致汉译英名的差异和复杂性。所有的语言都根植于特定的文化中,也没有一种文化不以自然语言的结构为中心。在文化层面上,中英文名称和文化的差异在历史渊源、价值观念和宗教意义等方面表现得尤为明显。从语言层面来看,在命名类型、构成方式及夫妇婚后姓氏方面,英汉姓名文化都具有鲜明的个性差异。

1.语言层面

基于英汉语言的差异,它们在语言层面上都各有特色,个性鲜明,婚后姓氏在命名类型、构成方式等方面差异很大。

首先,英文和中文名称文化属于不同的命名名称类型。汉语和英语是属于不同的语言体系。在强调表音还是表意,两者的表现有很大的不同,极具差异性。英语属于表音文字,而汉语属于表意文字,故英语和汉语的名字在语言层面上,坚持自己的语言特征,特别关注和重视英汉名字的发音或意义。英文名称只能过分倾向于纯粹的标准特征,强调名称的发音和纯粹的标准,而中文名称则相互矛盾,经常顽固地维护着汉字其本身的意义表达功能。汉字更多的是注意中文名称的效果,汉语姓名是为了要表达姓名持有者对人生或其他某事某物的希望、愿望或期望。

换句话说,基于文本本身完全不同的语音表意功能,英文名称属于"标记"型的取名类型,中文名称属于"表志"型的取名类型。西方对名称的象征性和符号性的认识理解比中国人更为彻底。中国长期以来一直沉浸在叙志类型的取名氛围中,而西方的命名则一直是以标签类型为主的。即使今天我们对名称的象征性质已经有了相对清晰的认识,但是我们中国人取名字,仍然与叙事类型密不可分。英文是重音,汉语是重义,客观上在名称命名类型中创造了英文和中文名称的不同特征,使得英汉名称分别突出了"标记类型"和"述志类型"的两种个性特征。

其次,在名称的构成形式上,中英文名称文化也有不同的特点。确实,有名有姓是世界姓名文化的第一个共同特征,但这并不意味着英文和中文名称在构成形式方面完全相同。事实上,中英文名称表现出南辕北辙的特点差异,并代表不同形式的名称组成。东方跟西方的姓名构成方式不同,但是大致可以归结为如下三种典型类型:

第一种:$NF^1 \rightarrow S+(X)+G$;

第二种:$NF^2 \rightarrow G+(X)+S$;

第三种:$NF^3 \rightarrow G+(X)+(Y)$。

上述公式中:NF=姓名的形式(The Form of full name);S=姓(Surname);G=名(Given name);X=第一可变成分(First Changeable composition);Y=第二可变成分(Second Changeable composition)。

大多数的西方名称结构,都可以归于 NF^2 类型的组成,即名在前,姓在后,X可以作为零形式处理,也可以是中间名。所以对于一个属于名称类型的英文名称,一般的组成是:G(教名)+X(中间名)+S(家族的姓),就像美国总统乔治·布什的名字一样,乔治是一个宗教名字,通常是由牧师、教父、教母、父母或受洗的亲属选择的。W 属于名字的中间名,是 Walker 的缩写形式,通常是取的名字要排在教名之后。一般来说,美国的中间名缩写会被省略或缩写,英国人有时会将第一个孩子的缩写与名字一起使用。Bush 是家族的姓,用来描述名字持有者的家族起源。

中国的姓名结构则属于 NF[1] 型构成方式,即姓在前,名在后,X 表现为零形式,它的构成方式为 S(家姓)+G(名)。

比如,"李四"名字中的"李",是一个家族的姓氏,代表着姓名持有者的家族归属,"四"就是这个人本人的名讳了,是在其刚出生的时候,由家族中的长辈所命名的。一般是祖父母、外祖父母或父母等长辈来确定,他本人是无权决定自己的姓名的。

最后,关于婚后姓氏,中英文名称文化存在明显的个性差异。对于中英文的人来说,婚姻是一种非凡的生活事件,也意味着一种新的生活起点。因此,这一点也反映在英文和中文的名称文化中。但是,由于英国和中国文化之间的差异,婚后姓氏问题,英文姓名一般都是"妇随夫姓"。这个名字在结婚后不久就成了他们婚姻的重要象征。这位女士与丈夫结婚后,就将会在自己的名字之前加上丈夫的姓氏。相比之下,中文名称通常是"男性和女性都各自姓各自的姓",对于中国女性来说,婚姻与姓名无关。换句话说,在姓氏问题上,中国女性在婚前和婚后都有自己独立的姓氏。此外,随着西方女权主义运动开始彻底发展,英国名字也看到了夫妻姓氏问题的新发展,在一些新婚夫妇中,创造夫妻共享的新姓氏变得越来越受欢迎。他们通常的方法:一是整合当事人的婚前姓氏,并将这两个姓氏连字;二是双方都放弃他们的婚前姓氏而"创造一个新的姓氏"。

比如,好莱坞明星 Angelina Jolie 和 Brad Pitt 所生女儿 Shiloh Nouvel Joke-Pitt 的姓氏 Jolie-Pitt 就是融合了父母婚前原有的家姓重新创造的具有包含两个姓的一个新的姓氏。

2.文化层面

语言是文化的一面镜子,因此,英汉名称文化的人格差异不仅体现在语言层面,也体现在文化层面。在文化层面英汉名称文化的个体性差异在以下几个方面尤为明显:历史起源,价值和宗教意义。

第一,"姓氏在前"与"姓氏在后"之间名称形成方式的差异反映了历史渊源中英汉名称文化的不同个性。名称顺序和两个名称的历史之间的差异是显而易见的,这在名称顺序和英文和中文名称的重要性方面产生了鲜明的差异。

英文名称和文化的形式是"姓氏和姓氏",因为现代英文名称和姓氏系统的形成时间是现代英语人名制度的形成时期,英国姓氏的形成,晚于历史。英国名字的历史起源可以追溯到英国先民在5世纪首次进入不列颠群岛的时代。在那个时代,不列颠群岛的人们主要根据血缘关系形成了部落群体,他们与其他部落无法相互沟通,往往缩小活动范围,仅限于家庭,所以姓氏对彼此的差异很重要,成了一个象征。直到1066年诺曼人入侵,英国名字的时代才结束。在此之后,英国的封建主义迅速发展,并在11世纪英国的姓氏成为社会地位与贫富差异的第一个象征性区别,并成为父权制社会重要象征的主要标志。而与此同时,社会交往的需求急剧上升,"重命名现象"日益严重,客观上促进了英国姓氏的出现和发展。因此,生成英文名称的顺序及其历史起源是"名字和姓氏"以英文名称形成的主要原因。此外,英语国家一般都强调人格,坚持个性的独立和自我价值的实现,并倾向于在此之前放置个性的名称,但要使反映共性的姓氏成为现实,于是就把它放在后面。最终形成"名+姓"的姓名结构。

中国名文化的表现明显与英文名称文化的反应不同。中国名文化代表"姓氏和姓氏"的构成,支持"重名和轻名"的民族心理。必须从中文名称的生成顺序和历史起源来解释这种人文现象。中国是世界上第一个拥有姓氏的国家,中国姓氏已有4 000多年的历史,它形成了一个相对稳固恒定的体系。因而,我们可以说,因为它已经成为一个稳定的社会和文化规范,所以它将持续存在。因此,在中国的名称文化体系中,姓氏显然占据了绝对的权威地位,总是作为家庭的重要象征出现,其地位远远高于个人名称的地位,其规范的稳定性是你可以从"我们姓名的属性"看到的。中国姓氏文化中个人姓名的出现在某种程度上附有姓氏,其社会差异功能在这方面远小于中国姓氏的功能。此外,姓氏代表氏族血统的所有成员,个人姓名属于人格概念,只是氏族每个成员的代号。因此,研究中国的名称文化系统我们必然研究祖先和群体的共同符号"姓氏"的渊源,并将"名称"表示其背后的人格概念。

第二,"妇随夫姓"的婚后姓氏和"男女各姓"之间的差异是由基本的英语和中国姓氏文化之间的价值观不同所引起的。换句话说,在婚后的姓氏问题,中国和英文名称的文化表现的差异,其实是因为中国人和英国人的价值观不同。

在英语国家,有使用姓氏的优越性和低劣性的概念。对于男性和女性之间存在不平等的现象,女性在一般情况下,在结婚后,放弃原姓的女人,习惯于得到一个丈夫的姓,类似归属了丈夫的家庭。然而,随着妇女解放运动和女权运动的深入,性别平等和女性独立概念的普及,许多女性的人权平等意识觉醒。在这一点上,英文名字开始被显示为"创建双姓"和"创建一个新的姓氏"。与此相反,在当今中国社会中,结婚前后的女人的名字,不因配偶情况持有人名称的变化而变化。至少在形式上,妇女在夫妻俩的姓氏名称的概念上性别平等,广泛得到社会的认可。

最后,英国和中国的宗教信仰之间的差异,会对中国和英文名文化命名的含义不同的效果。大多数英语国家都信仰基督教。因此,基督教有关的名词,尤其是出现在基督教的圣经里的名称,该名称持有人经常被用来作为一个姓,才能有相应的字符的圣经的特性。为此,英文名是亚当(人的祖先)、彼得(圣父)、玛丽(圣母),它往往反映强大的基督教。除受宗教影响之外,古希腊和罗马神话也对英文名字的命名产生了重大影响,成为英文名称的重要来源之一。如:戴安娜(月亮女神)、阿瑞斯(战神)、雅典娜(智慧女神)等。由于在中国没有相对统一的宗教信仰,中国人的名字没有这样的命名习惯。

作为一个整体,文化差异的中国,英文名字也反映在文化层次不只是语言层面。"姓名"和"第一个名字和姓氏",反映了生产秩序的分歧和中国姓氏文化名的历史,为了清晰个性之间的差异,强调了名的程度。"妇女与姓氏的男人"和"姓氏的男人和女人",是因为有关男性和女性的平等,中国和英国的观念是不同的。

总之,英汉名称文化之间存在一定程度的共性。英国和中国的名称和文化的"相似性",有助于英文名称的翻译。与此同时,由于英国和中国的文化植根于不同的历史和文化土壤,难免英文名作为一个结果导致语言翻译和复杂性的差异。因此,从一般的角度来看,英语和中国文化的名称之间,"和谐是区别",中国名字翻译英文必然复杂,很难概括。

三、英语姓名汉译方法探究

根据英汉之间的文化差异,总体上来说是个性大于共性,但是这并不意味着否认中国翻译英文名字的可行性。他们对个性更感兴趣,因为它们彼此"不同"。正是因为有文化特征导致了人名汉译翻译中的一系列微妙现象。

文化之间的比较就是翻译,英汉文化特征的存在使得英文名称的汉译非常复杂,难以概括。因此,在下文中,我们会探讨英文名称翻译成汉字的常用方法的局限性和合理性,而"零翻译"已经成为一种新的翻译方法,我们也将对其表现形式("一动不动")、合理性("存在及合理")和使用范围及局限性进行分析。

(一)英语姓名汉译的常见方法

英语姓名翻译中文研究在中国有着悠久的历史和丰硕的成果。受复杂的翻译目的以及文化差异的影响,英文名称的中文翻译有不同的标准,因而人名翻译还存在各种各样的翻译方法,常有音译、音译附加原文、音译加注、音意兼译、意译等。中文跟英语的基本区别在于词汇形式,词汇翻译的难点主要是新词汇的翻译。当外来词汇进入中文时,它们都是中国文化的缺失,人们以不同的方式来使用。英文名称明显属于中文外来词,因此,在许多翻译方法中,中文翻译的英文名称自然存在。换句话说,由于缺乏中文名称文化,英文名称翻译不可避免地试图尝试"戴着脚镣,翩翩起舞",舞步自然令人困惑和混乱。

1.音译

英语人名翻译的历史,特别是音译,可以追溯到清末民初,对翻译名称统一进行的讨论。尽可以归因于许多翻译学者对人名音译的深入研究。故音译是英语姓名汉译方法最常用的方法之一。英语名字的音译在汉语中有着相当大的比例。其原因可以用译音方法本身的优点来解释。

外来的发音形式和内部的文化内涵,都与汉语名称的发音、内涵有很大的不同。在中文名称文化中找不到对等的翻译名称,所以我们只好囫囵吞枣,进行音译。因此,我们开始尝试用音译的方法来弥补汉语的"先天缺陷"。这个英文名字的外部发音形式是最先被翻译出来的。因此,对英文名称的解读是一种无奈的填补空白、权宜之计。但是,音译的第一个优点本身就显示出极强的生命力,对实现英文人名的音译起到了无可比拟的作用。在汉语中,外国地名的翻译一般是通过音译的方式进行的。这是因为在语言中,地名是最具象征意义的,而地名的发音指的是更大的作用。换句话说,音译方法可以率先满足名字的基本特征——象征意义和指称功能,并最大限度地从语音到名字的原始发音,在一定程度上对读者理解原文读音给予了很大的帮助。英语人名的音译固然有第一优势和合理性,但同时

第五章 英汉人名音译的研究

也有其不成熟的一面。正如钱钟书先生在《林纾的翻译》的中所说:"从一种文字出发,积寸累尺地度越那许多距离,安稳到达另一种文字里,这是很艰辛的历程。一路上颠顿风尘,遭遇风险,不免有所避失或受些损伤。因此译文总有失真和走样的方法。"因此,英文名字的音译问题也有局限性。

  首先,音译将不可避免地导致在中文演讲中,英文名称的丢失或语音溢出的不良后果。由于汉语文本自身的语音功能的局限性,英文名称的音译往往难以准确描述,甚至完全无法描述其原始发音,这使得英文名称音译名称有时不可靠甚至无法实现。如果名称"Rose"被音译,则汉语拼音功能不可能写出[R]音调,必须被音译为"罗斯"。

  然而,这种"彼有此无"的英语发音,是一个必须在名称的中文翻译中解决的问题。因此,译者常常采用方言来尽可能地解决问题,而方言话语则受到地域性和译者主体性的影响,有很大的不同。反过来,这又引起了不同翻译的问题,导致"齐人译之为齐音,楚人译之为楚音"。因此,同一个名称,100个人翻译有100种,呈现一个混乱的情况。另外,翻译人员对音节解析和英文名称重组的结果也不尽相同,这在一定程度上造成了语音的丢失和溢出,因为华人社区的理解这是基于中国古代单音节词的主导构成的结果,也影响了现代汉语,使后者的单语构成和复合构成具有更大的优势,使认知具有更强的分析倾向。

  其次,音译意味着忽视意义并避免意义。这导致了英文名称的语义丢失。然而,作为表意文本的中文必须是顽强的,并且不得不用语义强加英文名称的音译溢出。英语和汉语是不同的语系,英文字母不构成语素,仅代表音素。汉字记录语音和语义。因此,事实上,望文生义对中国人来说是不可避免的。所以中国人也必须从"耶稣""亚细亚""南无"和"比丘尼"的翻译中读出意义。因此,在翻译英文名称时,允许避免中文读者与翻译无关,甚至不利于翻译的关联。例如,"Bumble"无论是翻译为"笨伯"还是翻译为"本伯",都无法完全显示其原始英文意思,"做事拙劣,讲话结巴的人",这会让中国读者错误地认为它是一个老年人。

  此外,英文名字和中文名字的性别划分也是历史发展留下来的。男人和女人的姓氏是不可能区分的。在音译中区分男性和女性的名字是可以理解的。例如,Marion可以翻译为"马里安/玛丽安"各种名字,然而,英文姓氏的翻译和男女之间的"性别义溢出"是一种过度的"性别义溢出",这种音译的名字"性别义溢出"的状

119

况是相当普遍的。例如,在音译好莱坞女演员 Angenina Joile 的名字时,情况非常明显。你可以尝试在谷歌中输入"Angenina Joile"搜索可能的音译名称,然后翻译"安吉丽娜·朱莉",同时输入谷歌搜索结果,比较数据,得到最好的音译名称。总之,这两个音的意思是不一样的,它是英语人名的必然音译。

第三,汉语有大量同音异义词,增加了英文名称音译的自由度和随机性,导致"同人异名""异人同名"和"一名多译",混合翻译现象,如"不同的名称有相同的翻译"。同时,由于中文音节的局限性,以及对常用汉字缺乏限制,实际上不可能将其用作外文名词的拼音工具。在英文名称的音译过程中,通常存在这样的情况:相同的因素被抑制或音节被翻译成多个汉字,或者不同的音素或音节使用相同的汉字进行翻译。这不可避免地导致多重翻译和同义词,使读者产生困惑。

比如,英文名字"Marx"的音译名就有"马克思""马科斯"两个,势必会让译文读者造成文化误读,以为这是两个根本毫无关联的人名,同时也不利于人名的回译。

又比如,英语人名"Maureen"和"Moullin"这两个都音译为"莫林"。虽然同样都是只取音,不取义,但是对中国人来说它们意味的只会是同一人,从而造成一定程度的混淆。

最后,即使名称的音译可以与单词统一,也出现了翻译凝固的问题。名称翻译的第二个原则是"常规"原则。因此,翻译成某些区域方言的一些音译名称通常是先入为主,并发展成具体的翻译。例如,福尔摩斯的翻译之一是基于福州方言的林彪。根据普通话的音译,"福尔摩斯"的一般翻译往往是未知的,两者在使用时都不可避免地会给读者带来一些干扰。另外,名称翻译具有很远的特点,而且翻译前后的音韵经常变化,使得原文翻译与当前翻译有很大差异。

例如:Bentham,边沁/本瑟姆(前者专指英国著名功利主义伦理学家);Gainsboroagh,盖恩斯巴勒/庚斯博罗(后者专指18~19世纪著名英国画家)。

简而言之,误译或音系变化造成的音译姓名"约定俗成"的状况使得特指译名大量存在,并使译名混淆问题加剧,客观上造成了译名固化的局面。

总之,音译方法使英文名称的中文翻译成为可能,并在一定程度上,积极翻译和介绍了其原始语言的发音,在中文中发挥了极其重要的作用。然而,名称的音译有一些不可逾越的限制,这在一定程度上引起了翻译和读者误读的混乱。

2.音译附加原文

与原文的音译也是中文翻译英文名称的常用方法。英文名称原始文本的音译中文翻译是指文本中涉及的英文名称的第一个音译,然后将原文附加到后续方法中。这种方法经常出现在科学和技术学术文献或新闻文本中。

例1:第一个真正实现个人基因组测序的是詹姆斯·沃森(James Watson),他是 DNA 双螺旋结构的发现者之一。

例2:玛丽·斯内尔-霍恩比(Mary Snell-Hornby)是一位国际知名的翻译研究学者及第二语言教学专家。

此种方法较单纯的音译而言,主要的优势在于增加了英语姓名原文,有利于一部分读者对英语姓名原文的准确了解和必要时进行人名回译工作,有助于在一定程度上消减单纯音译姓名造成的译名混乱问题。

然而,附加原始文本的音译方法也有其自身的缺点,是无法克服的。在人名的音译之后添加原始文本的原因是因为名称的音译仅是试图描述原始语言的发音语音处理。这是因为原始文本的添加可以在一定程度上减少音译的负面影响。然而,读者的多层性和中国人的母语位置不可避免地使一些读者不可能对名称音译所附的原始英文名称给予足够的重视。简而言之,附加原始文本的音译方法也存在一些缺陷。

3.音译加注

音译是另一种常用的英语姓名汉译方法,多用于辅助音译对姓名持有人的相关信息进行。此种方法除了具备上述音译方法的优点外,更为读者了解译名文化内涵提供了极大的帮助,不仅能够保持译名姓名统一,还能保留名字所具有的民族特色。例如:

"There is not a fire fellow in the service," Osborne said, "Nor a better officer, though he is not Adonis, certainly."

译文:奥斯本说道:"军队里谁也比不上他的为人。他做军官的本事比别人强。当然,他不是阿多尼斯。"[阿多尼斯(Adonis):希腊神话中的美少年]。

另外,英文名称的中文翻译非常复杂。一个英文名称,通常对应多个不同的昵称,其中一些昵称又非常不规则,与原始名称无关,它经常让读者感到非常的困惑。如,伊丽莎白的爱称是 Elise/Liz/Beth/Betty 等。海伦的昵称是 Nell。音译后,读者很难将两个名字联系成一个人名。这种喜欢绰号的英文名称的中文翻译通常出现在文学文本中。译者通常觉得很麻烦。他们必须使用原始名称或昵称或音译,抑或音译加注并单独解释。但是,这样读者会感到沉重负担,他们会忘记谁是谁的绰号。另外,当添加名称的音译时,翻译发音与意义之间没有直接联系,只能通过间接的注释方式建立。此外,名称通常仅在首次出现时添加一次。读者留下的印象并不深刻。对于新闻文本,有时额外的注释是不可行的,额外的注释也会影响读者的一致阅读。此外,有时不可避免地会出现"不带笔记"或"添加图片"的情况。简言之,音译提升也有一定的局限性。

4.音意兼译

音意兼译也是将英文名称翻译成中文的常用方法,它不仅具有音译的优点,还具有意译的优点。一方面,它可以保留源语言或部分发音,这表明目标读者具有该名称的外来特征;另一方面,它可以避免纯音译引起的误解,帮助目标读者理解名称背后的文化内涵,填补音译中的语义空白。在文学文本的翻译中经常可以找到将英文名称翻译成中文的方法。作家在文学作品中想定义这个人物是什么性格,可以通过为他命名的方式来揭示文学作品中的人物的个性。单独的音译不能使读者理解作者对角色命名的良好意图。将声音与意义相结合的方法可以将名称的文化色彩转化给读者,从而尽可能地实现声音和意义。例如,《名利场》中有一个名为"Shaip"的欺诈性和自私的角色,可以通过音译和自由翻译成"夏泼"。望文生义,就能联想到这个人物的个性,这就是给读者造成合理的文化联想。

另外,在将一些由人名命名的专有名词翻译成中文时,通常使用音意兼译的办法。音译部分一般是外国独特的名称。自由翻译的一部分是国内外存在的,如马克思主义(Marxism),马尔萨斯人口论(Malthusianism)等。

虽然如此,音意兼译法还是存在一些人为解决不了的问题,所以它也并非是英语人名汉译的终极译法。一方面,音意兼译法有时候会使原文中名字翻译的意义不可靠,甚至是空洞、无用的。译者的强迫性翻译必然受到其不可克服的主体性和个人经验的约束,它对文学作品中人物的分析有时只代表一个词。它通过音意兼译法将英文名译成中文,不可避免地会存在着偏见,难以被承认和统一。另一方面,音意兼译法并不是一种普遍的翻译方法。诚然,这是一种理想的翻译法。首先,它不仅弥补了音译过程中的缺陷,而且还保留了意译所获得的译文的原声和语言的锐利。然而,可以通过声音和意译来翻译的英文名称是绝对偶然的,只能偶尔获得,这就要求译者继续寻求一种更合理的方法将英文名称翻译成中文。

5.意译

意译是另一种常用的将英文名称翻译成中文的方法。在正常情况下,中文译名经常不用意译,而是使用音译。然而,当音译和音意兼译不能满足读者对英语名称文化内涵的理解时,译者必须放弃对原始发音的追求。使用自由意译法来获得英语名称在原语中的文化意义。因此,在名文化比较丰富的文学和文化中,意译法主要用于英文姓名的汉译。作者对文学作品中人物的命名赋予了具体的意义,以揭示人物的性格或命运。作者试图让读者以文学作品中人物的名字为契机,"顾名思义",领略作品的内涵。对于一个译者来说,他必须"舍音取意"并使用意译的办法来处理那些没有重音的英文名称的英文翻译。英语名称的合理性,在以下几个方面尤为明显:

第一,在文学文本中使用意译一个人的名字,更有利于突出作品的原初意境和主线,以及作者的言下之意,弦外之音。如《汤姆·琼斯》中善良而可敬的乡绅"Squire Allworthy",在《红楼梦》中使用"甄士隐"的命名模式,可以被翻译为"甄可敬",有效地突出了作者对人物的命名。

第二,在文学文本中,使用意译法来翻译英文名称,不仅满足了名称的指称功能,还满足了名称的社会区分功能,为读者提供对文学作品主题更有效的了解和领悟的途径,例如,在《天路历程》中,Mr.Faithful,Mr.Nogood 和其他名字的翻译,意译比简单的音译更具社会区分性。因此,翻译人员有责任再现意义深刻的含义,并有意让读者领悟名字的种种指称意义之外的语用意义。

第三,汉语一直注重"以意役形",中国读者必然对外语文学中汉字名称的含义产生极大的兴趣。因此,意译法的使用在一定程度上可以满足这一要求。

对于英语名称的翻译,意译法存在着一些局限和不足。一方面,受英汉双语语言的积极和消极影响,意译的英文名称,也可能使读者找不到英文名称的外来文化色彩,造成文化误区。文学作品当中,有些作家采取并使用现实社会的字面意义,或不常用作人名的英语词汇,如"daling""baby"等,根据作品的内容,将会被翻译为"亲爱的""宝贝",这使目标读者了解了原著作者的原意,同时也抹去了原著的标记——"外来词",无法提示目标读者,原名是源于英文名。

另一方面,一个人的名字除了具有表面的参照或代码之外,还有其深层的意义、外在的或非表面的参照意义。虽然意译法可以使读者对文学文本中人物的命名内涵有更清晰的了解和领悟,但这种相对清晰的翻译方法,不可避免地会失去人物名字的微妙美感,在一定程度上轻视读者的认知能力。文学文本中化身名称的意译处理有时会对现实生活中的英语名称翻译造成一定的干扰,造成一定的混乱。

简而言之,在将英语名字翻译成中文的一般方法中,不管是音译还是附加原文的音译、音译加注,还是音意兼译,都有很大的合理性和优点。但是,上述一般的英语名字转换方法也有一些限制和缺点,是无法克服的。因此,不能一般化英语名的英语翻译方法的使用,不过,在特定的情况下应具体地分析,英语名的翻译还在开发中。英语名英译的研究还具有很强的活力,它需要与时俱进的探索和进步。

(二)"零翻译"——新兴的汉译方法

当今世界,随着文化的交流,语言不断融合,文化也伴随着融合,各种姓名翻译的新情况不断涌现。

除了以上很常见的英汉互译方法之外,"零翻译"(zero-translation)也是一种新兴起的英语姓名汉译方法。

近年来,很多学者开始对这种方法的存在产生了实感,对此进行研究的论文有很多,但是在某种程度上推进了这项研究,这种方法的定义和名字之间还是存在一些差异的。杜争鸣在中国最初关于"零翻译"中使用的是"不译"(non-translation)的用语。他提出:由于不译是翻译的反面,而翻译就是翻译意义,所以音译词就是不译。但是,翻译也可以完全复制原始窗体。此后,邱愈如(2001),引入与"不译"相似的"零翻译"(zero-translation)的概念,不过,认为"零翻译"有两个意义。第一是原文中的词语故意没有翻译,第二是在不使用单词的情况下可以达到使用的效果。接着,刘明东(2002)采用邱愈如教授的"零翻译"概念,分析了她的主要理论根据,还有实现手法,又提出了"绝对零翻译"和"相对零翻译"。"绝对零翻译"是指不使用目标语言词汇进行翻译,"移译"是指将原语言单词直接移植到目标语言中。同年,贾影(2002)提出,应该要知道"不可能翻译"的存在,而不是导入"零翻译"的理念。响应未解决的现状,罗国青(2005)表示的概念,在严格意义上,"零翻译"是指在翻译的人类语言中使用原语言图形和语言文本符号,为了理解翻译的原语言文化。

第五章　英汉人名音译的研究

为此,需要明确本书采用的"零翻译"的概念的含义。本书中使用的"零翻译"概念与上述"零翻译"的各种定义有所不同。在这里被使用的"零翻译"的概念,应该预先指出把英语名的英译的特定的类别作为对象的事。"零翻译"一词仅限于英语名的英语翻译,指的是直接写成中文,引导读者输入英语及文化以理解单词、英文音频字母形式的英文名称。因此,笔者更倾向于由罗国青提出的部分定义。同时,采用直接翻译英语名的"零翻译"方法,旨在逐步发展读者为了自己的理解而进入英语文化的"零翻译"概念。此外,使用零转换来表示英语术语。简而言之,在上述内容中包含的"零翻译"的范围和概念设定之后,以下对英语名的英语翻译中的"零翻译"的表现进行分析,深入分析"零翻译"的合理性。

1.表现形式

"零翻译"在英语姓名汉译中的表现形式主要有如下两种。

第一,完全零翻译。完全零翻译指的是在进行英语姓名汉译时将英语姓名不加变动,直接写入汉语,既不译音也不译意的理想情况,也就是杜争鸣提到的所谓的将"原语形式完全照搬"。

事实上,早在清末章士钊主持的那一轮关于译名的大讨论中,提出的四种方案之一就是"直接书写原文",此外,在《"硬译"与"文学的阶级性"》一文中,鲁迅先生早已采用了直接将英语人名写入汉语的方法,他写道:"人往往以神话中的Prometheus比革命者,以为窃火给人,虽遭天帝之虐待不悔,其博大坚忍正相同。但我从别国里窃得火来……我也愿意于社会上有些用处,看客所见的结果仍是火和光。"

即使是在现代,对英语名的中文的变换也使用"零翻译"的方法。英语名字不仅在科技论文中刊登了完全零翻译,实际上,自从现代汉语存在以来,在文学作品中使用原创名字的现象一直存在,并且越来越突出这一问题。

例1:Gogol 的著作里人们都说是笑里有泪。实在正是因为后面有看不见的泪,所以他的小说会那么诙谐百出,对于生活处处有回甘的快乐。(梁遇春《泪与笑》)

例2:在 1954 年,Coco Channel 重返康朋街 3 号开创事业的第二春,以摩登而优雅的设计诠释香奈儿美学,设计出了许多后来成为 Channel 划时代风格基础的元素。

125

第二,部分零翻译。部分零翻译是指在将英文名称转换成中文时将英文名称的省略形式"零转换"。由此,这些具有代表性的名义人的姓名和中间名仍然保留原英文字符。一般来说,以部分零翻译形式的英语名翻译是更为普遍的。

例1:H.G.威尔斯在他的书出版之前,必须重写四五次,有时甚至要六七次。(冯亦代《作家的辛酸》)

例2:Sound:Walk the Line–Paul Massey/D.M.Hemphill/Peter F.Kurland/Donald Sylvester.最佳音响:《一往无前》(保罗·马西/D.M.亨普希尔/彼得·F.库尔兰/唐纳德·西尔威斯特)

例2中,2006年英国电影和电视艺术学院奖电影类获奖名单中最佳音响奖获得者D.M.Hemphill和Peter F.Kurland的名字在汉译时就使用了"部分零翻译"的处理方式,分别以D.M.亨普希尔和彼得·F.库尔兰的形式进入了汉语译本。

2.合理性

在我国目前有大量的"零翻译"英语姓名,正以不同的表现形式表现出来,因此,存在即合理,必定有其形成原因及其合理性。

一方面,英语的"零翻译"遵守着语言经济法则。受语言经济原则的影响(即简单定律),语言总是向经济、简单、便利和实际的意义上不断变化,语言中最起码的内容的表达是语言的基本要求。世界上很多种类的单词都属于拼音,作为普遍语言的英语即是,汉字却相反,是个例外。所以在国际交流上存在一定程度的障碍这是不言而喻的。因此,"零翻译"英文名可以不加改变地输入中文,这可以实现简单、经济、准确和方便的语言经济法要求,同时有助于达到符合国际标准。而且,英文字母本身是缺少汉字的项目,直接用于汉字背景的英文字母由于文字符号体系的背景差异而容易成为视觉焦点,从而引起读者的注意和兴趣。

并且,英语名的直接使用,比汉字符号来描摹的使用都正确、简洁。最准确的翻译其实就是"零翻译",正如唐僧玄奘所说,不翻译不是不能翻译,而是不翻译才是更合适的做法。通过使用原始名称,读者不仅要注意"外来词"的特性,而且还要引起兴趣,关注其名称、发音、各种翻译名及相关信息。而且还能如字面所示的文化含义得到领悟,"零翻译"这个英文名有助于翻译名的统一,不会引起其他以往的英语名翻译的混乱问题。

另一方面,当今世界,随着文化的交流,语言不断融合,文化也伴随着融合,中西文化的相互交流,为"零翻译"英语姓名生存和发展提供了温床。

美国语言学家 H.L.Mencken 曾说过:无论多么生动的语言,都会像人一样持续少量的失血吧,那个经常必要的是必须从其他的语言得到新鲜的血液。中国文化开放,充满活力。因此,越来越多英语名字并没有发生变化,而是直接应用于中国汉语文化。受合流文化普遍倾向的影响,读者文化素质不断提高,他们的好奇心理和合作意识也日益激烈。无意义的字符组合,"零翻译"的英语姓名对越来越多的读者而言,已经不再是毫无意义了。语言和文化的现象不被翻译被接受的事,无须另外解释和说明。

翻译有内在和外在的区别,内在不能翻译的名称可以用外在的解释,这里没有翻译,可以在那里进行解释说明。音译、音译附加原文、音译加注、音意兼译及意译语翻译已经为它做着积极的准备。

总而言之,使用英语名翻译为"零翻译"的方法,不仅仅是单纯、经济、准确、方便的语言经济法的要求,而且有助于国际一体化,并反映出中国文化在汇合文化趋势下的开放和活力。

3.局限性

采用"零翻译"法对英语姓名进行汉译处理,确实是有很合理的一面,对翻译研究也是大有神益的。然而,没有任何一种翻译方法被视为英语姓名汉译的终极解决办法,"零翻译"这种方法也不例外,它在一定程度上也是有一定的局限性的。

首先,为了处理英语名的翻译使用"零翻译"方法的习惯还处于初期的促进、推广阶段,传统的英语名的不同的中文翻译方法的"原汁原味"的特征必然会出现曲高和寡的现象。这主要反映在"零翻译"上。英文名要么不易被翻译者和读者接受,要不就是限定为科学论文和学术论文等特定的文章,受到专业、教育背景、认知能力等的制约。

其次,中国文化开放宽容,但是语言本身还存在非常大的惰性,英语的"零翻译"这个名字不会很快就被译者或读者普遍认可,外国文化被纳入汉语文化的过程,将是一个漫长的过程。传统有惰性,不希望变化,而事物的进化则强迫其改变偏差,从而形成反论、习惯性的习惯、对规律的习惯上升,并且作为当然的事和必然的问题而产生现象。因此,在"零翻译"这个英文名字刚刚在中国出现的时候,它必然会对中国的习惯产生强烈的反抗,从而引起对审美的障碍和读者的失望。

最后,英语的"零翻译"这个名字,能够准确把语言和文化融入中文中,还满足了促进信息交换的语言经济法的要求。量达到了极端的值,同时,英文的单纯和明快又给被掩盖了的人带来意义。外国的听众第一次遭遇的时候,必然的理解和信息块变得困难。

综上所述,使用"零翻译"处理英语姓名法,在翻译过程中难免会出现一定的局限性,会收到汉语文化的惰性阻挡翻译的情况,或者还会产生一时的接受困难、审美的障碍以及过大的信息负荷等问题。

在英语和中文中存在的文化特征,使英文名翻译非常复杂,难以被普及。因此,从很多一般的英语名字的翻译方法的合理性和界限,作者探索英语名字的中文翻译方法,指出"零翻译"成为英语名字的英语翻译的新方法。

一方面,关于将英语名字翻译成中文的一般方法,无论是翻译还是添加文字的翻字,都有很大的合理性和优点。但是,上述一般的英语名字转换方法也有一些限制和缺点,无法克服。因此,不能普及使用英语名的英语翻译方法,需要具体情况具体分析,英语名的英语翻译还在开发中,新的方法会与英语名的新情况一起继续出现。英语名英译的研究还具有很强的活力,它需要不断探索和进步。

另一方面,受到流行性跨文化的强烈影响,在中国出现了很多表现不同的"零翻译"的英语名,英语名的英语翻译"零翻译"法引人注目。"零翻译"法运用英语名译英,不仅符合简洁经济、准确、便利的语言经济法的要求,而且有利于国际一体化,反映了中国文化在汇合文化潮流下的开放和活力,一路向前。但是,我们不应该把"零翻译"看作翻译成英语名的最合理的、终极翻译的方案。为了处理英语名的"零翻译"方法的使用必然性被一定程度地限制,又由于中国文化不活性的抵抗的状况,存在审美性的障碍,并且过度的信息负荷等的问题也存在。

四、目的论与英语姓名汉译方法的发展

功能翻译理论的中心理论——目的论,是翻译的外部研究,与传统的翻译理论相比,在选择不同上下文因素和翻译目的的最佳方法方面是出色的。换句话说,在目的论的指导下的翻译方法,是根据文化的动向敢于打破平素的想法,显示大的灵活性、科学性和操作性的事实,目的论详细说明英语姓名翻译对翻译方法的选择的重要性和所具有的重要意义,进一步分析和证实在英语姓名的英语翻译的发展,多个翻译的存在及英语名"零翻译"存在有其补充性,是中文翻译方法的发展中的必然。

(一)功能翻译理论的核心理论——目的论

目的论是现代的功能翻译学派的主流,是从20世纪70年代后半期到80年代初的德国的功能翻译学派中发展而来,从宏观水平研究翻译问题,提出功能翻译理论并使之完善。文本/翻译功能是目的论研究的重点,翻译行为及翻译的目的、翻译的策略等也是目的论所关注的。

德国功能翻译理论从崛起到相对完善主要经历了四个阶段。首先,该理论的创始人 Reiss 早在1971年就在其专著 Translation Criticism:the Potential and Limitations《翻译批评的可能性与局限性》中提出了文本功能分类与翻译策略的问题,被公认为是德国功能翻译理论思想发端的雏形。接着,Vermeer 突破了其老师 Reiss 的学术思想,以译文文本目的作为翻译行为发生的首要信条,进一步创立了功能翻译理论的核心理论——"目的论"(Skopos Theory),认为翻译是一种有目的的行为活动。然后,Manttari 在前两位学者学术成果的基础上继续将功能翻译理论向前推进了一步,提出了"翻译行为理论",旨在强调创造译文文本的联合行动性。最后,Nord 综合了前三位学者学术成果的优缺点,针对翻译中的文本分析问题,提出了"功能加忠诚理论",进一步完善了功能翻译理论。

根据 Nord 在 Translating as a Purposeful Activity——Functional Approaches Explained《目的性行为——析功能翻译理论》一书所述,在德语地区,功能翻译理论的第一代代表人物(Rciss,Vermeer 和 Mauttari)已经退休了,而第二代学者一般都在从事大学教学工作(Nord,Schmitt 等),第二代功能派人物还不多见。

Katharina Reiss,Hans J.Vermeer,Justa Holz-Manttari 属于德国功能翻译学派的第一代代表人物,Christine Nord 则属于第二代代表人物,她的理论是基于第一代德国功能翻译理论发展而来的。

因此,德国功能翻译理论是由一系列理论构成的一个有机整体,主要包括 Reiss 的功能主义翻译批评理论,也就是文本类型理论(Text typology),Vermeer 的目的论(Skopos theory),Manttari 的翻译行为理论(Theory of Translation Action)以及 Nord 的功能加忠诚理论(Function plus Loyalty)四个组成部分,其中,Vermeer 提出的目的论(Skopos Theory)是该理论的主导核心理论。

作为德语功能翻译理论学派的核心理论的目的,德语功能翻译学校也被称为德语核心理论学校,在整个功能翻译理论系统的构筑中起着主导性的作用。无疑,Vermeer 是理论的创始者和主要的支持者之一,翻译目的论的另一个重要的支持者是 Katharina Reiss。从这个观点出发,我们把重点放在上述两位学者的学术思维中,重点放在功能翻译理论的中心理论、目的理论上。

1. Vermeer 的目的论思想

目的论(Skopos Theory)概念最早由 Vermeer 在 20 世纪 70 年代末提出,Skopos 一词源于希腊语,意思是"目的",Vermeer 将之引入翻译目的论中,是为了把 Skopos 这一概念运用于翻译理论,旨在提出目的论的核心概念:决定翻译过程的最主要因素是整体翻译行为的目的。[The prime principle determining any translation processi's the purpose (Skopos) of the overall translation action.]

按照 Vermeer 的理论,翻译目的这一概念大体上包括三种含义:第一,翻译过程中译者的基本目的;第二,目标语境下译文的交际目的;第三,实施特定翻译策略或翻译方式的目的。除了 Skopos 这一术语外,Vermeer 还使用过 aim(目标),purpose(目的),intention(意图),function(功能)等词,但是,Vermeer 基本上认为目的论概念中的"目标""目的""意图""功能"都是等同的,都可以与 Skopos 列入同一概念范畴。

文本受类型理论、行为理论的影响,Vermeer 的目的论思想有如下的观点来表达:

第一,翻译不仅仅是语言之间的转码,而是基于人与人之间的跨文化目的的对话与交流。

第二,目的法则(Skopos Rule)规则是所有翻译活动中,应遵循的第一条规则,翻译行动所要达到的目的,是确定整个翻译行动实施过程,即"目的决定手段"(the translation purpose justifies the translation process…the end justifies the means)是使翻译过程合法化,将手段正当化。此外,还有两个基本规则,即连贯法则(Intratextual Rule)和忠实法则(Fidelity Rule)。两者都是遵循目的法则,忠实法则(Fidelity Rule)从属于目的法则(Skopos Rule),并且还要从属于连贯法则(Intratextual Rule)。此外,Vermeer在他的著作《普通翻译理论基础》中与 Reiss 一起提出了用于目的规律的 6 个特定基准。

第三，Vermeer 相信翻译行动的创始人（initiator），通过指定翻译概要（translation brief），决定目的文本的生成。翻译大纲包括翻译行为的创始人（客户/委托人），目的文本的接受者（听众），以及目标文本接受的背景等各种要素。这些元素是连动的，互相限制的。对翻译文本的翻译行为促进者的要求的目的，常常根据翻译的接受人和那个接受背景被限制。因此，在 Vermee 的理论框架中，作为翻译接受人的读者是决定翻译目的的最重要的因素之一。他们有自己的文化背景知识，期待翻译和审美需求。每个翻译的文本都以特定的用户为对象，所翻译的文本必须是针对特定目的和目标用户而创建的文本。

第四，目的论框架下的翻译标准应当是"合适"（adequacy），即译文适合于翻译纲要的要求。"合适"是指根据目标选择符号，并认为这些符号合乎翻译任务规定的交际目的。

第五，在目的论的框架下，翻译标准应该是"合适"（adequacy）的，即翻译适合翻译大纲的要求。"适当"是指根据目的的选择性，它们视为遵循翻译任务指定的交流目的。

综上，Vermeer 的目的论的思想表明，在目的论框架下的翻译行动，是对象文本的一种意图性的异文化间行动，目的论贯穿了翻译过程的全部，翻译行动的合理性的实施被监督。听众是决定翻译目的的最重要的要素之一，整体的翻译行为是从源文化到目标文化的连续体。所谓"合适"，是翻译被达成的目标和标准。

2.Reiss 的目的论理念

Reiss 是另一位翻译目的论的提倡者，Reiss 的理念跟 Vermeer 的理念基本上大相径庭。

Reiss 提出：翻译是一种相互作用的行为，文本功能和交际目的，是我们所要翻译的语境，决定目标语言以何种方式产生的首要因素。目的原则主要包括以下两方面：第一互相作用是根据目的而确定的。其次，目的因接受者而变化。换言之，根据 Reiss 的目的逻辑，即翻译行为，根据翻译的目的出发点，适当地调整背景代码以满足特定的读者，取决于译本的目标是否成功，是否实现文本的要求的特定目的，以及翻译方法是否合适。

也就是说，Reiss 的目的逻辑和 Vermer 的目的论思想基本一致，其基本理念都强调翻译行为的交互性是由翻译目的决定的，随着目的文本的接受者，翻译目的不断地变化,翻译方法也因此而表示动态的性质,需要恰当的调整。

这样,目的论可以算是功能翻译理论的中心理论,Vermer 的目的论思想及 Reiss 的目的逻辑是这个核心理论的主体思想,对这个功能翻译理论系统的构筑起着重要的作用。因此,我们考虑到以下是功能翻译理论的中心理论,是目的论思想的主要观点,所以我们要具体探究翻译方法的选择对英语名字汉译目的的重要意义。

(二)目的论与英语姓名汉译方法的发展

目的论认为翻译是一种行为,一切行为都有目的,目的决定手段,手段反映目的。译者应根据翻译的目的选择相应的翻译方法,具体的翻译方法应遵循"唯目的马首是瞻"的原则。使用中文翻译英文名称也是如此。我们采用的任何一种翻译方法,都是为了我们为自己所要翻译的文本的翻译目的。中文翻译英文名称涉及了很多因素,比较复杂,它从基础上增加了中文翻译英文名称的难度,翻译者在面对英文名称的各种中文翻译方法时,常常困惑于该做些什么,而目的论则作为一种不同于传统的翻译方法。从整体到局部(top-down approach)的理论指导,能够为选择翻译方法提供准确的尺度,根据翻译的目的来达到参考,确定具体的翻译方法,因此,下面的内容将在今后的展望中。从目的论的角度出发,详细探讨英语名称翻译的目的对具体翻译方法的选择和英语名称翻译方法的发展具有重要的指导意义。

1.英语姓名汉译的目的

英汉互译之所以复杂,而不可概括,是因为英汉互译的目的本来就是一个极为复杂的目的,而且从宏观角度和微观角度两个方面都不尽相同,具有复杂性和差异性。因此,本书试图从宏观和微观两个层面来研究英汉互译的目的,试图探讨英汉互译方法复杂的原因。

翻译是思想与文化交流与互动的桥梁。其目的是正确地使用语言作为工具,成功地完成信息交流,使国家或整个世界都朝着更高的文明发展。英汉名称所包含的文化信息各有不同,五颜六色,因此,从宏观层面来说,用中文翻译英汉名称的目的,就是为了母语的英汉名称文化,为中国读者的翻译提供信息交流,使他们了解英汉名称的辉煌个性。同时,将英语名称文化与汉语名称文化进行比较,最终实现了两者的互动。换言之,汉译的宏观目的,通常是为了理解交际的实现。毫无疑问,人们对此达成了共识。

　　基于不同外部环境的影响、制约以及读者的需求,翻译目的在翻译过程中往往具有异质性和层次性的特点。因此,有必要根据不同的翻译目的将英文名称翻译成中文。在微观层面上,英语名称的翻译目的经常因时间、人与人、地与地而异。它可以用于休闲阅读,以满足普通读者的鉴赏需求,也可以为某些要研究此问题的读者提供研究资料和学术研究。具体来说,普通读者对英文名字进行汉译的鉴赏主要目的是为了解英名汉译,领略英文名称的异域文化,满足人们感官上的快感,拓宽人们的知识视野。对于那些对英语有一定了解的特定读者来说,英语名称翻译的目的,已经超越了他们的欣赏阶段,上升到研究英语名称文化个性的更高水平。此时,英语名称翻译无疑是他们填补知识空白的一种研究型材料。简而言之,为了满足不同层次、不同类型的读者的不同阅读目的,英语名称的微观翻译目的一般是基于鉴赏或研究目的,而微观翻译目的在进一步研究时更为复杂。

　　总而言之,英语名称的翻译目的具有多样性和复杂性,简而言之,宏观的翻译目的,是为了理解和交流,而微观的翻译目的不是,则要复杂得多,大致可以概括为欣赏目的和研究目的,在此之下,根据读者需求的不同层次与外部环境相比,还可以进一步划分。

2.目的论与"零翻译"

　　翻译的过程也是一个翻译方法的选择的过程(translation as a decision process),翻译者必须根据需要翻译的语言的特定上下文语境来制定合适的翻译目的,以便找到更合适的翻译方法。在翻译行动的框架中,得分理论的合理实施常常是基于特定翻译目的的实现,翻译目的一般包括三种意思,从而论述以下内容英文名在中文翻译方法中的思想的三种角度目的和战略目的。"零翻译"方法在开发英文名中文翻译方法时,需要进一步分析和讨论"零翻译"的重要方针意义。

　　(1)译者目的与"零翻译"。根据功能翻译理论的核心理论——目的论的学术思想,所有行动都有其一定的目的,作为一种对人的相互交流作用的翻译也是有意图的,引导翻译行动全体的合理的实施的主要原因是翻译的目的。为了把英文名字翻译成中文,实行所有的翻译方法当然是基于翻译的目的。在Skopostheorie的框架下,因为翻译的目的之一是翻译过程中的翻译者的基本目的,需要分析促进翻译者的"零翻译"方法的实施的目的,从而验证"零翻译"。英语名在英语翻译的开发中起到了必要的补充作用。

作为翻译行动的具体实施者,翻译者是翻译链的最重要的部分,由翻译者确立的翻译目的,在特定的实施英语名的英语翻译方法中起着至关重要的作用。具体来说,英语名字翻译中的"零翻译"方式被翻译者实现,主要基于以下考虑。

一方面,口译者通常具有较强的洞察力和积极的姿态,对文化整合状态和趋势有着较强的洞察力,特别是对汇合文化的普遍倾向,能够理解英语和中国文化急速融合的普遍倾向。"有必要导入英文名中文翻译,并在英文名翻译序列中加入'零翻译'方法。"为此,异文化对应型的翻译者,作为中文和英语的名字的中英翻译的目的之一—使用"零翻译",实施像遵循英语和中文的名字一样的"零翻译"方式。文化统一的倾向慢慢渗透到中国的读者层,确立"零翻译的看法"。所谓"零翻译视图",本质上意味着翻译者确立新的种类的反翻译思维,创建新的方法,引导读者到原来的语言及文化。在汇合文化趋势下探讨和尊重多种互补性文化统合的概念。换句话说,"零翻译"不仅仅是技能层次的方法概念,也是反映翻译者特定翻译目的的翻译意识,即突破习惯的反译概念。

换句话说,热心的翻译者总是根据他自身的文化需求来决定翻译战略,并根据他所理解的语言文化需求来决定翻译策略。无论是将英文名翻译成中文的传统方法还是"零翻译"方法,英文名的翻译都被翻译成中文,而得到的翻译都缺乏中国文化,需要反复强调才能被中国读者接受。"零翻译"英语的名字在翻译者的长期努力下普通读者也是可以接受的,更重要的是尊重读者的语言解读能力和主观主动。为了最大限度地发挥作用,翻译者在读者与作者之间的接触中理解了"文化交流"的主题。

为了发展英语名称汉译,"零翻译"应被文化整合和社会规范所束缚,而对象读者在他们的本族话语世界的关注具有绝对优势。比如鲁迅曾经倡导"零翻译"处理人地名翻译的20世纪初期,翻译者将"zero translation"作为翻译英文名目的之一,这是因为条件尚未成熟,所以为读者把英文转换成中文。但是,随着英语和中文文化频繁地交换,在汇合文化趋势下,对英语话语世界的人们越来越关注,中国读者能够充分理解和尊重外国文化的差异和独特性。因此,今时今日,笔者可以认为外国的象征体系已经不完全是我们文化交流的障碍了,作为英语名翻译目的之一的"零翻译"时期很成熟,可以选择"零翻译"。"零翻译"是为了弥补英语名字翻译成中文的现有方法所必要的。

另一方面,作为翻译者使用英语名的"零翻译",反映了翻译者对英文的敬意和阅读读者对英语名注释能力的注意。翻译者的一贯性和"零翻译"的英语词汇的高频度的使用,是英语文化和中国文化的融合倾向的反映,中文名的翻译和英语名的翻译是统一的。合流文化的普遍趋势是不可阻挡的,随着英语和中文的融合,文化的融合也在不断变化,中国读者慢慢地对英语名字文化的熟悉,对英语名字的期待也在慢慢发生变化。因此,有读者的认识和异文化间的认识的翻译者,一边考虑合流文化的倾向和中国读者的变化而一边行动,认识到为了使用"零翻译"方法是很有必要的。"零翻译"英语名可以减少以往英语名翻译混乱的局面,产生积极的影响。

总之,根据目的论的思考,翻译者把"零翻译"看作英语名中文翻译的目的之一,反映了翻译者在合流文化倾向下的英语文化和中国文化的统一倾向的强烈洞察力,有助于"零翻译的概念"的确立。

(2)交际目的与"零翻译"。作为翻译接收人的读者是决定翻译目的的最重要的因素。每个翻译文本都以特定读者为对象,各自具有自己独特的文化背景知识、翻译期望范围、美学需求以及不同的接收翻译内容的需求。为此,从实现 Sukoposuteori 提倡的交流的目的是必要的。"零翻译"的理论产生并进一步展示了英语名翻译的发展所需的补充作用。

翻译的目的是指翻译惯例所意图的效果、结果。具体来说,在翻译英文名字的过程中,为了达到沟通的目的,需要开发"零翻译的概念",实施"零翻译"方式的理由如下。

一方面,翻译目的论思想认为,根据目的来决策手段,总之特定的翻译目的,一般会有决定特定的翻译手段的实现。为了适应合流文化语言统一的倾向,逐步培养读者对英文名翻译的"零翻译"意识,为其他中文翻译方法的缺点提供必要的补充。在合流文化普遍趋势下,英文名字已通过翻译步骤、译文、译文翻译等几种形式被翻译出来。它引入了中文系统,对象读者的英语水平在不断提高,对英文名字的英译认识和调整越来越激烈,而且他们的英语的读写能力也不断提高。为此,英语的"零翻译"的名字,不是没有意义的文字的组合,通过"零翻译"手段来弥补翻译语言中其他传统手段的丧失,"零翻译"手段逐渐成熟,"零翻译"方法让英文名直接引入中文,读者可以接受这种方式。

另一方面,根据翻译目的论的观点,翻译的目的根据接收人不同而不同,翻译目的的定义本身是文本和对象读者之间的对话性的行为。新概念的中文翻译成英语名,可以有效地实现中文读者与文本之间的相互作用。"零翻译"英语名的出现,是目标语言的读者应该完成的可能性的推动力。"零翻译"的英语名不能否认同时引起信息块和美的失望,但是相对大的信息量,对中国的读者来说会成为失读症。"零翻译"可以刺激中国读者的认知能力,激发他们的好奇心和兴趣,进一步加深了解,最终排除"零翻译"对英语名的不利影响。最初,中国的读者面对"零翻译"的英语名面临"积极的失望",换句话说,这个完全无变动的英语名给中国的读者的传统性的思维带来前所未有的影响。

采用直接翻译英语名的"零翻译"方法,旨在逐步发展读者为了自己的理解而进入英语文化的"零翻译"概念。此外,也可以使用"零转换"来表示英语术语。没有任何一种翻译方法被视为英语名汉译的终极解决办法,"零翻译"这种方法也不例外,它在一定程度上也是有一定的局限性的。

读者接受"零翻译",不仅仅是一种即时承认,也是长期性的承认过程。因为语言的融合是长期的过程,只要文化间有差异,不同的文化还在相互作用,文化和语言的融合就不会停止。随着不同文化间交流的频率提高,中国读者的思维能力也在逐步提高,对于追求新思维的心理学,中国读者对外国文化给予很高的评价,也愿意接受。"Zero Translation"最初将英文名原文字传递给中文,然后让中文读者回到原来的语言中,使读者能够转换自己的文化身份。通过语言和文化理解英语名,可以给读者带来独特的感情,从而有效地实现汉语读者与文本之间的相互作用。总而言之,英文的"零翻译"使中国读者的狩猎心理学的扩大,认知能力得到刺激,最终将中国读者的期待更新。

简而言之,从翻译目的论的角度来看,实行"零翻译"的翻译手段,符合合流文化的倾向,充分尊重和满足对英语名具有一定理解能力的读者。同时,借此机会,促使更多的读者学习和树立英语名"零翻译"的意识和概念,并促进翻译者既要适应读者的需要,又要进入更高层次的思考中,给读者以更好的引导。因此,作为交流目的的"零翻译"的使用,有助于培养读者"零翻译"的意识,有助于刺激他们的解释能力和接受能力。这个方法的开发给英文名的翻译带来必要的补充效果。

(3)策略性目的与"零翻译"。在由目的论的思考所提倡的翻译行动的三个意图的意义中,战略目的指的是执行特定的翻译方法或翻译方法的目的。"零翻译"法显然是英文名翻译的各种方法中的"新星",其背后必须有特定的战略目的,因此有必要分析其战略目的,并实行"零翻译"。

根据目的论的观点,翻译的目的决定了原始信息的翻译方法,而翻译战略是基于在合流文化下中国读者英语教育的渐进改善和对原始英文名称的期待,文化的向心力也在不断变化。因此,在将英语名字翻译成中文的过程中,"零翻译"的战略目的实际上是针对英语和中文词汇合流倾向的战略性选择对策。翻译方法的选择了文化开发的必要性。合流文化的普遍趋势是不可阻挡的,英语与汉语的融合,文化与文化之间的融合,也在持续发展的过程当中,中国读者对英语名字文化逐渐熟悉,对英语名字的初衷期待也在逐渐变化。以往的英文名字原是为中文翻译的,翻译目的相对陈旧,因为在当时中国文化的发展,不能克服的缺点和不足也显而易见。正确把握读者的反应,并将其与翻译战略有机地结合起来,关系到翻译的好坏,这与上述情况的变化有关。

"零翻译"方法的作用是绝对不排除其他,是基于其他传统的英语名转换方法的初期作用而产生的,达到在翻译中补充的效果。作为英语名英译的战略目的,定义"零翻译"有助于打破读者的习惯思考,助长读者的"零翻译"概念,从新的观点来强化读者的英语名和中文翻译主动意识水平。

诚然,"零翻译"法也无可避免地存在着一定程度的局限性。但是,"零翻译"方法在英语姓名汉译中却并未因局限性而迅速消亡,采用"零翻译"法处理英语姓名汉译的现象反而与日俱增,Edwin Gentzler 也曾经在 *Contemporary Translationl Theories*《当代翻译理论》一书中提到,对专有名词之类的词汇采用零翻译的方法居然如此盛行,实在是让人始料未及。[Non-translation within a translation (proper names, etc) seemed to be much more prevalent than initially anticipated.]

"零翻译"在众多翻译方法之中有其独到的可行性,在翻译之时,尽量克服带有局限性的一面,充分发挥其合理的一面。

英文名的"零翻译"与特定句子和特定人群是一起出现的,由于人类可以通过社会习得文化的强烈文化适应能力,这是一种巧合的行为,它不能被考虑。在社会生活过程中,人们可以获得其他国家自己不熟悉的文化,因此在不同民族的文化交流过程中,他们也获得了外国的"陌生文化"。将英文名"零翻译"方法直接纳入整合的中文系统是可行的,而实践正试图证明这一点。

例1:去前问过对欧洲非常熟悉的朋友 Kenny,最喜欢欧洲哪座城市,他说是布拉格,证据是他居然去过五十几次。(余秋雨《远方三城》)

例2:"Mic?" Lisa 从办公室里走出来叫他,"轮到你了,医生正等你呢。"

为此,在英语名称汉译的研究当中,大量的"零翻译"英语名称的现象是研究的重要思考方面,"零翻译"方法在英语姓名的翻译中产生绝对不是偶然。英语名称也同样产生于汉译中,以满足文化的社会习得性作用需求的文本和读者。汉语不排斥外来词,也不排斥排除文章中的少数的字母,正如阿拉伯数字那样,受到跨文化融合的大趋势作用,尤其是英语文化的强烈影响。在文化上,经常会出现英语和中文双语混合的情况。"零翻译"是将英文名翻译成中文的英汉翻译方法,它反映了英语在合流文化上融合的趋势。

汉语语言虽然是极具惰性和抵抗性的,但是,其总体的发展趋势还是向前的,汉语必将处于永不停息的进化吸收、优胜劣汰的发展过程之中,因此,尽管"零翻译"的英语名彻底纳入汉语文化是一个长期的过程,其最终还是可以接受汉语文化考验,并得到汉语文化认可的。任何语言都是无法自给自足的,汉语也不例外,必须要不断地吸纳新鲜的养分,才能焕发蓬勃的生机,一个民族语言借用、吸收另一个民族的词语,是语言的普遍现象,自古有之,各民族语言皆有之。英语姓名作为汉语文化的空白点,无论是采取音译、音译附加原文、音译加注,还是意译、音意兼译的翻译方法显然都无法完全复写,因此,基于文化交流的考虑,"零翻译"作为一种新型逆向汉译方法最终会为汉语文化所借用、吸纳,至于何时彻底纳入汉语文化仅仅是个时间的问题。何况,语言本身具有优胜劣汰的自我调节功能,因此,"零翻译"法处理的英语姓名完全可以与其他英语姓名汉译名一道竞争,共同接受合流文化趋势影响下的汉语语言体系的考验,寻求适者生存的发展契机。符合合流文化发展趋势的译名自然会逐渐得到认可并经广泛地被使用在汉语中存活下来,而与合流文化发展趋势不相符的则难免行之不远,惨遭淘汰。因此,语言的进化是不以人的主观意志为转移的,随着时间的推移,汉语语言自然会吸纳"零翻译"法处理的英语姓名,并且随时启动优胜劣汰的自我调节功能对各种英语姓名汉译方法处理的译名进行筛选和甄别。

总之,现代社会正在推进翻译交流功能的强化,翻译的策略是非自足的,属于开放系统。形式有比较自由的生活空间。在中国文化的开放性下,英文名英译系统的开发也呈现了开放的特征,将"零翻译"定位为符合汇合文化强烈的要求作为策略性目的,可以更新译文读者的认识。"零翻译"能客观地对英语姓名汉译发展起到必要的补充作用,从一个崭新的角度出发,享受英语名字的翻译反向发展。

(4)"零翻译"对英语姓名汉译方法的必要补充性。当今世界日益呈现出合流文化态势,语言融合时刻伴随着文化融合,英语姓名汉译涉及的新情况不断涌现,"零翻译"的方法应运而生。依据目的论思想,译者将"零翻译"作为英语姓名汉译的目的之一,体现了译者对合流文化趋势之下英汉文化融合趋向的敏锐洞察,以及译者对英语姓名汉译读者的接受能力和解读潜能的充分尊重和配合,有利于"零翻译"观的建立,有利于实现对英语姓名汉译方法的必要补充。实施"零翻译"法所要达到的交流目的是为了顺应合流文化的语言融合趋势,充分尊重和满足一部分对英语姓名汉译已有一定解读和甄别能力的读者的需求,同时以此为契机,逐步引导更多读者培养和建立英语姓名汉译的"零翻译"意识和观念。将"零翻译"作为交际目的,有利于英语姓名汉译读者与文本的互动,有利于培养他们的"零翻译"意识,有利于激发他们的解读潜能和接受潜能,对英语姓名汉译方法的发展具有必要的补充作用。在汉语文化的开放性作用下,英语姓名汉译方法的系统发展也呈现出开放性的特征,将"零翻译"定位为策略性目的可以顺应合流文化的强烈需求,更新译文读者的认知期待,从一个崭新的角度来逆向思考英语姓名汉译方法的发展,客观上对英语姓名汉译发展过程起到了必要的补充作用。总之,"零翻译"法是在其他常规英语姓名汉译方法铺垫作用下对英语姓名汉译的补偿性工作,客观上对英语姓名汉译的发展起到了极为必要的补充作用。

3.目的论与多种英语姓名汉译方法并存

不同的译者目标、不同的翻译场合以及译者采用不同翻译方法和策略等,在翻译时都会影响翻译结果和性能。翻译目的论的研究重点就在于此,探索翻译过程

英汉音译研究

中不同翻译目的的选择的翻译方法,它是一种侧重研究翻译外部的学术思想。[①] 基于翻译目的论的模式框架下,翻译的行为目的影响翻译的整体方向和发展,呈现出多层次、多元化和多角度等特征。英汉人名的翻译方法多种性和翻译目的论思想之间相互联系、共生共存。下文将介绍翻译目的论包含的三种基本翻译目的的特质和目前多种英语姓名汉译的方法。

(1)译者目的的多层次性与多种英语姓名汉译方法并存。根据目的论,译者通常通过明确或隐含的翻译要求来定义译文的目的。理想情况下,翻译的发起人/委托人将向译者提供详细的翻译大纲和明确的翻译目的,以帮助译者有效地开展文本翻译活动。然而,一般而言,翻译法的发起人/委托人没有特定的跨文化知识储备,翻译大纲也无法厘清。因此,在大多数情况下,他们只能概括翻译的目的,自愿地将翻译目的的决策权交给译者。因此,译者的主体性将参与到确定合理翻译目的的过程中,充分发挥作用。随后,译者的目的往往在一定程度上影响具体翻译方法的实施。在选择具体的翻译方法的过程中,译者必须始终遵循目的论所倡导的"充分"的翻译标准,根据不同的翻译语境,制定不同层次的翻译目的,实施不同层次的翻译方法,实现适当的翻译需求。

就英汉互译而言,译者的目的必然呈现出一个多层次的特点,以满足不同层次的翻译要求。一方面,译者的主观能动性和自私性制约着其目的的确定。首先,它符合把英文名字翻译成中文的宏观目的:理解和交流。然而,这种翻译的目的毕竟是基于宏观层面的,并不能指导微观层面上英汉翻译方法的选择和实现。因此,在另一方面,译者必须与束缚"共舞"。译者应在满足翻译的宏观目的后充分发挥主观能动性,从微观的角度进一步考虑翻译的目的特征。换言之,翻译目的的普遍性和一致性主要体现在将英文名称翻译成中文的宏观目的上,而翻译目的的多层次性和特殊性体现在译者的微观目的中,即指导具体翻译方法的合理实施目的。译者往往根据英译汉所需的不同翻译语境,将翻译目的划分为不同的层次,并在细微差别的基础上探讨翻译选择的目的及其背后制约翻译选择的外部因素,最后对翻译选择的目的进行分析。实现了一种面向多层次的英语名称翻译方法。例如,20

[①] 所谓翻译目的论,就是认为翻译中的最高法则应该是"目的法则"。也就是说,翻译的目的不同,翻译时所采取的策略、方法也不同。换言之,翻译的目的决定了翻译的策略和方法。

世纪40年代,傅东华翻译《飘》的时候,考虑到中国刚刚从古文向现代白话文过渡,他必须在白话文的世界中明确自己的翻译目的,因此坚决地将书中所有的名字本土化,以减少读者的阅读障碍。

翻译目标的明确与否决定了制定翻译策略的正确与否。英汉翻译中,译者在考虑微观层面的翻译目的时,必须考虑译音、意和义等因素,以进一步确定具体的翻译方法。然而,翻译是一个不断发展的动态过程,即使译者考虑到这些目的或功能,并在翻译过程中解决了方法论等问题,即译者最终采用什么策略或方法来实现翻译目的,在英译汉过程中译者往往进行了一个动态的英译汉过程,表现出"轻描淡写者"和"表现者"的双重身份。当一个特定的源语言名称首次进入目标语言的名称文化时,译者往往把音译作为源语言翻译的主要目的,因为音译方法首先能够满足源语言和目标语言名称之间的基本特征,即符号意义和参照功能,最大限度地提高原名称的发音。随后,当在某种程度上给目标读者带来麻烦,阻碍他们对原语文化内涵的理解时,甚至作为译者的翻译目的的音译不能再满足译文的翻译要求时,译者将转向音译和自由翻译的目的。翻译,并在目标语言中实现翻译和自由翻译的方法,保留源语言的语音或部分语音,填补音译中的语义空白,避免纯音译造成的不恰当翻译,帮助目标读者理解名称背后深层次的文化内涵。随着英文名称汉译语境的动态发展,音译和同声传译可能无法体现原作者命名作品的意图。此时,译者应采用自由翻译的方式来获得原语中英文名称的文化意义,必须放弃翻译源语言语音的目的。

此外,翻译的主要参与者和最终实施者是译者,必须清楚地了解文中英译名称语境的发展。译者还应在一定范围内制定"零翻译"的翻译目的,实行"零翻译"的翻译方法,满足语言经济规律的简单、经济、准确、方便的要求,并能反映文化融合趋势下中国文化的开放包容。

在一定程度上,翻译目的的动态性也影响着英汉互译中各种翻译方法的共存。译者和读者总是处于一个动态的系统中,因此对文本的接受、理解和解释必须是动态的。在不同时期,同一译者对同一文本的翻译具有不同的时代特征和风格。同一时期,不同译者对同一文本的翻译必然体现出个性化的审美特征。

简而言之,译者目的的动态性在英汉互译中各种翻译方法的共存中起着重要作用。一方面,译者在长期的英汉互译过程中对具体翻译方法的选择始终随着时

英汉音译研究

间的动态演变而不断变化。译者在翻译过程中起着承上启下的作用。阶段性和时间性的动态特征往往直接影响着他们对翻译方法的选择，在一定程度上导致了各种英语名称翻译方法的共存。翻译本身是一个不断发展的动态过程。在英译汉的过程中，译者往往具有"轻描淡写"和"表达"的双重身份，对英译汉的方法做出了动态的选择。也就是说，在英译汉的过程中，译者必须先经历"理解"阶段，最后经历"表达"阶段，双重考验后才有译文。同时，在回顾时间状况的过程中，采用动态的"理解"方法和"表达"方法，最后将逐步采用音译、音译加原文、音译加注释、音译和自由翻译甚至"零翻译"的动态方法。

译者在英译汉过程中的主体性也是动态的。译者能够巧妙地将自身主体性包括的主动性、被动性和为我性融入其中，使译者的主体性在生动地将英文名称翻译成中文的过程中发挥其动态作用，从而使各种英文名称翻译方法在一定程度上并存。

译者的能动性，即主观能动性，在英译汉过程中尤为突出。在很大程度上，将英文名称如何翻译成中文取决于译者的主观能动性和译者对翻译中涉及的英文名称的动态发现。然而，译者主动性的动态发挥绝不是自由的。在很大程度上，译者被动性的动态发挥会制约译者的主动性，具体表现在英语名称和意义的制约、中国文化的现状和需求、中国读者的期望和潜力等方面。这些对译者被动性的制约也处于动态变化的过程中，在英译汉过程中对译者主体性的动态发展，在一定程度上起到了相应的动态作用。诚然，译者的被动性使得他们在选择具体的中文翻译方法时必须谨慎小心，即使他们是在踩着薄冰前进。然而，译者的自私性大大减轻了译者主动性和被动性的不可抗拒的压力。译者的为我性，也就是说，他所做的一切都集中在目标语言的文化上。因此，译者的为我性将决定译者在汉译英过程中的主动性和被动性的方向性和目的性。随着目标语言文化需求的动态变化，译者的为我性必然发生变化，使译者的主体性呈现出整体的动态发展状态，从而导致译者对英译汉方法的多种选择。

译者既是一个倾听者，又是一个发言者；他不仅是一个被动的接受者，而且是一个主动的创造者，甚至是一个操纵者。总之，在选择英译汉方法的过程中，译者会表现出历时动态演变的特点，译者的主体性也会表现出动态发展的特点。译者的主动性、被动性和为我性往往发生着巨大的动态变化，在一定程度上影响着各种英译汉方法共存的形成。

  简而言之,根据翻译目的论,译者的目的将呈现出一种多层次的动态特征,并引导译者采用多层次的动态翻译方法,在微观层面上处理英汉名称的翻译。译者是翻译实践的主体,是翻译活动的发起者和战略家。他的翻译思想、翻译意图和翻译意志都体现在一种有目的的取向上,这种取向直接渗透到翻译实践的各个层面,并影响到所采用的翻译策略。因此,在将英文名称翻译成中文的过程中,译者将采取动态的方法,如音译、音译加源文本、音译加注释、音译加自由翻译、自由翻译,甚至"零翻译"等,来应对多层次的翻译语境和翻译需求。因此,各种英译汉方法的共存成为必然。

  (2)交际目的的多层次性与多种英语姓名汉译方法并存。根据翻译目的论,翻译的交际目的往往由目标受众决定。在翻译过程中,译者总是有意识或无意识地把一组特定的接受者作为目标语言,使目标语言在目标语言环境中具有一定的功能,这就是翻译过程的目的。在翻译过程中,译者对目标文本的期望不仅是多层次的,而且目标读者对目标文本的期望也是多层次的。不同读者对目标文本的期望不同,翻译目的不能同时满足所有的目标读者。这使得目标语篇的交际目的呈现出多层次的动态特征,以满足不同层次的目标读者。因此,有必要从目的论的学术思想出发,分析交际目的在汉译英过程中的多层次动态特征,进一步验证各种英译汉方法并存的客观必然性。

  在英译汉过程中,其交际目的往往是多层次、动态的。这是因为参与英汉互译过程的目标读者往往是不同层次的,使得英汉互译的交际目的必然呈现出不同的特点。不同的译者采用不同的翻译方法,达到不同的翻译目的,翻译出的译文也是不同的。也就是说,正是目标受众的多层次性和动态性决定了交际目的的多层次性,使得各种英译汉方法的共存应运而生。

  根据目的论,任何翻译的根本目的都是为目标读者服务,而把英文名字翻译成中文也不例外。然而,所涉及的读者群体是一个极其复杂的多层次群体,其准确细致划分的可能性几乎为零,因为在翻译过程中,原文是静态的、个体的,接收者是动态的、可变的和分组的,这使得翻译文本的交际目的不可一概而论,不可避免地表现出多层次动态差异的特点。因此,应采用不同的翻译方法来满足不同类型读者的阅读目的。

英汉音译研究

　　交际目的的多层次动态,即中国读者对英语名称的理解及其预期视界的多层次动态,对各种英语名称汉译方法的共存有一定的影响。具体表现在以下两个方面。

　　一方面,目标读者的动态性使英汉名称翻译呈现出多层次的特点,客观上导致读者对英汉名称翻译的不同理解和需求,从而促进了各种翻译方法的共存。读者群体本身是一个极其复杂的多层次群体。影响他们的因素太多了：国家、种族、性别、年龄、职业、水平、爱好、经验、追求,等等。他们是同一个读者,在不同的时间和空间中,往往有不同的心理状态和不同的审美要求。因此,在正式启动翻译之前,有必要对涉及英文名称翻译的中文读者进行界定。

　　另一方面,针对目标读者群的动态性和多层次性特点,翻译界对目标读者群的定义往往存在分歧,无法达成一致的认识。一般情况下,我们将翻译文本的读者大致分为普通读者和学者两类,或者普通读者和文学学徒两类。而鲁迅对读者的分类则更为详细。他认为,翻译一本书的第一步是决定给公众什么样的读者。这些人大致分为：受过很好的教育、有点识字、识字很少。然而,当今中国读者群的动态性和多层次性特征越来越明显和复杂,中国读者的原始定义已不能满足现在读者层次的概括。

　　拿上述鲁迅先生的定义来说,有一个最广泛的读者群存在 A 类和 B 类之间,可以看作是翻译文本的主要读者,他们通常接受过一定程度的非专业英语教育,并有一定的理解英语文化的愿望。就涉及英译汉的中国读者而言,处在 A 类和 B 类之间的这类中国读者可以说是现阶段英译汉的主要群体。然而,读者是动态的,读者的年龄在变化,社会经济文化也在变化。随着社会的发展,读者群的教育水平不断提高,读者群对翻译作品的要求、理解和接受能力也不断提高。因此,翻译中应采取的翻译策略和语言形式也应随着读者的动态发展而改变。

　　因此,要准确、细致地将涉及英文名称翻译的中文读者进行分类是不容易的。我们只能大致划分,如图 5-1 所示。

　　定义"专家"读者群和一般读者群相对容易。然而,对于那些接受过一定的英语教育并对英语名称有一定理解的人来说,由于读者群体的动态性和多层次性,读者群体的分类往往无法达到准确细致的水平。根据受教育程度、英文名称的解释及其中文翻译,存在着动态差异。将能力的动态差异、英文名称接受度的动态差异

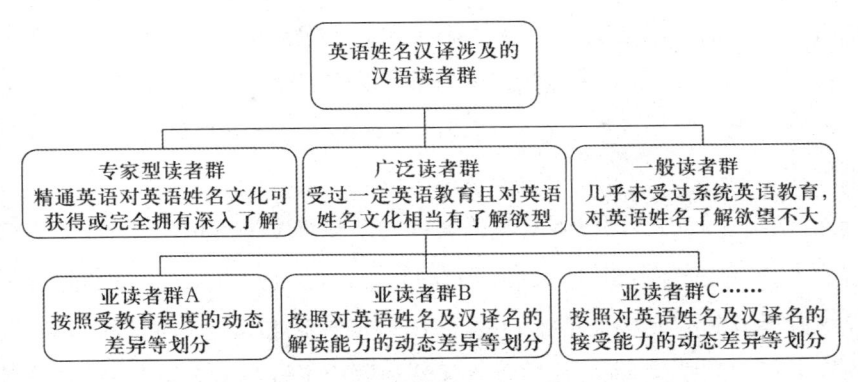

```
                    英语姓名汉译涉及的
                       汉语读者群
        ┌──────────────────┼──────────────────┐
   专家型读者群          广泛读者群           一般读者群
  精通英语对英语姓名文化可   受过一定英语教育且对英语   几乎未受过系统英语教育,
  获得或完全拥有深入了解   姓名文化相当有了解欲型   对英语姓名了解欲望不大
        │                  │                  │
    亚读者群A            亚读者群B           亚读者群C……
  按照受教育程度的动态    按照对英语姓名及汉译名的   按照对英语姓名及汉译名的
      差异等划分        解读能力的动态差异等划分   接受能力的动态差异等划分
```

图 5-1　英语姓名汉译所涉及的汉语读者群的划分

及其中文翻译等划分为若干读者群。换言之,英文名称的中文翻译涉及一个复杂的读者群,这使得准确而细致的定义和分类变得困难,其广泛读者群的动态性和多层次性客观上导致了读者对英文名称汉译的各种理解和需求,使得将英文名称汉译的方法难以概括,各种方法的并存已是不可避免的。

另外,中国读者在英译汉中的主观能动性也呈现出动态的发展特征,客观上导致了各种英译汉的共存。中国读者的主观能动性表现为两个方面的动态变化:一是阅读能力的动态变化,二是接受能力的动态变化。

在读者将英文名称翻译成中文之前,任何翻译方法产生的翻译名称都是匿名的。只有充分发挥读者的主观能动性,全面展开英语名称的汉译过程,才能使译名具有一定的意义和价值。翻译活动相互交流对话,而不是自言自语。换言之,只有当读者的主动翻译涉及姓名的翻译时,译者的刻苦翻译才能有意义,达到英语姓名文化的传播效果。中国读者将英文名译成中文的能力并不是一成不变的,相反,中国读者对英文名称的解读能力是在不断变化的,呈现出动态变化的趋势。读者翻译一个翻译名的能力的形成,通常是基于他对翻译名的理解和对翻译名的期望范围,这必然会导致对翻译名的第一次解释不同,甚至是完全不同,在面对翻译中的英文名称时,很多次解释都是如此。对汉语来说,由于读者对翻译后的名字的理解和期待的视野发生了很大的变化,读者对翻译后名字的主动性也发生了很大的变化,解释也是不同的。

由于读者层次的不同,因此翻译应采取不同的方法,以满足不同层次读者的需要。专家读者往往对译名的内容有着深刻的理解,因此他们可以直接翻译译名,通常也更喜欢异化的翻译方法。一般读者对英文名称文化知之甚少，对英文名称理解的欲望很小，往往对英文名称翻译中所采用的翻译方法不知所措，对英文名称的翻译也不会有太大的主动性。这类读者往往对翻译方法更为热情，疏离程度较低，甚至极端驯化。

然而，两极之间广泛的读者对英语名称的动态解读是不可概括的，对英汉名称的理解能力和英文名称及其中文翻译的动态翻译能力一直是多样化的。因此，集团对英汉翻译方法的要求也是相同的，它将是多样化和动态化的。在这种模式下会出现许多动态的子读者群，他们将有强烈的愿望了解英文名称及其中文翻译，调动他们的知识储备和潜力，比较英文名称及其中文翻译，并要求更高程度的异化名称翻译方法。

这种中国读者群不能满足恒量单一的方法，它经常表现出对英语名称翻译方法动态发展的强烈需求，甚至在一定程度上支持"零翻译"方法。读者的使命不仅在于倾听，而且在于参与对话，它也是一种有生产目标的阅读。此时，读者作为文本阅读的主体，积极地发展和创新文本。简言之，在读者主动翻译能力的动态发展下，参与英文名称翻译的读者群体对英文名称及其中文翻译的需求和期望将呈现出一种动态的多样性态势，要求英文名称汉译的方法也应具有一定的前瞻性，呈现多样性的动态趋势，从而促进各种加工方法的共存。此外，在英译汉的过程中，中国读者对英译汉不同方法的接受也在不断发展变化，这也导致了英译各种方法的并存。

无论采用何种翻译方法来处理英文名称，最终的目标都是让中国读者合理地接受相关信息。但是，不同的读者群体有不同的教育背景，他们对英文名称的理解能力和他们的中文翻译能力也不相同，而且两者都是可变的。因此，英文名称汉译中涉及的读者接受能力必然呈现出动态发展，这使得中文读者群在不同的英文名称汉译方法中呈现出多层次的特点，接受程度和多维接受的需要也促进了各种将英文名称翻译成中文的方法的出现。

换句话说，由于读者的接受能力是不断变化的，所以翻译或翻译策略不可能总是适合读者。专业的中文读者能够准确理解文本中涉及的英文名称及其中文翻译的相关内容，通过不同的方法理解翻译英文名称的目的，从而进行动态的接受行为。这些读者更喜欢用高度异化的方法来翻译英文名称，他们倾向于处理相对较多的反映英文名称原貌的方法,更容易接受。一般读者是不同的,他们通常以中文名称文化为出发点来考察英文名称的汉译,他们很难接受英语名称和反映外国文化习俗的文化内涵之间的差异。因此,他们倾向于付出过多的接受努力来处理相对疏离程度较高的英文名称的翻译,甚至中途放弃,因为接受努力需要付出远远超出他们能力范围的代价,最终妥协于高度本土化的翻译方法来处理翻译问题,把英文名字译成中文。

然而,主要的读者群在 C-C 英语名称翻译中,即广大的读者群,在处理不同方法的名称翻译时是灵活的。这个读者群受过良好的英语教育,对了解英语名称和文化有着强烈的愿望。更重要的是,他们具有很强的主动性,往往处于一种动态的解释状态,因此更倾向于接受由动态和可调整的不同翻译方法处理的翻译。这类汉语读者将主动配合翻译方法的发展趋势,随着异化程度的增加,积极调整他们对英文名称的接受程度和对中文翻译的接受程度,随着经验视界的不断扩大,甚至可以接受英文名称译成中文的异化程度。这些读者开始时可能会遇到一些由于英汉文化差异而造成的阅读和接受障碍,但鉴于他们的教育水平较高,会逐渐克服这些障碍,慢慢培养自身理解和接受能力以进入更高的阶段。此外,这些读者对英文名称和文化的陌生有一定的心理期待和开放意识,永远不会满足于用汉语被动输入英文名字。他们往往积极要求更高层次的翻译方法,接受异化程度高的名称翻译。因此,我们不应低估读者及其子读者的动态接受潜力,这是完全有可能被外界和自身因素激发的。因此,在这种复杂多变的情况下,必须采用不同的翻译方法,这也不难解释各种名称翻译方法共生的原因。换言之,读者接受的动态性,使参与英译汉的读者不可避免地满足不同的接受需求,激发不同的接受潜力。因此,各种翻译方法并存已成为必然。

综上所述,中国读者的动态性促进了英文名称翻译方法的多样化。中国读者在不同层次上的动态分布,以及在翻译和接受英文名称及其中文翻译时主观能动性的动态性,对各种英文名称翻译方法的共存产生了一定的影响。

因此,英语名称 C-E 翻译的主要读者群还是比较广泛的,他们所接受的英语教育程度、对英文名的理解和接受能力及其中文翻译始终处于动态发展的过程中,导致了该群体下多个动态子读者群的出现。这类中国读者往往有强烈的愿望去理解英文原名及其中文译文,调动他们的知识储备和潜力,将英文原名与其中文译文进行比较,从而不能满足翻译英文原名时不变的单一方法。对汉语而言,这对英汉翻译方法的动态发展提出了苛刻的要求。因此,当翻译的交际目的由读者群及其子读者群决定时,对翻译的交际目的的定义必须考虑到单一翻译方法的实施给读者带来的困惑问题,这就使得翻译的交际目的在翻译过程中受到了很大的影响。将英文名称翻译成中文不可避免地会呈现出多层次的差异,以满足其多层次的特点。翻译"专家"读者群与一般读者群之间的英语名称翻译的交际目的比较容易界定,然而"专家"读者群在英汉翻译读者群中所占的比例相对较小,英汉名称翻译中的主要读者群还是一般读者群。不能用动态、多层次等对读者群的准确、细致的评价,随着教育水平的提高,英语名称及其中文翻译能力的提高,必然存在动态差异。动态差异、接受英文名称及其中文翻译的动态差异以及许多其他因素导致了子读者群体的分裂,最终必须加以解决,不同的情境决定着不同的交际目的,并运用不同的方法将英文名称翻译成中文,以应付这种无助的情境。

总之,不同的读者群体有不同的层次,他们的阅读目的也不同,所以他们的期望水平也不同。在这种情况下,不同翻译方法的翻译可以满足读者不同的期望水平,读者将英文名称翻译成中文的目的一般是为了欣赏或研究。然而,这些微观层面的翻译目的往往更为复杂和难以概括。因此,根据目的论对翻译文本的交际目的的观点,由于读者群的多层次性和动态性,英名汉译的交际目的趋于多样化,不可避免地导致英汉翻译中各种方法的共存。

(3)策略性目的的多层次性与多种英语姓名汉译方法并存。目的论是决定整个翻译要求和操作策略的决定性因素。作为翻译行为的三大目的意义之一,目的论的突出优势在于明确翻译的方法论思维。在翻译过程中,无论译者的目的是什么,交际目的或战略目的在本质上都被定义为指导具体翻译行为的合理发生,使翻译目的决定翻译手段。我们之所以能够对翻译过程中可能达到的各种翻译目的进行透彻的分析和界定,是因为我们要明确翻译意识,最后根据不同的情况选择适当的操作策略,战略目的是每个翻译行为的最终目标。就翻译策略而言,翻译策略的多样性和丰富性就像说话方式的多样性和丰富性。因此,在目的论框架下翻译的成功往往以"适当性"为指导。为了实现翻译标准的"适当性",就不能让翻译策略和目的保持不变。随着译文化的变迁,呈现出多层次的特点,使翻译方法呈现出及时调整的动态特征。此外,根据不同的翻译目的,可以对同一文本采用不同的翻译策略(目的论的一个重要优势是允许同一文本根据目的不同选择不同的翻译方式)。中国文化开放包容,英文名称翻译成中文的频率正在迅速上升,翻译成中文的英文名字的上下文越来越复杂,即使出于战略目的将相同的英文名称翻译成中文,不同人群也会有各种各样的需求。因此,将英语名称翻译成汉语的各种方法不可避免地会共存。

英译汉名称涉及多种原文,包括文学文本和非文学文本,它们都包含着各种具体情况,而英译汉名称实质上是一个动态发展的过程。因此,翻译文本的动态性必然导致英汉互译的多种选择,客观上导致英汉互译的多种方法并存。

首先,英文名称的汉译具有历时性、共时性和地域性的三维文本特征。区域同步历时翻译。其中,历时性代表着文本存在的时间轴,反映了不同时代对文本差异的制约,即英译汉所涉及的翻译文本的历史存在性;同时性反映了同一时期同一文本的不同特征。反映了译者在同一时期对英语名称的不同理解;地域性反映了不同地域对文本的影响,同一文本在英译汉过程中表现出不同的地域差异,并将它们区分开来。同时,文本的历时性、共时性和地域性以三维的方式存在,共同决定了文本在文化体系中的地位,动态地获取了文本在文化体系中的意义。所以即使原始文本是固定的,它的内容可能因人而异,有时甚至因地制宜,从而产生不同版本的翻译语言;翻译语言中使用的形式和表达也可能因人、时间和地点而有所不同。

其次,英文名称的中文翻译必然呈现动态变化,不难解释为什么文本中的英文名称是由不同的翻译人员在不同的时期翻译的,在不同时期、不同地区可能会有些许差异甚至完全不同的翻译。以狄更斯的《大卫·科波菲尔》为例,20世纪20年代林纾将其改为《块肉余生序》,并采用了弃名的方法。20世纪40年代,徐天虹翻译成《大卫·高柏菲尔》,董秋思在20世纪50年代和80年代翻译成《大卫·科波菲尔》,20世纪20年代张谷若翻译成《大卫·考坡菲》,即使在同一时期,中国内地、香港和台湾的英文译名也有自己的方式。总之,文本的三维特征决定了英汉名称翻译的动态发展,并从历时性、共时性和地域性三个方面创造了英汉名称翻译各种方法的共生局面。而且,文本的多面性和不完整性决定了英语名称汉译必然处于动态状态,决定了各种英译汉方法的共存。

再次,翻译文本不稳定,英汉名称翻译也不例外。必须有许多未完成的空白,在某种程度上,必须有导致文本意义不确定性的因素,从而形成一个多层次的未完成示意图结构。因此,在将一个特定的英文名称翻译成中文时,不可避免地会涉及不同层次的声音、形式、意义和文化内涵等问题,这些问题在不同层次上永远无法用中文翻译的方法彻底解决。此外,受文本三维特征的制约,这些问题在不同层次上必然会由于时间、空间和地域的差异而产生,需要不同的处理方式。因此,在文本的多层次约束下,英汉名称的汉译必然需要各种汉译方法的出现和存在。

受文本多方面特征的制约,特定文本必然表现出不完全性的特征。因此,在将英文名称翻译成中文的过程中,不可避免地会出现对文本意义的各种解释以及各种中文翻译方法的共存。文本语言的分解常常导致对文本意义的多样化理解,每个人都有同样的理解是罕见的,甚至是不可能的。因此,我们应该鼓励文本的多样化,事物趋向于有比较的发展,也不难解释为什么"一个多译者"的情况经常发生在英译汉的过程中。文本本身需要多方面的、不完整的诊断解释,加上各种人为因素,必然导致英汉名称翻译中出现多种表达方式。这可以通过美国小说《乱世佳人》中不同译者对斯嘉丽、梅兰妮·汉密尔顿和巴特勒的不同处理来证明。1940年,傅东华翻译成"郝思嘉""韩美兰""白瑞德",具有很强的驯化意识。后来,朱庇特和黄怀仁的联合翻译严格地将上述名字翻译成"斯嘉丽·奥哈拉""梅兰妮·汉密尔顿""莱特·巴特勒"。最近的影视作品已经开始尝试对上述人名进行"零翻译"。总之,文本的多层次性及其不完整性,必然使英文名称的汉译处于动态状态,使得各种英译汉方法的共存应运而生。

最后,受文本开放性的影响,英语名称的汉英翻译呈现出非封闭的动态发展,而英语名称的汉英翻译也处于动态的发展过程中,导致了各种英语名称的竞争发展。意义在差异中扩展,文本在差异中发展,原文和译文都处于不断发展变化的过程中,它们没有终极意义,是有待进一步开发的开放系统。因此,要将英文名称翻译成中文,在开放的文本中必须有多个特定英文名称的含义,任何对原文的理解和翻译都不能耗尽其可能的意义。随着英译汉文本的动态发展,英译汉的方法也将发生变化。

此外,由于篇章意义的不确定性,要求文本在翻译中继续蓬勃发展,只有在阅读文本时才产生篇章意义。在将英文名翻译成中文的过程中,读英文名是一种时间上的流动体验和感受,而不是空间上的静止深层结构。阅读文本的动态性客观地创造了英语名称在汉语中的动态性和多样性特征。随着文本的动态阅读过程,英文名称的中文翻译将与翻译文本中的内外复杂因素相互关联,从而进入一个开放而不确定的"领域",获得一个生动、自由、多维的解释。因此,在动态的阅读过程中,英文名称的汉译必然需要多种开放的解释方法,这自然导致了各种英译汉方法的共存。

简而言之,在文本的动态影响下,文本呈现出三维、多维、不完整和开放的特点,使得动态文本中英文名称的翻译需要多维、开放的解读,它客观地创造了动态文本视角下英译汉各种方法的共存。

另外,任何一种文化都是开放的,而处于融合文化状态的中国文化也不例外。因此,受中国文化动态特征驱动的翻译活动必然处于动态发展的过程中,社会文化作为翻译的基本,由于其历史演变,对翻译策略产生了巨大的影响,从根本上影响了翻译策略的选择。对于特定的目标而言,其翻译策略随着目标文化的变化而变化,呈现出鲜明的动态特征,认为某些内容只有一种固定的翻译策略是一种形而上学的错误。因此,就英译汉而言,其翻译方法是不可改变的,在合流文化的大趋势下,中国文化往往需要英语名称向汉语的动态发展。变化是翻译的真理,是翻译的生命,只有动态性才是翻译的基本属性。换言之,变化是翻译的基础,中国文化的动态性和开放性,不允许存在一成不变的英译汉方法,也不难解释为什么在英汉互译方法的发展过程中出现了音译、自由翻译、同声传译和零译。

因此,在中国文化动态发展的背景下,英译汉的战略目标自然会呈现出多种层次特征,使得各种翻译方法的共存成为必然。翻译活动一直以来都是与文化的引进和抵制做斗争的,文化的引进和抵制决定了翻译活动的不同实践策略和操作原则。英汉名称翻译在我国已经存在了很长时间,在此期间,中国文化自然会呈现出不同的阶段,对英语名称翻译的理解将不可避免地经历一个从抵制到对抗,到接受,再到融合的过程。在展览过程中,英译汉的战略目的和实施的翻译方法也将呈现出多层次、多样性的特点。中国文化经历了一个从维护中国话语世界绝对优势到逐渐认同英汉文化融合趋势的过程,由于缺乏中文名称文化,英语名称也经历了从外部发音形式到内部文化意义的战略目的界定过程。因此,音译和同时音译自然也出现自由翻译、零翻译等方法并存。

总之,根据目的论,翻译活动中实践策略和操作原则的自由植根于翻译目的的动态定位。因此,在中国文化开放发展的过程中,自然会有一个多层次的、动态的、对英名翻译战略目标的界定的需求,这必然导致英名翻译发展中各种方法的共存。

(4)多种译法并存在英语姓名汉译方法发展中的必然性。翻译策略的选择受到各种复杂、动态和多方面因素的影响和制约。由于语言文化的多样性和流动性,不同时期不同因素对翻译策略的影响也不一致,这些因素本身也在不断变化,这也是为什么不同时期存在不同的主导翻译策略,或者不同的翻译策略在同一时期共存的原因。英文名称的汉译是一个复杂的过程,新形势层出不穷,动态发展的大局,必然会对英文名称的汉译采取系统的分析和差异化的方法,最终促进各种翻译方法的共存。

将英文名称翻译成中文的方法是动态的,它的各种约束永远不会保持不变,而是处于动态状态。英语名称翻译的制约因素是多元的,其选择是多种制约因素相互作用的结果。翻译目的的多层次动态性、交际目的的多层次动态性、战略目的的多层次动态性等诸多因素不断地从不同的角度对中文名称翻译方法的实施提出了动态的要求,使得翻译目的的多层次动态性、交际目的的多层次动态性、战略目的的多层次动态性成为翻译中的一个重要组成部分,共存的各种翻译方法不可避免。根据目的论,译者的翻译目的将呈现出多层次的动态特征,并引导译者采用多层次的动态翻译方法,在微观层面上处理英文名称的汉译。因此,在将英文名称翻译成中文的过程中,译者将采取动态的方法,如音译、音译加源文本、音译加注释、音译加自由翻译、自由翻译,甚至"零翻译",针对多层次的翻译语境和翻译需求。因此,各种英译汉方法的共存成为必然,由于读者群的多层次性和动态性,英语名称的 C—E 翻译的交际目的往往是多种多样的,不可避免地导致了英语名称 C—E 翻译中各种方法的共存。在中国文化开放发展的过程中,对英汉名称翻译战略目标的界定将产生多层次的动态需求,这必然导致英汉名称翻译发展中各种方法的共存。由于译者的多层次动态、交际的多层次动态、战略的多层次动态等多种因素对英汉翻译的影响,翻译是一个动态的、周期性的过程,不可能一蹴而就,现阶段,各种英译汉方法并存是客观必然的。

综上所述,功能翻译理论的核心理论——目的论,在根据不同的语境因素和翻译目的选择最佳的翻译方法上优于传统翻译理论。在目的论的指导下,翻译方法往往以文化潮流为基础,敢于突破思维常规,具有很大的灵活性、科学性和可操作性。因此,从目的论的角度出发,将目的论框架下的翻译行为的三个目的意义(译者的目的、交际目的和战略目的)分别从译者的目的和交际目的出发,从目的间和战略目的三个角度,论证和分析了以下观点。"零翻译"法在英文名称的中文翻译中起着必要的补充作用,客观上需要多种英文名称的翻译方法共存。具体论证分析过程如下。

一方面,根据目的论,译者把"零翻译"作为英汉名称翻译的目的之一,充分反映了译者对共同文化趋势下英汉文化融合趋势的敏锐洞察。为发掘读者接受和解读英汉翻译的潜力,实施"零翻译"的交际目的,可以顺应合流文化的语言融合趋势,充分尊重和满足一些具有一定的英汉翻译口译和筛选能力的读者的需要,并逐步引导更多的读者去培养"零翻译"的概念。"零翻译"作为战略目标的定位,能够满足融合文化的强烈需求,更新目标读者的认知期望,从全新的视角反思英语名称翻译的发展,它客观上对英语名称翻译方法的发展起到了必要的补充作用。

另一方面,根据目的论,译者的翻译目的将呈现出多层次的特点,并引导译者采用多层次的翻译方法,从微观层面处理英汉互译问题。由于读者群的多层次性和动态性,中文名称翻译的交际目的往往具有多样性,随着中国文化的开放,英文名称翻译的频率急剧增加,在英语名称翻译中还需要多种策略。因此,不可避免地会有各种英语名称翻译方法并存。

综上所述,目的论对探索英汉名称翻译方法的发展具有重要的指导意义。以目的论框架下翻译的三个意义为契机,进一步论证和分析"零翻译"在英汉名称翻译方法发展中的必要互补作用和多种翻译方法共存的客观必然性。

第三节　英汉人名音译的基准系统

每个人都有名字,而名字是属于专有名词的一部分,中英文又有明显的差异,那么一般情况下英语的人名只能通过音译这种方法来进入汉语中。接下来就有一个重要问题需要思考了:音译过来的人名能否做到准确无误,也可让大多数人能记住。因为中英两国之间的历史、文化、经济等因素的不同,也使得人名音译变得更加复杂。我们就需要在这一过程中努力找出规律,分层进行,探索前进。前面章节已经说到语音层面对整个音译过程十分重要,所以我们重点也讲语音层面的内容。本节主要想通过对比分析的方法,对人名音译进行规律探索。

一、英汉人名音译的研究

互联网时代的到来,让我们明显感觉到任何东西都可以通过互联网来沟通,这不仅促进了各国之间的经济交流,还让语言得到了更好的流通。比如:李小龙对现代技击术和电影表演艺术的发展做出了巨大的贡献,中国功夫也随之闻名于世界。李小龙第一次把"中国功夫"译为"Chinese Kung-Fu"。而后许多外文字典和词典里都出现了一个新词:"中国功夫"(Chinese Kung-Fu)。很多外国人都会觉得功夫是中国特有的武术,李小龙也成了功夫的化身。

这节内容主要想通过统计机器,让机器采取短语的形式来实现对人名的音译,对人名进行音译,可以促进中英的交流,有利于文化的传播,而它的主要原理是:第一步,我们知道对数据的处理很多都是通过首先预处理的办法解决的,那么对于音译这块领域,建有一个平行双语语料库,在这个当中我们就想采取一个预处理的办法,对人名进行对齐,这样就能使其生成一个翻译词典;第二步,我们也不能让机器处于一个空白的状态,我们需要建立一个模型,这个模型不是一般的模型,它里面会包含着很多特征,以方便我们做出选择,而不是想到什么就填充什么;最后,根据生成的词典,通过不断进行人工训练,让它能达到我们想要的效果,主要是对翻译有一定的作用,在不断完善的过程中,让这个模型成为最好的音译帮助者。

(一)相关工作介绍

本节讨论的内容主要是对人名进行音译的过程,前面说到通过对比分析、探索,建立一个模型。首先,以我们对现有模型的了解,根据不同的方法进行一个分类,然后分别进行详细分析和介绍,以求找到合适的模型。

音译的方法有很多种,而人名音译的方法基本就是两种——发音音译法、字形音译法。通过参考《机器翻译》这篇论文,笔者对发音音译法有了简单的了解:首先要找到发音的源语言,然后根据源语言的发音规则,找到一个中间的音,然后再对目标语言和中间词进行一个对应转换成最后的音译词。在另一篇论文 *Joint Source Channel Model for Machine Translation* 中,也详细介绍了字形音译的方法,即直接将源语言转换成目标语言,而不需要任何中间语言。还有人提出一种比较综合的方法,这个综合方法就是把发音和字形结合起来,一起作为一种新的方法,为音译提供选择。但是,和其他两种方法比较起来字形发音法的优点就在于可以减少信息损失。因为它是将源语言直接转化为目标语言的。

根据使用的不同模型,音译法一般分为生成模型和判别模型。然而,噪声源信道模型和对数线性模型分别是生成模型和判别模型的典型例子。

基于噪声源信道算法构建人名音译模型的方法。在20世纪90年代初的时候,为了解决之前我们所建立的机器翻译的复杂问题,有专家特别提出了源通道方法。后来,研究人员就经常使用这种方法对人名进行音译,它能够很好地解决人名音译上的种种难题。如图5-2所示,名称音译是指将源名称还原为目标名称。

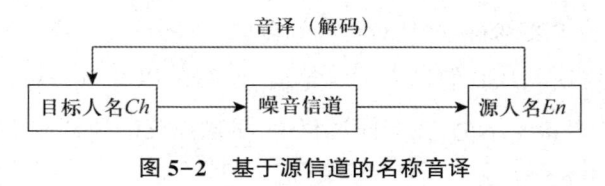

图5-2 基于源信道的名称音译

(二)研究模型的建立

根据 Bayes 公式,中英文名称的音译如下式所示。姓名音译的过程是在公式中找到最大概率的最佳 Ch。

$$\widetilde{Ch} = \arg\max_{Ch} P(Ch|En) = \arg\max_{Ch} P(Ch) * P(En|Ch)$$

其中,$P(Ch)$ 是一个反映名称生成连贯性的语言模型。$P(En:Ch)$ 是一个翻译模型。IBM 在后期提出了 IBM1-5 模型,并且根据已有的经验,把音译模型从五个不同的方面进行了改进。

第一,对线性算法大家都不会觉得陌生,它可以解决很多问题,要说的第一个就是通过线性算法音译人名做出指导,并构造模型。Och 等学者在2002年探讨音译模型的 ACL 会议上提出了一个以前比较流行的方法——最大熵法来解决这个机器翻译出现的种种问题。为什么现在会用对线性模型代替最大熵模型呢? 最主要的原因就是最大熵模型有间断,且存在跳跃性,不能直观感受模型带来的方便。比如我们通过对英文名为 En 找一个简单的例子,直接采取线性模型音译得到的公式如下所示:

$$P(Ch \mid En) = \arg\max_{Ch}\{P(Ch \mid En)\} \approx \arg\max_{Ch}\{P_{\lambda_1,\ldots,\lambda_2}(Ch \mid En)\}$$

$$= \arg\max_{Ch}\left\{\sum_{m=1}^{M}\lambda_m f_m(Ch, En)\right\}$$

第二,对线性模型的作用比较广泛,还可以用来实现噪声源信道模型(图5-3)。上述模型为噪声源信道模型。

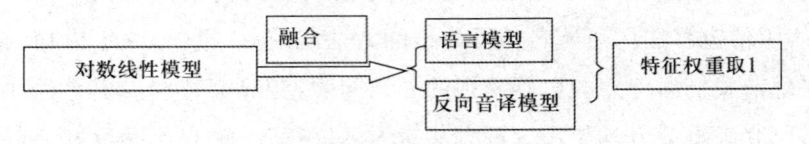

图 5-3 噪声源信道模型

第三,音节外语和汉语中都是常见的部分,但其实音节也是有不同的分法的,比如分为以字母为主要基石,这是对音译划分的一种方法;还有一种就是以音节本身为基本的音译方法。从我们得出的结论看,明显的以音节为单位对其音译字的效果比前者好,所以得出结论:在音译过程中,尽量把英语划分成不同的音节,然后再对其进行音译。

第四,根据音译的最小单位划分如图5-4所示。

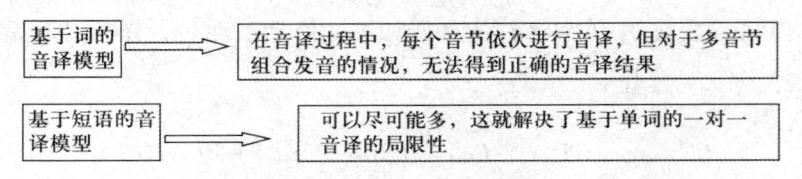

图 5-4 根据音译的最小单位划分

通过图 5-4 两个划分的对比,我们得出结论:基于短语的音译模型更可取。

第五,经过这几节的论述,我们可以发现,基于字形、短语和对数线性模型对音译的指导性意义非常大,现有的人名音译基本是通过这几种方法来实现的。那么是不是这样我们的任务就算完成了呢?其实细究还是有很多的地方需要改善,比如一个英语单词我们要怎么样划分它的音节?每个人的习惯不一样,划分的结果也就会不一样,这就需要规范;而且,机器中语料库的有限性也是急需解决的问题。

二、英汉人名音译的基准系统

英文名字的音译其实时时刻刻存在我们的周围,机器的音译过程算是一种比较简单的流程,虽然简单,然而要找出规律也是非常难,因为它也是无序的。下面这个模型就是 Moses 工作的流程图。

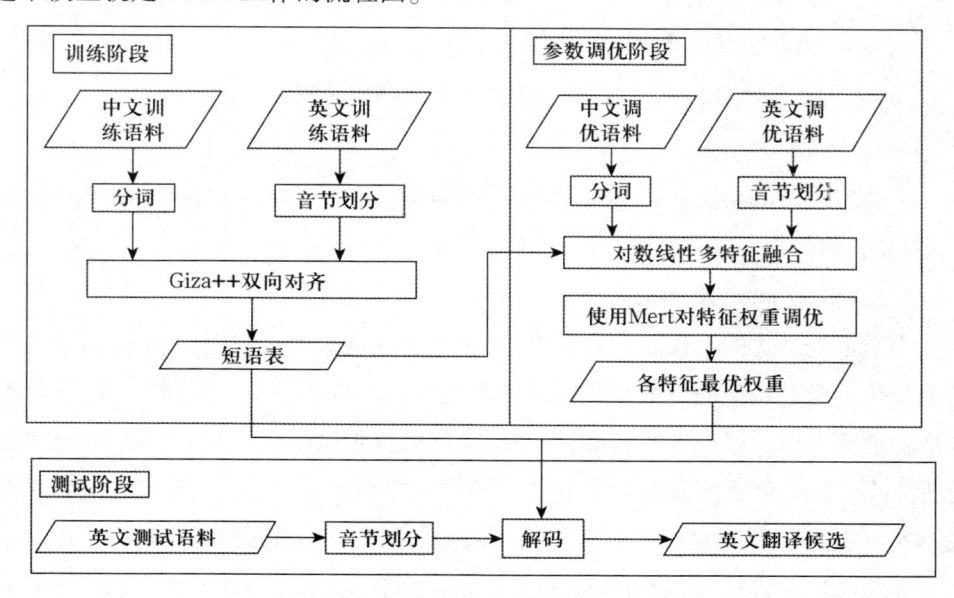

图 5-5 Moses 工作的流程图

如图 5-5 所示,可以明显看出机器的人名音译是由三个阶段组成的:训练阶段、参数优化阶段和测试阶段。虽然分为独立的三个阶段,但是都有一个共同特点,必须通过语料库对各种词行预处理,显而易见,这个预处理是非常关键的,可能会影响到音译的结果。

(一)音节划分

P.Wang 等学者在文章《从可比的语料库中挖掘英、汉命名实体》中,有仔细研究英语的发音原则,他们发现其实和中文的差别不是很大,也是分为元音、辅音,还有个鼻音。然后根据平常习惯的英语发音规则,制定了一系列的标准。

(二)基于短语的统计机器音译模型

音译从字面上来理解,就是翻译,那么通过上面的研究,这里主要研究对数线性融合方法,通过语言模型和反音译模型来化解在人名译音上出现的一些问题。具体的公式表示如下:

$$P(c|e) = \frac{\exp[\sum_{i=1}^{n} \lambda_i h_i(e,c)]}{\sum_c \exp[\sum_{i=1}^{n} \lambda_i h_i(e,c)]}$$

式中:c——是 China 的第一个字母,就用来表示汉语;

e——是 English 的第一个字母,那么就表示英语;

λ_i——第一个特征的权重;

h_i——中文名字和英文名字之间的第二个特征的权重;

n——特征的个数。

本节中使用的功能包括:词组的正向音译概率、词组反向音译的概率、汉语模式、中文名称的长度。

(三) 参数调优及解码

为了得到最优的英汉人名音译模型,将特征权重引入对数线性模型,并将其调整为最优。参数调优的一般步骤就按照下面所显示步骤一步一步对应:第一步,将要回忆前面一节所说的四个特征,把他们全部的权重进行初始化,让其权重的初始化为 1;第二步,就要用到我们一直在讨论的对数线性模型了,主要是用对数线性模型对已经有了的语料库在机器中一一对应,并进行音译,得到的第一个 nbest 音译就作为我们的候选,之后会得到很多个 nbest,那么这些 nbest 的作用就是全部都被拿来作为候选,而他们之间的关系就是每一个新的 nbest 与原来的 nbest 合成一个更新的 nbest;第三步,要有一个能使人名译音问题得到解决的对数线性模型,那么就要根据得到的最新的 nbest 候选对象,使得我们要用的评价指标的 bleu 值最大化,再通过采用开源工具包 zmert 对各特征权重进行调整。第四步,不断重复第二步和第三步,在得到的结果无限逼近一个值的时候,这时候就得到了一个模型收敛,最后得到每个特征的最优权重(图 5-6)。

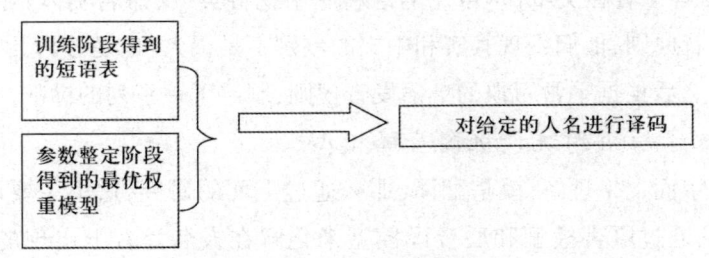

图 5-6 参数调优步骤

在这种情况下,我们以英语人名"abele"为例,在对照音译规范标准后,对其进行音节的划分,就得到"a/be/le",然后通过对数线性模型,在机器中把每个音节都要进行音译,结果出来的是每个音节都出现了很多个音译候选词。图 5-7 是英语人名"abele"音节划分后每个音节的音译候选词的结果。

```
a —————————— be —————————— le
```

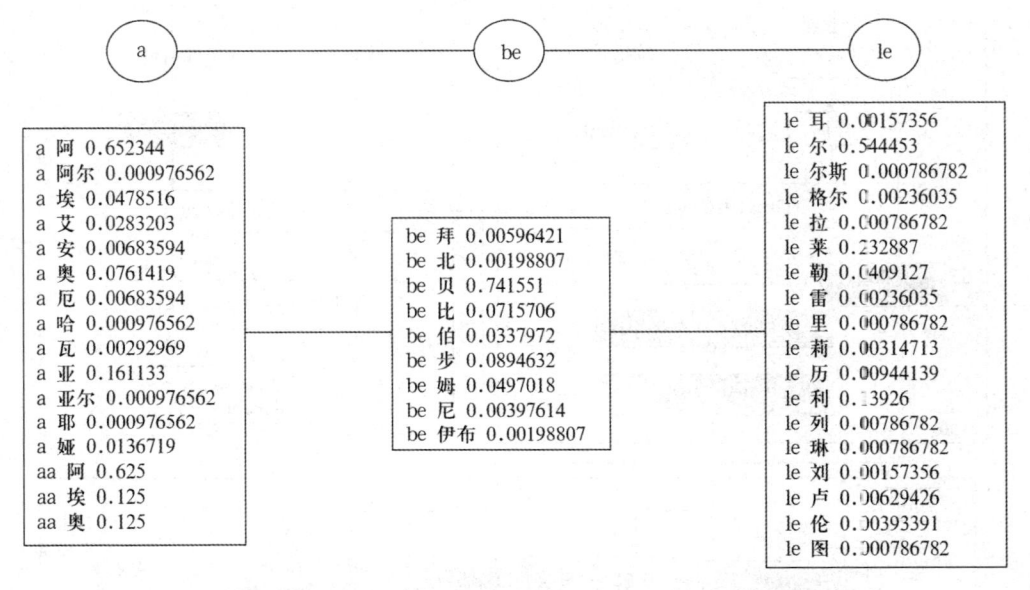

a 阿 0.652344	be 拜 0.00596421	le 耳 0.00157356
a 阿尔 0.000976562	be 北 0.00198807	le 尔 0.544453
a 埃 0.0478516	be 贝 0.741551	le 尔斯 0.000786782
a 艾 0.0283203	be 比 0.0715706	le 格尔 0.00236035
a 安 0.00683594	be 伯 0.0337972	le 拉 0.000786782
a 奥 0.0761419	be 步 0.0894632	le 莱 0.232887
a 厄 0.00683594	be 姆 0.0497018	le 勒 0.0409127
a 哈 0.000976562	be 尼 0.00397614	le 雷 0.00236035
a 瓦 0.00292969	be 伊布 0.00198807	le 里 0.000786782
a 亚 0.161133		le 莉 0.00314713
a 亚尔 0.000976562		le 历 0.00944139
a 耶 0.000976562		le 利 0.13926
a 娅 0.0136719		le 列 0.00786782
aa 阿 0.625		le 琳 0.000786782
aa 埃 0.125		le 刘 0.00157356
aa 奥 0.125		le 卢 0.00629426
		le 伦 0.00393391
		le 图 0.000786782

图 5-7 英语人名"abele"音节划分后每个音节的音译候选结果图

如图 5-7 所示,通过查阅英汉音译词典,发现这 3 个词的候选词都不止一个,而是存在多个,仅仅"a"这个词就有 13 个音译候选词,"be"的候选词虽然少一些,那也是有 19 个音译候选词之多,更别说"le",大家可以动手数数上面的例子,足足有 18 个音译候选词。如果使用枚举方法,也就是我们中学所学的自由组合和排列的算法公式,将有 13×10×18=2 340 个候选项。如果要一个个列举出来,不仅准确率不高,还耗费大量的人力物力。

三、音节划分改进及短语表优化

并不是说一个模型它就是完美的了,就像 Moses 模型,也同样存在很多的不足,比如在音节的划分上,它并不是很完善,因为划分规则、划分粒度和短语表中含有杂质信息这一系列的缺点,导致 Moses 模型也是缺点很多。所以,我们要对音节划分进行一个整顿,完善现有的缺点,让本模型在实现人名音译系统的时候更加准确,还可以应用到其他音译领域。改进后的 Moses 音译流程如图 5-8 所示。

英汉音译研究

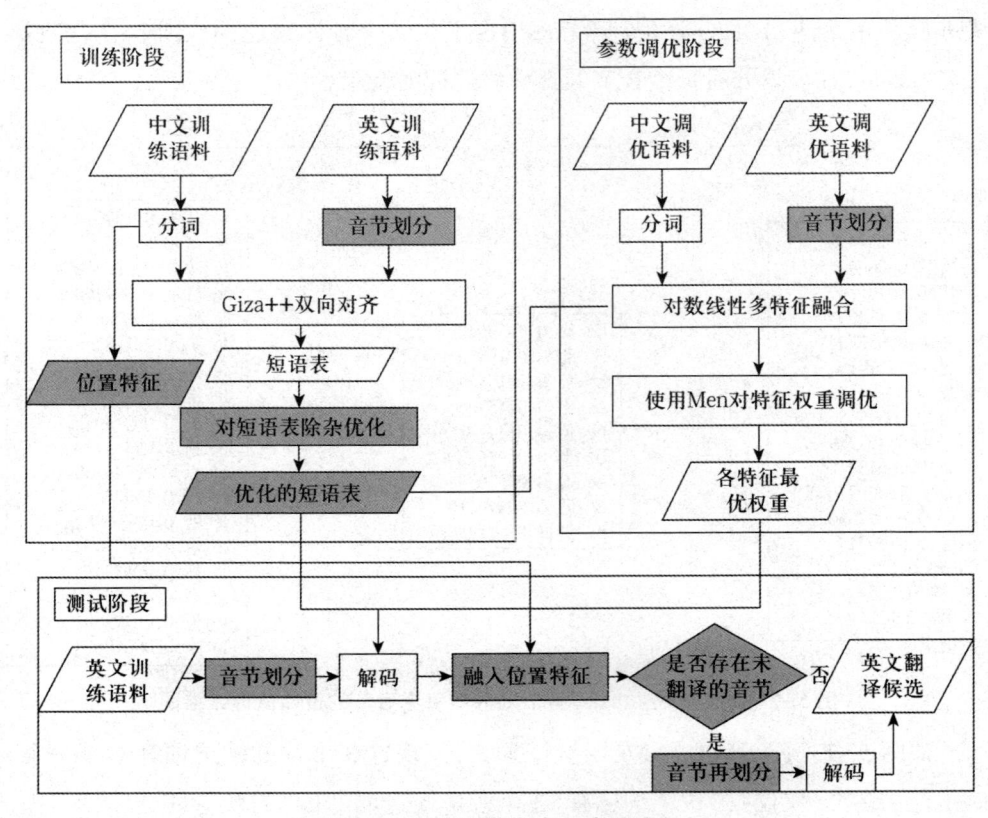

图 5-8　改进后的 Moses 音译流程

其中,灰色模块就是我们改进的东西加入其中,从模型中我们中看到许多需要改进的问题,如图 5-9 所示。

(1)首先改进的必须是最重要的模块——"音节划分"模块,对这一模块的优化主要体现在对其划分的方法上,对方法进行了一些改良

(2)介绍了三种优化短语表的方法,包括消除低频词汇、基于 C 值的方法和基于内聚度的方法

(3)结合汉语名称中第一个词(词)和最后一个词(词)的位置特征,根据前一个词(词)和后一个词(词)来调整音译候选词的顺序。结合位置特征的能力

(4)在测试阶段。提出了一种两阶段的音节划分方法,解决了由于音节划分粒度大而导致的音译错误问题,导致词典中的音节翻译失败

图 5-9　模块需要改进的问题

(一)音节划分方法的改进

1.音节划分规则的优化

当处在训练阶段的时候,我们人为地将汉语分词和英语音节分词的结果一一输入 GIZA++ 程序中,让汉语分词和英语分词一定要做到全部对齐,成为具有音译功能的词典,该词典的主要作用就是为了音译而产生的。其中,汉语分词是利用空格将汉字名称中的每个汉字分隔开,对于英语而言就比较复杂,不能简单地人为空格就可以,英语的音节划分中有很多的规则,这将会 GIZA++ 这个程序出来的结果产生直接影响。对齐短语表的质量如图 5-10 所示,这是使用 GIZA++ 实现英汉人名语料库双向对齐的图示。

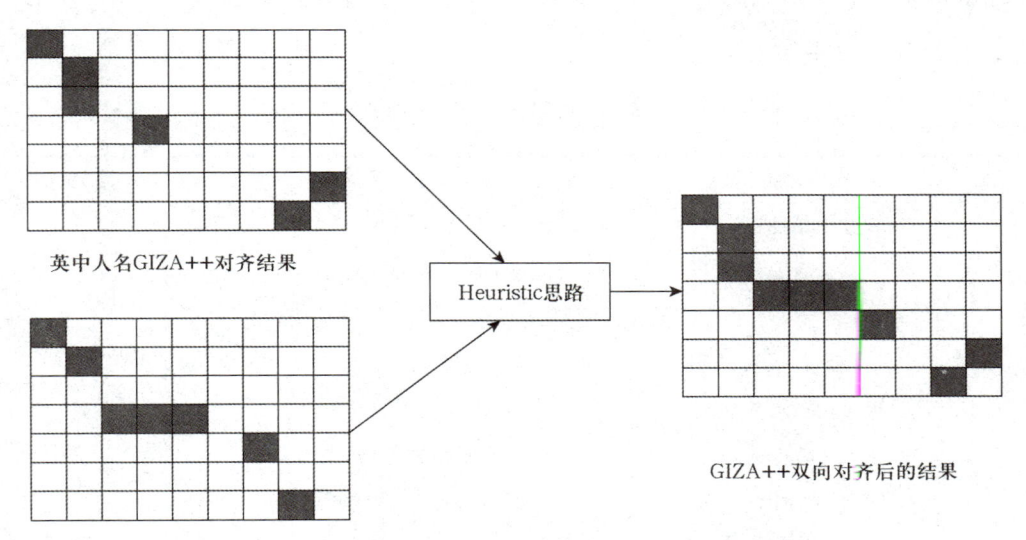

图 5-10 GIZA++对英汉人名语料实现双向对齐示意图

从图 5-10 中可以看出,人为迫使让中文和汉语在 GIZA++ 双向对齐后,由于音节划分的规则不一样,必然会产生一些错误的对齐结果,这是不可避免的结果,这一结果就会对这短语表的生成产生各种不同的影响,甚至会影响到其质量,那么人名译音还能避免不被其所左右吗?这肯定是不可能的事,一名音译必然受影响。具体表现在以下三个方面。

第一,对于连续重复的辅音,相同的发音不应该分开。以"zu c ca(zhuka)"为例,根据音节划分规则,"zu c ca"音节划分的结果为"zu/c/ca"。与 GIZA++ 双向对齐后，生成的短语表会有一些错误的短语翻译对，如"zu c:zhu"。

第二，一些连续的元音组合不仅发一个音，而且会分开，使排列更有效。例如，在"abbyati"（abbyati）的名称中，"ia"发音为两个发音，将"ia"分为两个发音将导致更好的短语翻译。

第三，"gh""h""ng"等会根据自己所处的环境，改变自己的发音，所以发音规则也不尽相同，应根据具体情况进行专门处理。如果以"bringhaus"为名的 GH 划分是适当的，而以"baligh"为名的 GH 合并更为合适，那么要对它进行一个划分规则的总结是不可避免的。

上述第一和第二个问题阐述了规则的缺陷，因此应修改规则；第三个问题可以通过增加四个新规则来解决。总之，表 5-3 是一个优化的音节划分规则，其中"( )"表示括号中的内容合并为一个音节。

表 5-3 优化的音节划分规则

序号	英文人名的情况	音节划分处理方式	类型
1	连续的辅音	除了重复的辅音合并外，其余均划分开	修正
2	连续的元音	除了 eo,ia,io,iu,oi,ua,ui,uo 等划分开，其余均合并，作为组合元音	修正
3	辅音+元音	（辅音+元音）	不变
4	任何独立的元音或辅音	作为独立的音节	不变
5	元音+鼻音+元音 元音+鼻音+辅音/无字符	元音+（鼻音+元音） （元音+鼻音）+辅音/无字符	不变
6	c/s/z/t/p/w+h	(c/s/z/t/p/w+h)并定义为辅音	不变
7	元音+r+元音 元音+r+辅音/无字符	元音+(r+元音) （元音+r）+辅音/无字符	不变
8	g+h+辅音/无字符	(g+h)+辅音/无字符	新增
9	元音+gh+无字符	（元音+gh）	新增
10	元音+h+辅音/无字符	（元音+h）+辅音/无字符	新增
11	元音+n+g+无字符	（元音+n+g）	新增

2.二次音节划分

在影响中很多英语单词都比较长,那么如果还用传统固有的划分办法对其进行划分,必然导致中文和英文之间出现对不齐的情况,就要想办法能使中英文得到很好的对齐,可以利用汉语的某些原则对英文做一个辅助,让两者之间减少对齐错误。第二音节除法是一种特别有效的方法,它能帮助音节的细分或组合,其规则如下。

(1)音节的细分。有这样一个例子,在外国人人名音节如果只包含一个"r",而中文人名只包含一个"er",将"r"与原音节分开,成为一个独立的音节。

(2)音节的合并:中文名中没有"en",但英文音节中的"n"与前一个音节合并。

中文名中有"en",英文名中有两个连续的音节,都是"n",然后将连续的"n"合并。

中文名中没有"er",但如果英文音节中有"l",则"l"与前一个音节合并。

中文名中有"s"而没有"special",英文音节中有"s/t",然后"s"和"t"合并。

中文名有"s",英文音节有"s/ch","s"和"ch"合并。

(3)处理"元音+空格+w+元音"的人名。实际情况是,如果在汉字中汉字的个数与音节的个数相同,且对应音节位置为"w"的汉字拼音不是"w"的开头,则人名分为元音+w+空格+元音。

如果汉字的个数小于音节的个数,"w"音节前一个位置对应的汉字拼音不以"w"开头,则将人名重新划分为"元音+w+元音"。

(二)短语表的除杂优化

前面我们提到,用机器对英语进行音译,那么在统计机器翻译中,利用的原理就是用 GIZA++这个程序尽可能地对语料库进行处理,使其能够做到对齐。然后从所有的对齐结果中挑选出双语短语,并生成翻译后的短语列表。因为我们在模型中建立的语料库太小,所以 Moses 系统生成的短语表并不是能包含所有的双语短语,大多都是些低频短语,翻译概率为1。一个短语的翻译概率只有一次,不符合现实世界的实际情况,才确定为1。为此,本书考虑了三种优化短语表的方法。

1.基于去除低频词的短语表优化

首先,对低频词的短语优化进行一个解释:假设用(en)来表示机器系统中的短语表中可能会出现的英语短语 en 的次数,用(en/ch)来表示短语表中所有把英语短语 en 译成汉语短语 ch 的次数。然后,将英语短语 en 译成汉语短语 ch 的概率是 p(ch_en)=(en,ch)/(en)。据统计,81.7%的短语是(en)=1、(en,ch)=1 且超过 1 个音节的短语。由于数据稀疏,翻译概率为 1 的低频短语在训练语料库中只出现一次,与实际情况不符。这样会严重影响平时音译过程,那么就要降低这些短语对音译产生的影响,本节就从把最原始的短语表重新梳理一遍开始,慢慢删除所有和上面情况比较对应的,只要觉得有点关联的都要删除,然后把剩下的进行音译。至于那些长度为 1 的短语,我们是要保留的,因为这个长度的短语本身就是一个音译单位。

2. 基于 C-value 的短语表优化

我们重建一个新的短语优化——用 C-value 来具体地衡量词组的贡献,通过一系列的公式表示、计算,进而优化词组列表。C-value 值在以下公式中定义

$$C-value = \begin{cases} \log_2|a|f(a) & \text{当 } a \text{ 未被嵌套时} \\ \log_2|a|\left[f(a) - \frac{1}{P(T_a)}\sum_{b \in T_a} f(b)\right] & \text{其他} \end{cases}$$

式中:a——短语 a 的长度;

$f(a)$——短语 a 在短语表中出现的频率;

T_a——包含短语表中的较长短语;

$P(T_a)$——短语表中 T_a 的频率。

根据上述公式,C-value 不仅仅是简单的一个公式,它要考虑的内容有很多,比如短语的长度和频率,还有一个比较特殊的方面也是需要考虑的,就是当前短语中比较长的短语信息。而且根据公式,C-value 是与整个词组的长度以及词组在机器模型中出现次数成正比的。

这样就能得出一个主要观点是:短语越长,频率越高,作为一个短语的贡献越高;如果一个短语经常作为一个较长的短语的一部分出现,并且独立性较低,即使这个短语经常出现,它也不能代表它作为一个短语的更高贡献。

基于 C-value 短语表优化步骤如图 5-11 所示。

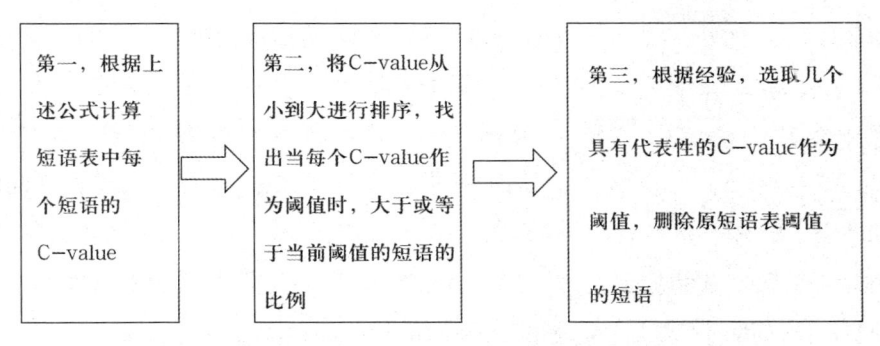

| 第一，根据上述公式计算短语表中每个短语的C-value | → | 第二，将C-value从小到大进行排序，找出当每个C-value作为阈值时，大于或等于当前阈值的短语的比例 | → | 第三，根据经验，选取几个具有代表性的C-value作为阈值，删除原短语表阈值的短语 |

图 5-11　C-value 短语表优化步骤

3.基于黏结度的短语表优化

从另一个方面来看,我们就根据之前的经验,提出一个新的名字衔接度,这个名词能代表什么呢? 从字面意思很好理解,就是衡量短语的合理性。为什么要用这个词来形容呢? 在音节组成的短语里,越能有衔接度说明越合理。那么就会出现一个新的问题——内聚力的问题,衔接是需要引力的,在短语表里,这个引力就叫内聚力,为了计算内聚力的大小,得到下面的公式。其中,短语由音节序列S序列组成。

$$MI(s_1,s_2,\cdots,s_i) = P(s_1,s_2,\cdots,s_k) \times \log \frac{P(s_1,s_2,\cdots,s_i)}{P(s_1) \times P(s_2) \times \cdots \times P(s_k)}$$

计算短语内聚力的公式如下。公式中的系数是实验所得的经验值,本节实验采用 0.5。

$$D_k = D(s_1,s_2,\cdots,s_k) = (1-\beta) \times MI(s_1,s_2,\cdots,s_k) + \beta \times P(s_1,s_2,\cdots,s_k)$$

每个短语都有自己的长度,长度不同的短语之间的黏结度是不存在可比性的,那么要对其音译的时候该怎么解决这个问题,就需要对黏结度做一个规范处理——俗称标准化,其公式如下所示。

$$D'_k = D_k \times \frac{\max(D_k)}{\max(D_2)}$$

公式里显示各种步骤方法和上面提到的 C-value 系统一样,如图 5-11 所示。

(三)位置特征的融合

翻译英文名称时,在我们建立的模型机器中,会生成 NBEST 作为候选。由于同一音节在系统中会有很多的候选,只有充分利用汉字的位置特征,让汉字的位置特征去决定更适合的汉字音译。我们在众多的英语人名中选取其中一个——基洛戈尔(kilogore)为例子,进行一个详细的解释,先对"kilogore"进行音节的划分,得到的结果为:"ki/lo/go/re",同样参照音译短语表,音节"re"的音译候选词就比较多了,其中包括"er""lei""li"。根据音译概率,解码后的音译候选词依次为"kilogore""kilogore""kilogory"。然而,根据位置特征,"er"通常不出现在单词的开头,"lei"和"li"经常出现在单词的开头或中间。然后结合汉字的一些位置特征和英文原有的特征,在我们建立的机器模型系统中,重新调整在系统中出现的第一个NBEST音译候选词的顺序,最终得到正确、最佳的音译候选词"kilogore"。

由于中文名称和英文名称存在一定的差别,那么在长度方面就必定会存在一些不同的地方,当我们必须把中文中所有的单词各种不一样的特征全部显现出来,那么就会出现不一样的长度,就算位置特征一样的那也不是一个数量级的,根本不存在可比性。因此,本节只考虑第一个单词(word)和最后一个单词(word)的位置特征。

计算位置特征的方法:

首先,将中文语料库中人名中的每个汉字用空格隔开;然后,每个词(词)用beo(b表示第一个位置,e表示尾部位置,o表示另一个位置)标记,并计算b,e,o中出现的每个词(词)的频率,然后计算fin;最后,计算出现在开始、结束和其他位置的每个词(词)的近似值、速率。实验表明,考虑到人名中所有字符的位置特征,该方法优于其他方法。

(四)解码时的两阶段音节划分方法

在解码时,为了让解码效果更好,就要解决对齐的问题,为此进入了很多的划分方法,如"元音+鼻音+辅音/无字符"的情况。根据我们的理解,无非就是把元音和鼻音进行组合,成为一个音节。然而,由于准备大规模的音节划分,这样就会出现各种各样的问题,比如,在短语表中我们可能很难找到或者说是找不到对应的音节翻译,如图5-12所示。

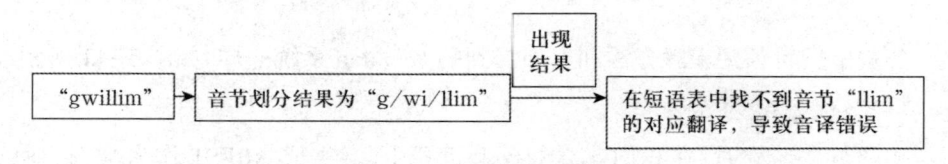

图5-12 找不到对应的音节翻译

因此,就不得不再继续改进音节划分的方法了。其中第一阶段就采用优化音节划分规则。然后对其进行译码,如果出现这种情况——当前名称中存在未翻译的音节,就会选择第二阶段进行划分,然后重新译码。第二阶段的音节划分规则亦见图 5-13。

第一,如果音节中含有 y,而 y 的第一个字符是辅音,则 y 替换为 i;第二,如果最后一个字符是 m 或 g,则 m 或 g 与前一个音节分离;第三,如果最后两个字符是 ne,则 ne 与前一个音节分离;第四,如果 r 之前的音节较长,且度数大于 2,则 r 分为前几个音节;第五,如果 gh 后接辅音或不带字符,则 gh 不发音;第六,如果元音+h+辅音,则 h 不发音。

由此可见,这节的重点在于建模,上文中已经介绍了一些模型的运营,图 5-13 对此进行了总结。

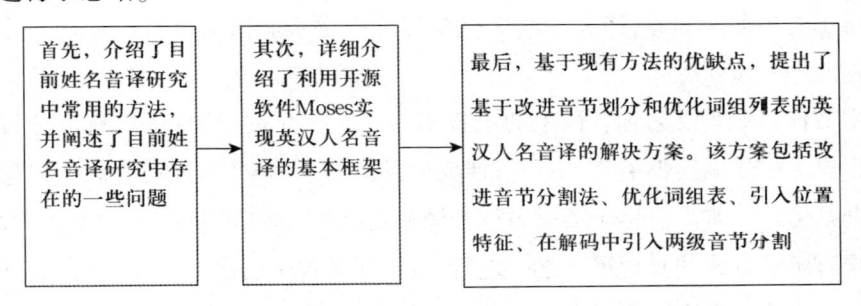

首先,介绍了目前姓名音译研究中常用的方法,并阐述了目前姓名音译研究中存在的一些问题 → 其次,详细介绍了利用开源软件 Moses 实现英汉人名音译的基本框架 → 最后,基于现有方法的优缺点,提出了基于改进音节划分和优化词组列表的英汉人名音译的解决方案。该方案包括改进音节分割法、优化词组表、引入位置特征、在解码中引入两级音节分割

图 5-13　本节的重点内容

英汉人名音译是一个复杂的问题,因为它受多种因素的影响和制约,涉及知识的多个方面,这些因素相互交织。面对如此庞大的话题,一本书的内容无法完全解决这个问题。在本书研究的过程中,我们发现语音水平上有许多领域需要进一步研究,可以作为今后进一步研究的方向。总结部分如下:

第一,音系层面上的音系相似性、加权特征的重叠、特征的转换、音系协调等对应规则在音系对应关系的形成中起着重要作用。在本书研究中,笔者认为这些规则在语音对应的形成中起着一定的作用。例如,英语句点译成汉语时,首先要满足语音相似性,这体现在特征符合率和常用的权重特征上,然后利用特征转换的方法进一步确定对应关系。在这之后,我们还应该考虑语音协调的规律。这些音位层次的对应规律逐渐缩小了音位范围,从而形成对应关系。如何为这些层次化规则制定操作规则体系有待于进一步研究。

第二，根据音系近似定律，形成了音译中英两个音位之间的对应关系。当音素之间特征的重合率不高时，是否能形成对应关系取决于它们是否具有某些重要特征。从这一部分的分析可以看出，音素和音素是不同的，因此决定它们对应关系的重要特征也将不同。在音译中，需要进一步考虑每个音位对应的重要特征。

第三，总结了英汉人名音译中的音位对应关系，包括大多数英汉音位。然而，本研究并未对每种对应关系的条件及影响因素进行详细的研究，未来仍需进一步研究。

第四，本书并未探讨超音段音素对音译的影响，但发现英语单音节与复音节的时长与其在音译中的动作和音节对偶之间可能存在一定的关系。元音的长度如何影响音译值得进一步研究。

第五，英文名译成中文的形式是多个汉字。英语中没有声调，只有句子，而每个汉字都有声调。因此，译名中的汉字在使用中是否能保留原有的语调？这个问题还需要进一步研究。

本节仅讨论英汉名称音译中的语音水平。在研究过程中，尽量只讨论与纯语音因素有关的规则。但事实上，不可能完全排除其他因素的影响，因此上述规则不能完全是纯语音水平。鉴于英汉名称音译的复杂性，为了获得纯粹的语音规律，我们必须对影响音译的其他层次逐一进行分析，厘清各个层次的规律及交织部分，再回到语音层次进行进一步的梳理。只有对各个层次的规则有了清晰的认识，才能在音译中得到纯语音层次的对应规则，找出英汉名称音译的规则和统一的措施。

第四节 人名来源识别的研究

根据文本形式，名称的来源识别可分为英语形式和汉语形式。在本节中，识别姓名来源的任务指的是在中日英对照中所使用的英文姓名。在确定人名来源后，就要想办法把这些人名音译成中文，那么就要借助音译模式来实现。

本章第三节所建立的英汉音译模式，仅适用于英文来源名称。如果相同的音译模式用于来自其他来源的地名，必然会出现音译错误。因此，首先，人的名字由来源识别，然后根据需要音译的人的名字把他们分为几个不同的部分，分别对其进行音译。这样分步分层的解决方式会使结果更准确，当然在转写时，也会有不一样的表现,会进一步提高。

一、相关工作

目前,研究者们用不同的方法来解决不同情况下的地名识别问题。下面根据名称源集合的分类详细介绍了几种常见的解决方案。

中国、日本、英国三个国家对待语言发音原则都有不同的理解,所以也会出现各种差异。不难看出在人名音译的过程中,发音规则的作用是不可忽视的。汉语的人名都是由汉字组成,所以在发音领域汉语涉及的比较少了。我们的重点就是对英文人名和日本人名的发音规则进行处理。

而英国、法国、葡萄牙、德国这些国家的发音存在一定的相似性。从英语语言特征和语境信息中识别人名就是不可避免的了,这是十分必要的。最大熵模型(以下会举一些例子)经常被用来解决这个问题,为什么都喜欢用这种模型来解决呢?主要是它能够有效地整合这些特征。给定名称 en,分类词的概率公式如下。概率最高的范畴是名字 en 所属的范畴。

$$P(c_i \mid en) = \frac{1}{Z}\exp\left[\sum_{j=1}^{M}\lambda_j f_j(en, c_i)\right]$$

式中:f_j——用于名称源识别的特征;

　　　M——特征的数量;

　　　Z——归一化因子;

　　　N——名称的源类型的数目。

$$Z = \sum_{i=1}^{N} P(c_i \mid en)$$

最大熵模型中特征的值不是 0 或 1。以汉语拼音规则为例,其特点的计算公式如下

$$f_i(en, c_i) = \begin{cases} 1 & \text{当在类别 } c_i \text{ 下 } en \text{ 符合汉语拼音规则时} \\ 0 & \text{否则} \end{cases}$$

最大熵模型的优点是研究人员在建模时其他要考虑的地方就比较少,唯一要考虑的就是特征的选择,并且不需要像其他建模方法那样使用独立的假设(例如隐藏的 Markov 模型)或内部制约因素。然而,它也有以下缺点:

(1)模型中的特性(非0即1)只记录特征是否出现,但不能描述特征的强度。

(2)数据稀疏较为严重。对角线性模型中特征的值是连续的,可以反映特征的重要性。

因此,一般使用对角线性模型而不是最大熵模型。

在1999年,Freund第一个提出了算法,刚开始它只是一个迭算法,基本思路就是通过不断重复训练弱分类器这个动作,来实现多类分类。不同的角度训练往复式、多个弱分类器,然后将这些弱分类器训练成强分类器,用于最终分类。

当然,在全球化的时代语言是很多的,其中有相似的也有不用的,还是用算法来解决就不太现实,那么就出现了一种新的方法:聚类方法。聚类方法中我们选用最常用的一种:层次聚类法。就是通过把语言进行分类,之后再把分类的语言提出名称词,最后把名称词再进行分类的一种方法。从相反的角度来看,它包括两种方法,"下往上"和"上往下"。

名称的源识别被认为是一个序列标注问题,并采用CRF方法解决。拉弗蒂等于2001年提出的场模型CRF。从某种角度来看,它是一个基于无向图和基于HMM和EM的学习模型。一般来说,CRF方法优于HMM,因为它可以引入更多的特征,包括单词本身的特征(基本特征)和使用单词的上下文特征(CRF方法中的模板),而不是这个词本身。通过提取培训语料库的基本特征和上下文特征,可以使用CRF对名称源识别模型进行培训(图5-14)。

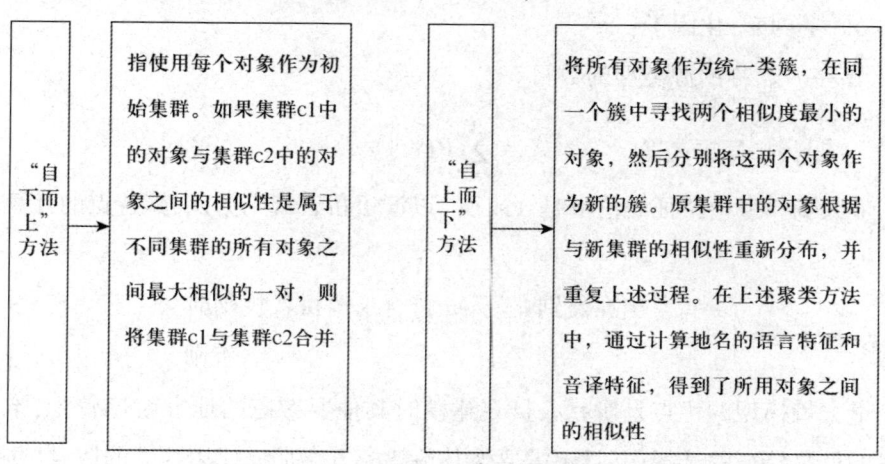

| "自下而上"方法 → | 指使用每个对象作为初始集群。如果集群c1中的对象与集群c2中的对象之间的相似性是属于不同集群的所有对象之间最大相似的一对,则将集群c1与集群c2合并 | "自上而下"方法 → | 将所有对象作为统一类簇,在同一个簇中寻找两个相似度最小的对象,然后分别将这两个对象作为新的簇。原集群中的对象根据与新集群的相似性重新分布,并重复上述过程。在上述聚类方法中,通过计算地名的语言特征和音译特征,得到了所用对象之间的相似性 |

图5-14 CRF方法模型

SVM 算法是一种典型的分类器,名称的来源识别是一个多类别的分类问题。它需要通过构建多种类型的分类器 SVM 来实现。常用的方法是"一对其他"和"一对一"。假设类别集合包含四个类别 a,b,c,d。"一对其他"的方法首先将范畴 a 定义为正的例子,其余的 b,c,d 结合为负的例子,可以得到两类分类器;还可将类别 b 设为正例子,a,c,d 结合为负例,得到分类器,这样,可以得到两类分类器 SVM,等于类别总数。"一对一"方法指的是在任意两种数据类型之间训练两种分类器,因此 k 类的数据需要设计 $k(k-1)/2(6)$ SVM 分类器。在根据由多个 SVMS 组成的分类器对测试数据进行分类时,需要分别计算每个分类器的分类结果。分类结果最多的类别是最后一类测试数据。

二、人名来源识别的总体框架

在中英文地名音译之前,引入名称来源识别,可以减少不同来源名称造成的音译错误。本节的主要任务是给出语料库的英文形式,将人名分为中、日、英三类来源。为此,本节提出了一种两阶段的源识别分类方法。第一阶段采用汉语拼音规则,日本片假名读音规则大致分为四类;第二阶段采用基于统计的方法,根据 i 阶段分类确定最终类别。图 5-15 为总体框架示意图。

如图 5-15 所示,图中 Y 表示符合读音规则时要输入的分类方向,N 表示不符合读音规则时要输入的分类方向。使用汉语拼音规则的,不认为其来源必须是中文,也可能是英文或日文。那么,是否遵守日语发音规则就是判断。在上述判断之后,名称的来源可分为三个未定类和一个识别类。

三、基于发音规则的人名来源识别

(一)发音规则

根据汉语拼音规则和日语片假名读音规则,实现了地名分类的第一阶段。它分为四类:符合汉语拼音和日语发音规则的,符合汉语拼音但不符合日语发音规则的,不符合汉语拼音但符合日语发音规则的,而那些不符合汉语拼音和日语发音规则的(即英语)。

针对英汉译音的问题,如果英语中的人名来源是汉语,则英语中的人名形式被音译为汉语。只需要按照拼音规则把英文名字转换成拼音就可以了。然后用英语

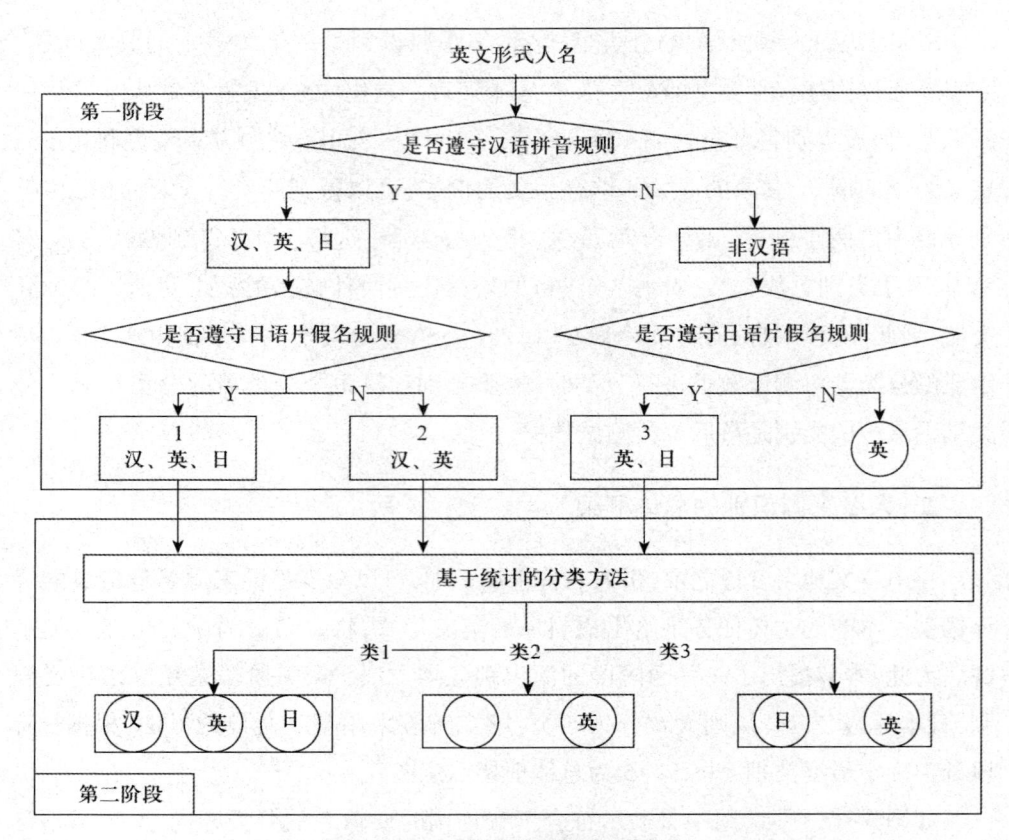

图 5-15 人名来源识别的总体框架

(中源)音译模式来获得音译候选人。

本书所用的汉语拼音规则,是指汉语文字工作委员会的汉语拼音方案委员会制定的规则。由于英语中没有"unk",所以拼音中的"unk"转换为"v"。

对于英汉译音问题,如果英语形式被命名为日语源,则英语形式名称必须按照日语片假名对应的罗马语音分为音节,然后转换为日语片假名对应的音。根据英语(日语来源)音译模式,获得日语汉字的候选者,最后将日语汉字的候选者转换成汉字。除了在音节中使用与片假名对应的罗马音外,本节的日语发音规则也使用一些常用的片假名组合来对应罗马音。片假名分为清音、浊音。详细的发音和相应的罗马语音可以参考表格。

(二)发音规则的匹配算法

参照上面提到的汉语拼音规则和日语片假名发音规则,汉语拼音按照各行的拼音方法存储在汉语拼音规则的文档中。同时,日语片假名对应的罗马发音规则也以每行罗马音的形式保存在日语发音规则中。本节使用前向最大匹配算法来确定人名是否符合汉语拼音或日语发音规则,图 5-16 显示了确定是否符合发音规则的具体流程图。图 5-16 中的"加载发音规则"模块是指从规则文件中读取相应的发音规则;"判断子串是否符合发音规则"是指判断当前的子串是否为加载发音规则。如果可以根据加载读音规则完全划分人名,则认为现在的地名符合加载读音规则。

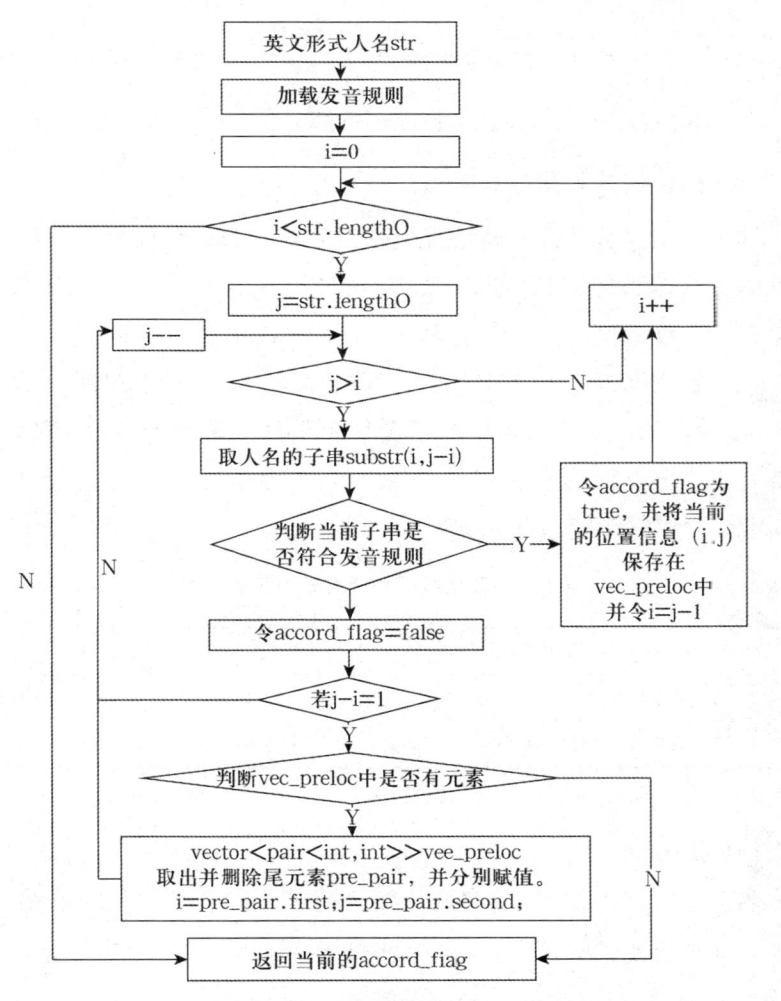

图 5-16 基于前向最大匹配的人名发音规则匹配算法

四、基于统计的人名来源识别

(一)基于朴素贝叶斯的人名来源识别

朴素贝叶斯分类法是一种简单有效的算法。基本思想:计算测试数据被划分为各个类别的概率,并以概率最高的类别作为测试数据的最终分类结果。设类别为 $x=\{f_1,f_2,\cdots,f_m\}$,其中 f_i 表示 x 的特征,c 是类别的集合,而本节来源所识别的名称集合为{中文,日语,英语},(n 取 3)。基于简单贝叶斯的分类器公式如下:

$$P(c_k|x) = \arg\max_{c_i} P(c_i|x) = \arg\max_{c_i} \frac{P(x|c_i) \times P(c_i)}{P(x)} = \arg\max_{c_i} P(x|c_i) \times P(c_i)$$

$$= \arg\max_{c_i} P(f_1|c_i) \times P(f_2|c_i) \times \cdots \times P(j_m|c_i) \times P(c_i)$$

$$= P(c_i) \times \prod_j^m P(f_j|c_i)$$

在上述公式中,$P(c_i)$ 表示被识别为汉语、英语或日语的概率。在第一阶段,人的名字大致分为四类,而归入各大类的可能性被认定为汉语、英语或日语。也不同。以被分为两种情况的人的名字为例。其符合汉语拼音规则,不符合日本片假名发音规则。在实际案例中,这些名字更可能属于中国资料来源,而不是英文资料来源。首先,第一阶段的语料库是根据发音规则的分类,然后中文、英文和日文的名字数在每个主要类别下计算,而被分为中国、英国和日本的概率。表 5-4 列出了中国、英国和日本等不同类别的概率。

表 5-4 各大类下划分为某语言的概率

第一类			第二类		第三类	
$P(ch)$	$P(en)$	$P(ja)$	$P(ch)$	$P(en)$	$P(en)$	$P(ja)$
0.176	0.056	0.768	0.963	0.037	0.059	0.941

(二)特征选取

设人名 $x=\{x_1,x_2,\cdots,x_n\}$ 其中 x_n 表示人名按不同方式划分的单元,本节中使用单个字符或单个发音单元作为划分的基本单元。N-gram 语言模型的计算公式如下所示:

$$P(x) = P(x_1,x_2,\cdots,x_n) = P(x_1) \times P(x_2|x_1) \times \cdots \times P(x_n|x_1,x_2,\cdots,x_{n-1})$$

基于字符的 N-gram 语言模型的特点:每个字母都是将英文名称划分为字符序列的基本单元,然后进行不同的 N-gram 语言模型的实验。

N-gram 语言模型基于发音单位的特征:使用基于规则的方法将名称分为四类,然后根据发音单位名称的类别进行划分。以归入第 1 类的人的名字为例,既符合汉语拼音规则,又符合日语发音规则。因此,这些名字可以根据汉语拼音规则、日语发音规则和英语发音规则进行不同的划分。并根据发音单位产生独立的序列:汉语拼音 $\{p_1,p_2,\cdots,p_n\}$,日语发音 $\{j_1,j_2,\cdots,j_n\}$ 和英语语音节点 $\{e_1,e_2,\cdots,e_n\}$,然后计算每个语言下 N-gram 语言模型的特性,以概率最高的类别作为当前名称的来源,并以 N-gram 语言模型为特征,选择不同的 n 进行实验。

根据发音单位的位置特点:汉语、英语、日语的名称按汉语拼音规则、日本片假名发音规则、英语音节划分规则划分,而 beo 标记是用来标记被分割的名字的名称。即通过训练语料库的统计,发音单位在人名开头标为 b,在人名结尾标为 e,在人名的其他位置标为 o,最后得到每个发音单位出现在开头、结尾等位置的概率。

给定一个英文名称,先根据发音规则分为一系列的发音单位,然后再得到第一个和最后一个发音单位。最后,计算了将第一个和最后一个发音单位的概率乘积作为当前名称位置特征的概率。

(三)基于对数线性模型的人名来源识别

使用对数线性模型替换朴素贝叶斯模型解决人名来源的识别问题,则对于英文形式的人名,其来源被识别为汉语、英语或日语的概率计算公式

$$P(c_k \mid en) = \exp\left[\sum_{i=1}^{m}\lambda f_i(en,c_k)\right] / \sum_{j=1}^{m}\exp\left[\sum_{i=1}^{m}\lambda f_i(en,c_j)\right]$$

式中:$f_i(en,c_k)$——模型中合并的特征;

m——合并的特征的数目。

这里使用了上述内容中提到的特征,包括基于字符的 N-gram 特征和基于发音单位的 N-gram 特征。表示训练后获得的特征的最优权重。对于同一人的名字和同一组名字来源,公式中的分母相等。因此,在识别人的名字的来源时,使分子在公式中的概率的语言就是要测量的名字的来源。

总之,本节的重点是查明地名来源。首先,介绍了名称源识别对名称音译的重要性。在此基础上,提出了解决地名来源识别问题的几种方法。然后,总结了解决

地名源识别问题的主要方法,即规则统计融合方法。最后,详细介绍了基于语音规则和统计的源识别方法。

第五节　实验与评估

我们将英汉人名来源识别和英汉人名音译作为本节的重要内容,通过实验对比英汉人名音译系统的性能,并得出通过不同途径增强音译性能的最佳实验方法,将这些实验方法融合,取长补短,使实验效果最优化。

一、英汉人名音译

(一)评价方法

我们使用最优候选准确率(ACC),最优候选结果与正确结果之间的相似度(Mean F-score)、平均倒数排名(MRR)及 MAP_{ref} 等四个指标对英文人名音译系统生成 N 个最优的音译候选进行评估,不断提高音译模型的质量。接下来,详细介绍每个评价的指标,假设 $N=10$,引入下列定义:

N——测试集中人名的总个数;

N_i——测试集中第 i 个人名的正确音译答案的个数(要满足大于或等于1);

$r_{i,j}$——测试集中第 i 个人名中正确音译答案中的第 j 个音译;

$C_{i,k}$——测试集中第 i 个人名,由系统生成的第 k 个音译候选(k 大于等于1且小于等于10);

k_i——由音译系统生成的音译候选的总数。

1.最优候选准确率(ACC)

计算最优候选准确率的公式为

$$ACC = \frac{1}{N}\sum_{i=1}^{N}\begin{cases} 1 & 若存在\ r_{i,j}\ 使得\ r_{i,j} \\ 0 & 否则 \end{cases}$$

2.最优候选结果与正确结果之间的相似度(Mean F-score)

使用最长相同子串计算,可以得到 P 值及 R 值,而 P 值及 R 值正是决定最优候选结果与正确结果之间的相似度。计算最长子串长度 LCS 的公式为：

$$LCS(c,r) = \frac{1}{2}[\,|c|+|r|-ED(c,r)\,]$$

式中：$|c|$——c 的长度；

ED——编辑距离。

什么是编辑距离？例如，我们可以说"abcde"和"cbddef"，这两字符串之间的编辑距离为 3。由此可知，编辑距离（Levenshtein VI,1965），是指一个字符串与另一个字符串之间所需的最少转换次数，转换可以是字符的删除，也可以是字符的替换，还可以是字符的插入等其他操作。

计算评价指标 P 值、R 值及 F 值时，我们可以选取与最优音译候选编辑距离最小的音译答案，即正确音译答案。具体计算公式为

$$r_{i,m} = \arg\min_{j}[\,ED(c_{i,1}r_{ij})\,]$$

由上列一系列公式可知，第 i 个人名的 P 值的计算公式为

$$P_i = \frac{LCS(c_{i,1},r_{i,m})}{|c_{i,1}|}$$

第 i 个人名的 R 值的计算公式为

$$R_j = \frac{LCS(c_{i,1},r_{i,m})}{|r_{i,m}|}$$

第 i 个人名的 F 值的计算公式为

$$F_i = \frac{2*R_i*P_i}{R_i+P_i}$$

3. 平均倒数排名（MRR）

下列公式为平均倒数排名的计算公式

$$RR_i = \begin{cases} \min_{j}\dfrac{1}{j} & \text{若存在}\ r_{i,j},c_{i,k}\ \text{使得}\ r_{i,j}=c_{i,k} \\ 0 & \text{否则} \end{cases}$$

$$MRR = \frac{1}{N}\sum_{i=1}^{N}RR_i$$

平均倒数排名得出的值越大，表明其正确结果越靠近 N 个最优候选的顶部。计算过程中完全可以看出正确结果距离 N 个最优候选顶部的程度。

4.MAP$_{ref}$

MAP$_{ref}$的计算公式为

$$MAP_{ref} = \frac{1}{N}\sum_{i}^{N}\frac{1}{n_i}\left[\sum_{k=1}^{n_i}mm(i,k)\right]$$

MAP$_{ref}$的计算指标是用来评估所有正确的音译答案是否都包含在正确候选结果中。如果我们计算出的值为1，那么说明生成的正确候选结果包含了所有正确的音译答案。

(二) 实验语料及实验方法

1.实验语料

我们主要参考《2012年命名实体研讨会》英汉人名语料库，其中，含有37 753英汉人名对训练集、3 278英汉人名对调优集。然而，实验中的英汉人名音译系统的训练数据集是从中随机抽取3 000对作为测试语料库，其余的34 753对作为训练语料；调优数据集依旧采用原语料库的3 278英汉人名对。

2.实验方法

英汉人名音译需经过短语表生成训练、语言模型搭建、音译模型中权重调整至最优、解码等四个阶段。这四个阶段所采用的方法均不一致，需要独立进行，具体操作如表5-5所示。

表5-5 实验方法

阶段	操作方法
短语表的生成训练	将参数设为grow-diag-and-fial，利用双向GIZA++对齐生成短语表
语言模型的建立	使用Srilm工具计算汉语语料的N-gram语言模型，其中将测试集中人名的总个数N设置为3，即$N=3$
音译模型中权重调优	使用MERT方法调整各特征权重以达到最优为止
解码	由于人名音译可看作是无调序的机器翻译，为保证顺序解码，将distortion设置为0，其他为默认设置

(三) 实验结果及分析

英汉人名音译基准系统融入中英音译特征，除此之外，还融入英汉语言特征和长度特征,等等。通过调优集调整音译模型中各特征权重至最优,得到表5-6所示具体情况。

表5-6 音译模型中各特征所占的最优权重

特征	英中音译特征	中英音译特征	三元语言特征	长度特征
权重	0.206 083	0.140 843	0.10 448	0.194 568

1.语料库大小的影响

如表5-7所示,实验一和实验二都是在英汉人名音译的基准系统方法基础上进行人名音译、完成实验。结果表明:使用不同数量、大小的语料库对英汉人名音译效果不一样;数量和大小越大的语料库,训练得到的信息量越多,英汉人名音译性的效果越好。

表5-7 不同数量、大小的语料库对英汉人名音译效果的对比

项目	语料大小	ACC	Mean F-score	MRR	MAP_{ref}
实验一	3762	44.38%	80.06%	51.83%	44.38%
实验二	34753	63.08%	90.92%	72.29%	63.08%

实验一,使用实验室中的命名实体等价对抽取任务中音译模型训练时所使用的人名语料库;

实验二,使用的是2012 NEWS(Named Entities Workshop)所提供的人名语料库。

2.优化音节划分方法的影响

采用优化音节划分的方法主要是修正英汉音译的基准系统对音节划分方法的不完善性、从而导致训练阶段使用双向GIZA++生成的对齐结果存在多处错误的情况,以及通过引入二次音节划分方法、对音节划分规则的不完善进行补充,如表5-8所示。

表5-8 音节划分方法改进前后的音译效果

序号	方法	ACC	Meam F-score	MRR	MAP_{ref}
1	Baseline	63.08%	90.92%	72.29%	63.08%

续表

序号	方法	ACC	Meam F-score	MRR	MAP$_{ref}$
2	音节划分优化	66.05%	91.00%	74.70%	66.05%
3	音节划分优化+二次音节划分优化	66.32%	91.15%	74.70%	66.32%

优化音节划分的方法总结了GIZA++的错误对齐结果,修改和补充原有的音节划分规则和方法,使生成训练的短语表质量更优,从而改善音译效果。更重要的是,优化音节划分方法中利用对应的中文语料辅助对音节进行二次划分,根据英汉音译人名在不同情况下发音不同,进而使用不同的划分规则进行划分,大大提高了音译质量。

3. 短语表优化方法的影响

以二次音节划分、优化音译效果为基准实验,采用基于去除低频词的方法优化短语表、消除训练语料偏小而使短语表中含有杂质信息的情况出现,提高音译效果,如表5-9所示。

表5-9 基于去除低频词短语表除杂前后音译效果

序号	方法	短语表大小	ACC	Mean F-scone	MRR	MAP$_{ref}$
1	音节划分优化	100%	66.05%	91.00%	74.70%	66.05%
2	音节划分方法优化+基于去除低频词的方法	28.3%	65.09%	90.86%	73.86%	65.09%

注:原短语表有8万多条短语,使用基于去除低频词的方法对短语表进行除杂后,从短语表中将符合条件的短语删除,使短语表缩减到2万多条,即仅是原短语表的28.3%。

由表5-9可知,使用去除低频词的方法大大减少了原短语表的短语数量,但音译效果并未明显下降。具体对比结果如下所示:

短语来源	正确结果
原短语表 PK 28.3%原短语表	多84个
28.3%原短语表 PK 原短语表	多56个

结论:符合条件的低频短语中存在杂质信息。

基于C-value的除杂优化方法能够对短语的长度和出现频率进行综合考虑。

通过选取不同 C-value 作为阈值优化短语表进行了几组实验,比较源短语表的正确结果和其他不同长度缩减的短语表的正确结果,发现:当短语表缩减到原来的 80.9%时,评价指标 ACC 的值提高 0.2%,音译效果最佳。这证明了基于 C-value 的除杂优化方法能够有效地去除短语表中的杂质信息。如表 5-10 所示,短语表中有 2~7 个不同长度的短语,得出不同 C-value 阈值。

表 5-10 短语在不同长度下选取不同 C-value 阈值后的音译性能

短语长度	2	3	4	5	6	7
C-value 阈值	0.9	1.83	2.625	3.2	5	0.9
短语表大小	75.70%		ACC		65.92%	

说明:当短语表缩减到原来 75.7%时,其性能既与使用整个短语表的性能相等,又达到了对短语表除杂优化的目的。若考虑海量的训练数据,此短语表除杂优化的效果将会更加明显。

基于黏结度的方法是通过短语表中短语出现的概率及其合理性,得出不同的阈值,进而对短语表进行除杂优化。但是,实验结果并不如期所料,因为由音节组成的短语,如人名,并不像句子中的词与词之间的关系那样密切,每次从短语表中去除短语后反而降低了音译效果。

上述三个实验的展开,先是去除低频词法的实验结果表明短语表中确实存在杂质信息,后分别用基于 C-value 的方法和基于黏结度的方法进行除杂优化,并且得知基于 C-value 的方法在一定程度上对短语表进行了除杂优化的效果比基于黏结度的方法效果更佳。

4.综合影响

通过语料库数量大小、音节划分和短语表优化等实验对比,得出英汉人名音译效果最有效的实验方法,具体的实验及其结果如表 5-11 所示。

表 5-11 基准系统与改进方法的实验对比

方法	短语表大小	ACC	Mean F-score	MRR	MAP_{ref}
Bsdeline	100%	63.08%	90.92%	72.29%	63.08%
实验Ⅰ	100%	66.05%	91.00%	74.70%	66.05%
实验Ⅱ	80.9%	66.22%	91.17%	74.69%	66.22%

续表

方法	短语表大小	ACC	Mean F-score	MRR	MAP$_{ref}$
实验Ⅲ	80.9%	66.76%	71.29%	75.11%	66.76%
实验Ⅳ	80.9%	67.62%	92.32%	76.09%	67.62%

(1)基准方法 baseline 选取数量级较大的语料库,即 NEWS 2012 的语料库,进行实验;

(2)实验Ⅰ针对音节划分规则进行修正及扩充,相比于基准系统,其音译准确率 ACC 提高了 2.97%;

(3)实验Ⅱ是在实验Ⅰ的基础上,考虑短语表中存在杂质信息,根据上面的对比实验,在此使用基于 C-value 的方法优化短语表,当 C-value 阈值取 0.9 时,即当短语表缩减到原来的 80.9%时,音译效果最优,其音译准确率 ACC 提高了 3.14%;

(4)实验Ⅲ考虑到音译候选结果中汉字的选择与其在人名中出现的位置有密切关系,因此,融入位置特征进行实验,其音译准确率 ACC 提高了 3.68%;

(5)实验Ⅳ是在前面实验的基础上,为了解决由于音节划分粒度过大导致的某些音节在短语表中找不到翻译的问题,引入了两阶段音节划分方法,最终,音译准确率 ACC 提高了 4.54%。

5.不同方法的比较

本节不仅对语料库数量和大小进行了效果对比实验,还对音节划分及其二次划分进行了效果对比,同时对短语表的杂质信息进行验证并除杂优化等,实验结果表明所采用的方法优化于现有的其他方法,详细效果如表 5-12 所示。

表 5-12 本章方法与现有方法的结果对比

方法	中文	英文	日文	平均
Qu 等文献	87%	70%	92%	82.33%
You 等文献	99.5%	98.2%	98.8%	98.76%
Zhang 等文献	99.65%	96.45%	97.63%	97.91%
本文方法	99.73%	97.37%	98.06%	98.39%

二、人名来源的识别

(一)评价方法

我们评价分类的效果一般采用的是最优候选准确率(ACC),但它仅反映了查全率,对人名来源识别的反映效果不大。所以,识别人名的来源还得引入查准率 P、查全率 R 及 F 值进行评价,并定义如下:

正例——来源属于该语言的人名;

负例——不属于该语言的人名;

TP——分类结果为正例实际上也为正例的人名总数;

FP——分类结果为正例但实际为负例的人名总数;

FN——分类结果为负例但实际上为正例的人名总数;

TN——分类结果为负例实际也为负例的人名总数。

查准率 P 为测试集中被正确分类的正例人名总数和测试集中被分类为正例的人名总数的商,计算公式为

$$P = \frac{TP}{TP + FP}$$

查全率 R 为测试集中被正确分类的正例人名总数和测试集中实际正例人名总数的商,计算公式为

$$R = \frac{TP}{TP + FN}$$

F 值为查准率及查全率的融合,计算公式为

$$F = \frac{2 \times P \times R}{P + R}$$

若实验是以原始语言为汉语的人名语料进行的,设 #(A,B) 为将类别 A 识别为类别 B 的个数,其中 $A, B \in \{ch, en, ja\}$,那么查准率 P 和查全率 R 计算公式为

$$P = \frac{\#(ch, ch)}{\#(ch, ch) + \#(en, ch) + \#(ja, ch)}, R = \frac{\#(ch, ch)}{\#(ch, ch) + \#(ch, en) + \#(ch, ja)}$$

(二)实验语料

实验语料一般是从公开的数据集中获取的,对这些数据集进行目的处理,建立实验目标语料。例如:

语料库	第一步	第二步	第三步
汉语语料	将语料进行繁体转简体	使用微软拼音提供的系统接口	实现汉字转拼音操作
日语语料	抽取符合日语发音的英文形式的人名	使用日英对译系统转换	实现日文转英文字母操作

按照以上操作程序,若语料库之间存有相同的人名或者重复的人名,如不同汉字而拼音相同的汉语人名,就会出现评价时的二义性,降低程序的准确性,所以在实验之前需要预处理,如表5-13所示。

表5-13 预处理后的语料

语种	预处理后语料库大小(条)
汉语	376 438
英语	146 652
日语	109 194

(三) 实验结果及分析

在本次实验中,我们先对人名音译语料进行粗略的划分和分类,再进行最终分类。粗略的划分和分类是根据发音规则的划分方法;最终分类是使用基于统计的朴素贝叶斯的方法,而朴素贝叶斯方法中的特征取自基于字符的 N-gram 语言模型。由图 5-16 可知 $N=4$ 时音译效果最佳。

发音规则是否对音译效果起到一定的影响和作用,需要进一步进行验证。因此,我们继续进行了下列实验:

实验组别	预处理
实验一	不使用发音规则进行分类,仅仅使用基于字符的 gram 语言模型对人名语料进行分类

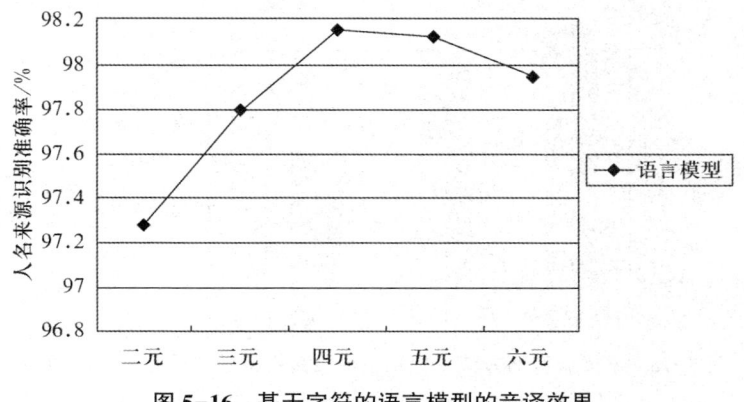

图 5-16　基于字符的语言模型的音译效果

实验二　先使用发音规则进行粗略分类,然后使用基于字符的 N-gram 语言模型作为朴素贝叶斯方法的特征实现最终的分类

结果:使用发音规则进行粗略分类的人名来源识别的效果要优于不使用发音规则的效果。

从实验的结果可以得知,发音规则对音译效果起到了重要作用,特别是在汉英日组成的人名来源集合中,如图 5-17 所示。

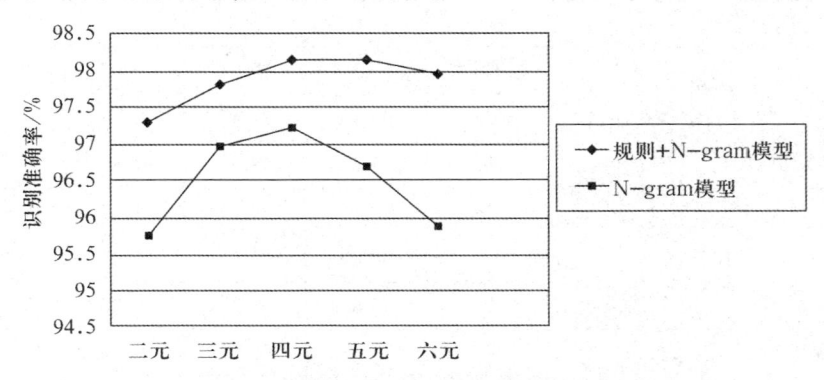

图 5-17　使用发音规则前后的人名来源识别实验的对比

以上实验验证了发音规则对音译效果产生一定的影响,接下来我们就需要对发音规则具体发挥影响作用的机理进行分析,仍采用基于统计的朴素贝叶斯的方法,其方法特征选取基于发音单元的 N-gram 语言模型,对不同 N 值选取后人名来源识别准确率效果进行对比,如图 5-18 所示。

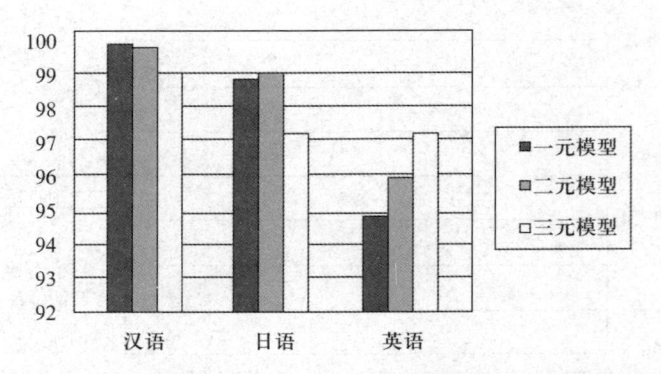

图 5-18 朴素贝叶斯方法中使用不同语言模型后的语言识别准确率

图 5-18 中,横轴——使用不同 N 元模型时不同的语言;
纵轴——针对不同语言使用不同 N 元模型后的识别准确率。

以上实验既选取基于字符的 N-gram 语言模型为特征,又选取基于发音单元的 N-gram 语言模型为特征,使用评价指标 PRF 及准确率 ACC 分别对不同特征组合得出的人名来源识别的性能进行衡量,如表 5-14 所示。

表 5-14 不同特征下人名来源识别的效果

特征	来源	P/%	R/%	F/%	ACC/%
FUni	Ch	98.31	99.63	98.97	97.59
	En	99.33	94.57	96.89	
	Ja	95.27	98.57	96.89	
FBi	Ch	99.36	99.49	99.42	97.99
	En	98.89	95.71	97.27	
	Ja	95.83	98.78	97.28	
FTri	Ch	99.33	98.77	99.05	97.60
	En	96.69	97.04	96.87	
	Ja	96.79	96.99	96.89	
FUni+FBi+FTri	Ch	99.41	99.68	99.55	98.29
	En	98.07	97.32	97.70	
	Ja	97.38	97.87	97.62	

续表

特征	来源	P/%	R/%	F/%	ACC/%
FBi+LFour	Ch	99.31	99.69	99.50	98.33
	En	98.34	97.16	97.74	
	Ja	97.33	98.13	97.73	
Log(FBi+LFour)	Ch	99.31	99.73	99.52	98.37
	En	97.75	97.90	97.82	
	Ja	98.04	97.48	97.76	
FBi+LFour+FLoc	Ch	99.36	99.73	99.55	98.39
	En	98.26	97.37	97.81	
	Ja	97.54	98.06	97.79	

表 5-14 中,特征 FUni——基于发音单元的一元语言模型;

特征 FBi——基于发音单元的二元语言模型;

特征 FTri——基于发音单元的三元语言模型;

特征 LFour——基于字符的四元语言模型;

特征 Floc——基于发音单元的位置特征;

特征 Log——将括号内的特征进行对数线性融合;

其他无特殊说明的表示使用朴素贝叶斯模型对各特征进行融合。

选取基于发音单元的 N-gram 语言模型作为朴素贝叶斯方法的特征,在人名来源识别中,当 N 取不同值时模型起到的作用随之变化,由此可对朴素贝叶斯方法中使用不同语言模型后的语言识别准确率概况为:

语言模型	适用范围	原理
一元模型	识别汉语人名	划分汉语对应拼音的音节
二元模型	准确地描述日语人名的发音	由于日语人名中一个字一般对应两个罗马音,如"山"的罗马音为"yama"
三元模型	更真实地反映英文人名的流畅性	英文人名中前后音节具有连续性

英汉音译研究

为了综合提高每种语言的人名来源识别率,将上述模型特征进行融合,具体效果如下:

实验特征	人名来源识别的平均准确率
基于发音单元的一元、二元及三元模型作为朴素贝叶斯模型的特征	98.29%
基于字符的四元语言模型 LFour 与基于发音单元的二元模型 FBi 作为朴素贝叶斯模型的特征	98.33%
基于字符的四元语言模型 LFour 与基于发音单元的二元模型 FBi 作为对数线性模型的特征	98.37%
融合基于发音单元的位置特征,描述发音单元在不同语言下出现在人名首尾位置的可能性	98.39%

根据上面的人名来源识别的平均准确率可知,对基于发音单元的二元模型及基于字符的四元模型作为对数线性模型的特征和作为朴素贝叶斯模型的特征进行融合,结果得到人名来源识别的平均准确率几乎没有差距,而且使用朴素贝叶斯模型对基于发音单元的二元模型及基于字符的四元模型作为特征进行融合,效果与对数线性模型一样高,说明朴素贝叶斯模型简单有效,更适合于实际应用中。而且,我们对本节所使用的方法与现有的方法进行分析对比,如表 5-15 所示。

表 5-15　本文方法与现有方法的结果对比

方法	中文	英文	日文	平均
Qu 等文献	87%	70%	92%	82.33%
You 等文献	99.5%	98.2%	98.8%	98.76%
Zhang 等文献	99.65%	96.45%	97.63%	97.91%
本书方法	99.73%	97.37%	98.06%	98.39%

本章主要研究名称的音译问题,并将其分为两个子问题:一是英汉名称音译模型的构建,二是英汉名称音译模型的识别。

(1) 英汉名称音译模型的构建。针对英汉名称的音译问题,提出了一种基于音节划分改进和短语表优化的音译方法。从四个方面进行了改进：一是优化音节划分法；二是通过去除低频词汇、C 值法和内聚度法三种方案来优化短语表；三是结合第一个词和最后一个词的位置特征；四是在解码阶段提出两级音节划分法。实验结果表明，通过上述四项改进，译音精度提高了 4.54%。

英汉名称音译中的音节划分规则直接影响着音译的效果。然而，不同名字中的一些相同音节有不同的发音，例如，r,d,t 有时发音，有时不发音；g,h 有时与发音结合，有时分开发音，有时不发音。这些发音规则不明确，不能用统一的音节划分法来确定。因此，在今后的工作中，我们可以考虑对同一个音节的不同发音进行统计训练，并构造一个分类器来确定哪些发音规则更适合当前的名字。此外，本章仅针对英文来源的姓名构建英汉音译模型，今后我们应该考虑建立相应的中日人名音译模型。

(2) 英汉名称音译模型的识别。不同来源的名字发音规则不同，因此，如果在名称音译之前引入源代码识别，那么在不同来源的名称音译时，可以选择合适的音译模型。为了解决名称的源代码识别问题，本章提出了一种基于语音规则和统计相结合的解决方案。首先，运用汉语拼音规则和日语片假名对应的罗马发音规则对人名进行了大致的分类。然后分别采用朴素贝叶斯模型和对数线性模型进行实验，得到最终的分类结果。与朴素贝叶斯模型方法相比，对数线性模型用于解决名称的源识别问题，其识别精度没有大幅度提高。因此，采用朴素贝叶斯方法融合了许多有效的特征。实验结果表明，基于字符的四元语言模型、基于语音单元的二元语言模型和基于语音单元的头尾位置特征融合的识别效果最好，人名源识别的准确率达到 98.39%。

每种语言中常见的名称字符串是不同的。对于中文名称，百家姓是常用字符串；对于日文名称，如"ko""ka""yama"等常见；对于英文名称，如"th""sch"等更为常见。因此，未来的工作可以考虑三种语言的共同使用，并将它们与其他语言区分开来，两种语言中的一组常用字符串用于帮助识别名称的来源。

第六章　英汉机器音译改进研究

第一节　研究背景及研究综述

输入给定的源语言后,按照语音发音自动翻译,输出与目标语言相对应的词义,这一过程称为机器音译。相对于译者而言,机器不像译者拿到翻译文本时先揣度源语语义后再根据目标语的表达方式输出信息,机器就是个相对弱化死板的程序,不会按照源语言与目标语言之间的表达习惯差异而灵活地调配语义。但机器翻译对促进翻译不断向前发展,提升翻译的深度和广度,奠定了机器翻译的理论基础和依据。随着科技的创新发展,机器的智能化翻译不仅能应对跨国交际多种场合,击破语言交流的障碍和壁垒,还可供译者参考借鉴,补充译者的短板。

机器音译在不同的语系之间面临着巨大挑战,就拿英汉音译来说,机器翻译存在语句语病、词义不达、可读性不高等问题。原因在于,机器音译难于调配不同字母表和发音系统之间的复杂性,再加上其他众多导致音译性能降低的因素。虽然有关中英文跨语言应用的研究很多,但通过近年来机器音译的研究现状和成效不多。根据重要会议上发表的音译相关文献,本章将应用新的方法对英汉音译进行全面深入研究,建立高性能的基于字形的英汉机器音译框架模型,从中探索提高英汉机器音译性能性的有效途径,以便改进音译方法和质量。主要思路为:首先,探讨语料库规模的扩展对英汉机器音译性能的影响；其次，引入判别学习模式，分析其提高音译单元对齐性能的途径；最后，验证不同的半指导学习样本对判别式学习模式的效果，从而找出最佳提升音译性能的方法和途径。接下来，按照以上思路展开详细研究。

（1）语料规模对机器音译性能的影响。采用了噪声通道模型（NCM）和联合信源通道模型（JSCM）在基于字形的英汉机器音译框架建模，通过捕获上下文信息进行 NCM 和 JSCM 两种模型的音译性能对比实验，探索出语料规模对字形机器音译性能的具体影响。

（2）判别学习方法对音译单元对齐性能的影响。研究 EM 算法在英汉音译单元对齐程度上的作用，并用判别学习方法解决英汉音译单元对齐的瓶颈问题。在这个过程中，引入英汉音译单元对齐的新方法——EMD 方法，并将 EMD 方法与 EM 算法进行对比，分析出这两种方法获得的语料对齐性能情况。最后，从实验结果可以看出，EMD 方法在提升英汉机器音译单元对齐性能的效果比 EM 算法更为显著。

（3）半指导机器学习方法对最佳标注数据的指导。根据当前的机器学习方法和判别学习方法，分别对音译单元对齐进行封闭性测试和开放性测试，测试原理是使用不同标注数据和语料，检测其对提高音译单元对齐性能是否有积极作用，同时得出最佳标注数据和语料方法。

一、课题背景及意义

机器音译可以通过调整原音来匹配目标语中的音位关系，按照来自源语的专有名词，将其翻译成目标语对应的词汇，如基于音位特征把英文词汇"Brazil"翻译成中文为"巴西（/brɑ zil/）"。机器自动翻译研究越来越受到学者青睐，尤其是当英语和汉语、英语和朝鲜语、英语和阿拉伯语、英语和日语等涉及两种语言使用不同的字母和发音系统音译时，机器音译便成为得力助手，需要面对更为复杂的庞大语料库。在英语与汉语之间，两者的字母和发音系统自身就非常复杂，汉语中还存在多音字等，这给英汉机器音译的研究带来了巨大挑战，也就导致了很多英汉机器音译的研究停留在语音翻译这一条线索上，其中采用的研究方法主要是基于规则的方法、词典咨询的方法和翻译工具等。

伴随全球化的进程，人们的眼界和认识已逐步扩大，应对跨国际和跨文化交流中对别国语言的输入需求越来越高，甚至一些耳熟能详的专有名词已无须翻译，交流者自身就可以在不同语言中自由切换。这说明语言障碍和壁垒已在不断缩小。随着科技的发展，人们越来越依赖机器自动翻译，认可其带来的便利与快捷，在外国专有名词翻译成汉语音译词的跨语言处理中也得到了应用。但专业名词出新速度快、顺行范围广，无法及时通过写入词典而迅速传播使用，而机器翻译就可很好地解决这一问题。人们将这些顺行而不被收入词典的词汇称为登录词汇，这在词典编纂中被称为OOV（词汇外）问题，OOV名词翻译的缺乏在实际应用中降低了机器音译性能。所以，要解决这一问题，不应以词典作为翻译的唯一可靠依据，而是应与机器翻译技术相结合。跨语言信息检索、跨语言口语翻译、跨语言命名实体、跨语言术语处理、语料库自动检索与对齐、自动双语翻译、在线翻译和在线词典等，这些足以说明机器翻译已逐渐成为跨语言自然语言处理应用中不可或缺的一部分。

机器音译可分为正向音译和反向音译两类。用个名字(z,f)举例来说，假设z是源语言的原始形式，f是目标语言也就是z的音译名，正向音译（或音译）是将z转换成f的过程，反向音译是将给定f获得正确z的过程。机器音译可以按照音译方向进行分类，还可以按照音译单元的级别进行分类，如基于语音的机器音译方法（Pivot方法）和基于字形的机器音译方法（Direct方法）。基于语音的机器音译方法已被广泛使用和研究，基于字形的机器音译方法与基于语音的机器音译方法不同，它是将源语言单词按照字形划分单元进行匹配，然后转变成目标语词汇，这种方法现在还处于探索阶段。

基于语音的机器音译方法由以下三步完成：

第一步，把源语单词转换成对应的源语发音符号或音素等；

第二步，将源语的发音符号或音素音译成目标语的与其最相似的音素；

第三步，将目标语最相似的音素转换成目标语词汇。

本章主要研究改进基于字形的汉英机器音译方法及其相关技术，其研究意义主要为：理论上，探讨各种机器学习方法对提高基于字行的英汉机器音译性能的影响，通过在音译单元级别上获得对齐来实现机器音译，探讨不同的判别学习方法对机器音译性能的提升途径；实践上，使用无监督学习方法来提高基于字形的英汉机器音译性能，如果该机器音译可以应对大规模的真实文本，那么对机器翻译和智能翻译系统(MI&TLAB)在提高音译性能上具有很强的理论基础。

二、相关研究综述

本节中,详细研究了近年来自然语言处理的重要会议所发表的多篇音译有关文献,如 ACL2004/2006、HIT NAACL2006、EMNLP2006、IJCNLP2005、NLP KE2005、Coling2004 等,在此基础上对传统方法中的经典算法和模型进行分析,发现近年来机器音译在模型的改进、新资源的利用和评估方式的改进等方面呈现出新研究方法及趋势和机器音译的新方法。

(一)传统机器音译方法

1.基于规则的音译方法

一般,我们从采用音译的方法实现从英语的专有名词到汉语词汇的对等翻译。Stephen Wan 便是在这一音译方法中按照手工规则将英语单词划分为各个音节,划分的方法是按照规则集合和实例学习方法,用辅音连缀和元音来识别所划分出的音节模块的音节边界,然后将每个识别出来的子音节划分为"辅音—元音"形式,其中遵循汉语的单音节规则,最后再利用手工对比两个匹配表,将这些划分的音节匹配到对等的拼音中,完成从拼音到汉字的转换(文献中没有提供其音译性能报告)。

2.基于统计的噪声通道音译方法

一些学者已经实现了基于噪声通道框架下英汉音译的完整数据驱动方法,该方法使用了如今最好的统计机器翻译(IBM SMT)模型。IBM SMT 模型是建立在噪声通道的框架下,最开始通过测试是在法语到英语的机器翻译上,后在其他机器翻译中掀起了热潮。该模型应用于英汉音译时,基本公式如下:

$$\hat{C} = \arg\max_{C} Pr(C|E) = \arg\max_{C} \{Pr(E|C) \times Pr(C)\}$$
$$= \arg\max_{C} \{p_\theta(e_1^{|B|} | c_1^{|C|}) \times p_\gamma(c_1^{|C|})\}$$

式中:E——英语单词的语音呈现形式,通道输出观察值;

C——汉语音译词的拼音呈现形式,通道输入源;

θ, γ——模型参数。

观测值 E 的输入拼音系列是通过通道解码器自动匹配的,音译模型 $P_r(E/C)$

与语言模型 $P_r(C)$ 优化组合后,后验概率 $P_r(C/E)$ 也随之最大化。

翻译模型 $P_r(E/C)$ 使用 Giza++ 的 IBM 翻译模型,将英文名和中文名匹配训练而来的,这些英文名和中文名分别来自国际音标(IPA)符号所代表的英文名与拼音符号所代表的中文名。语言模型 $P_r(C)$ 使用 Festival 语音分析系统将英语名字转化成对应的语音音素,采用 IBM SMT 模型培训和测试的标准方法——三元语法进行 Katz back-off 平滑训练拼音词汇,由 USC-ISI 重写的解码器进行搜索。注意,这里除了使用三元语法外,还可以使用 Good-Turing 平滑和 CMU-Cambridge 提供的建模工具。

3.基于规则与统计结合的方法

曾有人提出,将 OOV 名词从英语音译到汉语时,易采用基于规则与统计相结合的方法,该方法的提出是在跨语言口语文档检索中使用了基于规则和统计的方法。该方法的操作如图 6-1 所示。

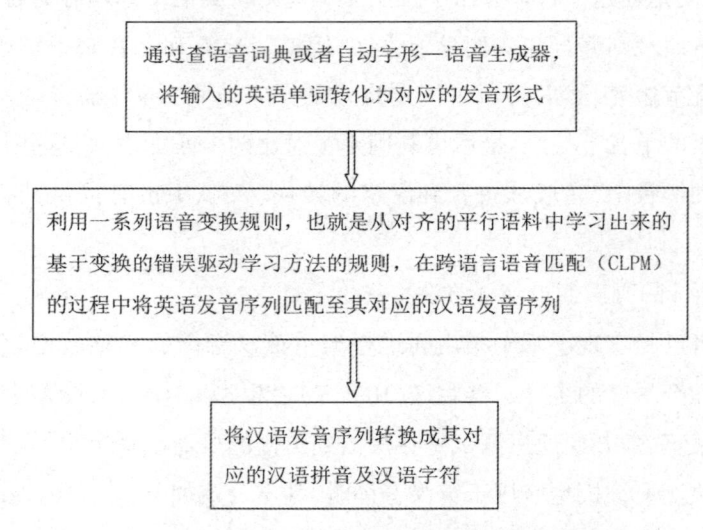

```
┌─────────────────────────────────────┐
│ 通过查语音词典或者自动字形—语音生成器,│
│   将输入的英语单词转化为对应的发音形式  │
└─────────────────────────────────────┘
                 ↓
┌─────────────────────────────────────┐
│ 利用一系列语音变换规则,也就是从对齐的平│
│ 行语料中学习出来的基于变换的错误驱动学习│
│ 方法的规则,在跨语言语音匹配(CLPM)   │
│ 的过程中将英语发音序列匹配至其对应的汉语│
│ 发音序列                              │
└─────────────────────────────────────┘
                 ↓
        ┌──────────────────┐
        │ 将汉语发音序列转换成其│
        │ 对应的汉语拼音及汉语字符│
        └──────────────────┘
```

图 6-1 基于规则与统计结合的方法

但是,这种方法不能应对例外情况的发生,因为人工列举的规则在跨语言语音匹配(CLPM)过程中不能概括所有的语音匹配情况,导致后续步骤中的概率估计数据不准确,甚至错误。

(二)近期机器音译研究概况

通过近年来自然语言处理重要会议上发表的如 ACL2004/2006、HIT

NAACL2006、EMNLP2006、IJCNLP2005、NLP KE2005、Coling2004 等十多篇音译相关文献的调查,并对这些重要音译文献深入研究分析,从而总结出近年来机器音译的新研究现状,结果发现机器音译仍是自然语言处理中一个备受关注的研究领域。

(三)音译模型改进方向研究

从上文我们已经得知,机器音译方法分为基于语音的机器音译方法和基于字形的机器音译方法两种,并详细分析了语音的机器音译方法,但在这儿需要说明:语音之间的转换会造成信息的丢失,这种情况也会出现在表意语言之间的转换,除此之外还在一些语言中存在语义分歧,如汉/英,日/英,这些问题都会影响机器音译的性能。而基于字形的机器音译方法比基于语音的机器音译方法效果更佳,根据两种语言之间的字形关系进行直接映射,不需要复杂的步骤和语音的输入输出等使音译性能下降的中间过程,直接通过浏览拼写正确的上下文信息进行匹配建模,再在所建模型的框架下采用 NCM 模型、JSCM 模型等来挖掘源目标单词正确的拼写匹配关系和上下文信息。

从调查中可看出,这几年来,研究者主要把目标集中在基于字形的基础上改进模型和特征。可喜的是,有少部分研究者已经注意到将信源通道模型(SCM)搭建在概率模型的框架下,组建不同的音译模型来匹配不同的上下文信息。当然,新的特征和新的模型还待开发和引入音译模型中,或者通过几种模型的相辅相成来提高机器音译的性能。现研究成果主要体现在以下几个方面。

1.计算相似度的新方法

人们计算相似度的方法一般使用的是单一的生成算法,即直接对所给出的英语词汇找出它对应的、发音相似的中文字词。而相似度计算的新方法是对频率关系进行分析探索,发掘具有可比性的语料词语翻译方式。这种新方法通过直接抽取词对的方式,解决了在算法生成中导致音译性能下降的问题。还有一种相似度计算的新方法,即引入音译对之间的信心值——贝叶斯假设检验后验概率的相似度,为音译提供了一条新的提高性能的思路。

2.特定语言对象处理的方法

除了英语、法语、日语、德语、意大利语和西班牙语等以外的其他语言音译过程中,可能会出现与英汉音译对不同的特殊音译单元,这就需要在音译中进行额外的音节划分,并且新的研究正在热议这种片假名在音译中的作用和处理方法等。

3.模型中引入新的特征

上文中已多次提到基于字形的机器音译方法采用 JSCM 和 NCM 两种模型,捕获源语词与目标语单词正确的拼写匹配关系和上下文信息。随后的研究者通过增加上下文信息相似度计算和关键字信息、使用前向音节影射模型和后向音节影射模型、引入音译单元相对距离和综合多种模型组等新特征等方法来改进机器音译的性能。

(四)音译中应用新资源的研究

随着科学技术的发展,人们发现仅仅在模型或特征方面的改进对机器音译的性能并没有如期所料,以往的机器音译中实验数据多来自双语字典中的双语音译对,分别在基于字形的机器音译方法和基于语音的机器音译方法上进行过数百次实验,结果发现双语字典中双语音译词对数目的有限性,使得提高音译性能的实验研究缺少数据依靠。于是,研究者迫切希望找到新的资源补充这一缺陷,拓展机器音译的实用对象。紧接着,新的研究角度不断推陈出新。互联网的发展出现了使用 Web 资源自动获取音译对的方法,研究者在语音通信方面做了相关实验,也在频率相关性方面,以及在语音与频率相结合等方面完成实验。在这些实验中,PSM 模型是通过网络自动获取音译对资源,提取音译候选词来定义的,将音译对之间的置信值引入贝叶斯假设检验后验概率的相似度中,分别由置信值、频率信息和模型判别信息选择候选项。这些方法为机器翻译的上升台阶的步伐做了坚实的铺垫。

通过 Web 自动获取音译对资源,提取音译候选,定义 PSM 模型,其中引入音译对之间的信心值为贝叶斯假设检验后验概率的相似度,分别通过信心值、频率信息、模型区别信息来选择候选。这些方法为机器音译的进一步发展提供了广阔的空间。

(五)音译性能评价新方式的研究

机器音译的评价方法是直接采用传统的精确率、召回率和 F 值。然而,根据近年来的文献,NIST 和 BLEU 已经被用于命名实体的翻译,希望 NIST 及 BLEU 这两种新的评估方法可以应用到机器音译实验中。

三、机器音译存在的问题

从实验结果可看出机器音译的研究意义大,但当前的机器音译还存在许多困扰,主要体现在以下几个方面。

1. 受应用领域的限制

如信息检索、从并行语料库中获取或提取等价词对、构造命名实体翻译词典等的应用,已提出了多种英汉机器翻译方法。由于机器音译在特定领域的应用,目前还没有一个全面的实验来评价音译的准确性。除了少数几个根据编辑距离显示音节错误率的参考文献外,其他参考文献在实际音译中的准确性无法评估。

2. 缺乏公众评价平台

近年来,不管是在汉语站点还是在新闻媒体中,发现音译混乱的现象屡见不鲜,主要原因在于机器翻译缺乏广泛接受的标准和统一的测试,很难进行准确的比较和评估,而且评价过程受到主观因素的影响占比大。人们对现有的音译技术的认可度也是可想而知的。

3. 音译的标准混乱

市面上制定的音译翻译规则五花八门,译者都是根据个人主观各说其词。事实上,音译是按照既定的规则翻译的。即使制定实际规则标准,也难在使用时保持一致,如方言差异更是增加了保持标准一致性的难度。以中国大陆、中国香港和中国台湾三个主要语言群体为例。由于英语口语的差异,每个地区使用音译规则是不同的,而且同一区域也有许多同名的音译。另外,语言之间的多级传播会丢失源语的特征,即使在源语中制定了标准规则,到了多级以上的吸收传播,这些规则和标准也被音译中存在的差异所破坏了。

四、本章的主要内容及其组织

从前面的介绍中不难看出,基于语音的方法和基于字形的方法的两类机器音译方法都取得了一定的成效,基于语音的方法的研究已在上文中基本陈述透彻了,本节主要研究结合半指导学习技术统计技术的基于字形的英汉机器音译性能的改进方法。

1.研究目的和意义

总结了国内外英汉机器音译的方法,并进行了相关的研究工作,基于近年来在重要会议上发表的十多篇机器翻译文献分析出机器翻译的新趋势,采取的方法主要是模型、资源和评价方法等。

2.建立基于字形的英汉机器翻译框架

本节先引入基于字形的英汉机器音译概念框架模型,再将 NCM 模型和 JSCM 模型在其框架下进行建模,并完成了两种模型机器翻译性能实验和不同语料库规模的实验,分析实验结果证明语料库规模是否对基于字形的机器翻译性能产生影响。

3.英汉音译单元对齐中不同方法的应用

介绍了 EM 法在英汉音译单元对齐中的具体应用和判别学习的理论基础,然后在 EM 算法中引入判别学习方法,即 EMD 算法,主要目的是对音译单元对齐模型进行训练和解码,从而直观地对比出 EM 算法与 EMD 算法的性能差异。除此之外,还提到了现有的机器学习方法,如在线词典和各式学习 APP 等,还提到了判别学习框架下的机器音译单元对齐方法;讨论了选取半指导需要的标注数据的方法,以及半指导机器学习方法提高音译性能的途径是通过提高音译单元的对齐性能;并使用了不同的标注语料进行英汉音译单元对齐的封闭测试和开放测试,分析出半指导标注语料对模型性能提高的成效,而这些半指导标注语料是根据不同的规则选择出来的。最后重点研究和介绍了英汉人名音译模型的英汉命名实体翻译方法。

第二节　基于字形的英汉机器音译方法

一、基于语音和字形的机器音译方法简介

正音译和反音译是基于语音的机器音译方法的两个过程,本书的正音译过程指的是英语音译为汉语的过程,反音译指汉语音译成英语的过程,本节将重点研究

数据的大小对正、反音译性能的影响。基于字形的机器音译方法是通过上下文信息拼写正确进行匹配翻译,本节针对相同数据源的数据大小和不同数据源的数据大小,研究其对基于字形的机器音译性能的影响。

(一)基于语音的机器音译方法

以下是基于语音的机器音译方法的语音/拼写匹配步骤:

第一步,字形语音转换,根据源语言单词的字形用它的语音进行表示。

第二步,语音等价对转换,将源语言表示出的语音与目标语言的语音进行匹配,转换成目标语言的语音表示方式。

第三步,语音字形转换,将目标语言表示出的语音转换成对应的字形,完成源语言到目标语言的音译翻译。

基于语音的机器音译方法是实现语音等效音译的最佳选择,但是它受到了以下几种因素的困扰:

第一,文本到语音的转换,即字音转换,可能会出现信息遗漏的现象。

第二,多重转换间的信息丢失将大大降低机器语音的性能,如汉语词汇语义非常丰富,表达不同的字义时还会出现字音随之变化,或者同一字音却对应多个不同的汉字,如果从拼音到汉字的转换就存在信息流失的情况,那么后续步骤的转换也会导致信息丢失。

第三,全球语言数量众多,音译时某些语言对语音存在分歧,如汉语/英语、日语/英语和法语/英语等,这些分歧加大了跨语言语音映射的难度。

这些限制使机器翻译的整体性能下降。若要提高性能需要应对和处理翻译系统的复杂化和中间语音的输入与输出转换,但系统开发的成本大,耗时耗力。如果要实现同一技术在不同语言领域的应用,就要渗透音译的发音规则,并对其进行更新。

那么,如何摸清音译的发音规则呢?采用噪声通道模型(NCM)和隐马尔科夫模型(HMM)等基于规则的方法和机器学习的方法来建立一套基于语音的知识库,利用这个庞大的知识库建模研究音译发音规则,除采用以上两种模型之外,还可以采用决策树,也可以采用基于变换的学习、统计的机器音译模型,还有研究者采用有限状态的转变模型,等等。知识库中不同知识的模型是独立完成的,而且这些模型都使用训练变换规则和训练目标语言等策略。

基于语音的机器音译方法翻译过程极其复杂,就拿正音译来说,需要先按照中文音节规律将英语词汇划分音节,后将英文音节从字母转换成语音,再将语音转换成拼音,再根据拼音得出汉语词。这种多步骤的复杂系统一旦其中某一步出现错误都将导致整个音译性能的下降。

(二)基于字形的机器音译方法

通过充分的上下文信息和全文浏览拼写匹配建立基于字形的机器音译模型框架,有 JSCM 模型和 NCM 模型等,探索出源语和目标语之间字词拼写的正确匹配规则以及上下文间的信息关系,如图 6-2 所示。

阿 布 鲁 佐
↓ ↓ ↓ ↓
abruzzo

图 6-2　基于字形的英汉机器音译实例

从图 6-2 可以看出,基于字形的机器音译方法相对于基于语音的机器音译方法而言,省去了中间复杂的多步骤,从而有效地提高了音译性能。

二、基于字形的英汉机器音译框架

接下来,先在基于字形的机器音译模型框架下分别对 JSCM 模型和 NCM 模型建模,再分析该框架下 JSCM 模型的建模方法对音译性能的影响和 NCM 模型的建模方法对音译性能的影响,最后对比这两种模型的结果。

(一)基于字形音译框架的具体描述

针对中英文机器的自动音译,假设英文名称表示为 $\alpha = X_1 \cdots X_i \cdots X_m$,中文音译意味着 $\beta = Y_1 \cdots Y_j \cdots Y_n$,其中 X_i 表示英文字母,Y_j 表示汉字,将英文名 α 和它对应的中文音译 β 划分成一系列的子串,如 $\alpha = e_1 e_2 \cdots e_i$ 和 $\beta = c_1 c_2 \cdots c_i [i \leqslant \min(m, n)]$,这些英文名 α 和它对应的中文音译 β 划分的子串称为音译单元,每个音译单元 e_i 与 c_i 对齐,组成一个音译对 (e_i, c_i)。若将英文名 α 和它对应的中文音译 β 的对齐定义为 γ,其公式如下:

$$<e, c>_1 = <e_1, c_1>$$

$$<e, c>_2 = <e_2, c_2>$$

$$\vdots$$

$$<e,c>_k = <e_k,c_k>$$

式中，$<e,c>_k$——音译对代表 e_k 与 c_k 之间的双向匹配。

英语中的一个英语字符可对应一个音译单元，两个英语字符也可对应一个音译单元，甚至三个或三个以上的英语字符也可对应一个音译单元；而汉语中的一个汉语字符只能对应一个音译单元。按照 α,β,γ 的定义，可推导出正音译的公式如下：

$$\begin{aligned}\overline{\beta} &= \arg\max_{\beta} P(\alpha,\beta) \\ &= \arg\max_{\beta} \sum_{\gamma} P(\alpha,\beta,\gamma) \\ &\approx \arg\max_{\beta}[\arg\max_{\gamma} P(\alpha,\beta,\gamma)] \\ &= \arg\max_{\beta,\gamma} P(\alpha,\beta,\gamma)\end{aligned}$$

反音译的公式如下：

$$\overline{\alpha} \approx \arg\max P(\alpha,\beta,\gamma)$$

以上正音译和反音译公式都是基于字形的自动机器音译方法的表达，结合 JSCM 模型和 NCM 模型得到联合概率 P，$P(\alpha,\beta,\gamma)$ 表示 α,β,γ 的联合概率。

（二）NCM 模型

NCM 模型是在基于字形的机器音译框架下实现的，E 表示源语言单词，C 表示目标音译，$\hat{E}$ 表示相似度最高的匹配单词，首先英汉自动机器反音译通过语言模型得出 E，再通过音译模式将 E 转化成 C，最后机器音译的通道模型解码器将 C 进行匹配，得出 $\hat{E}$，其机理如图 6-3 所示。

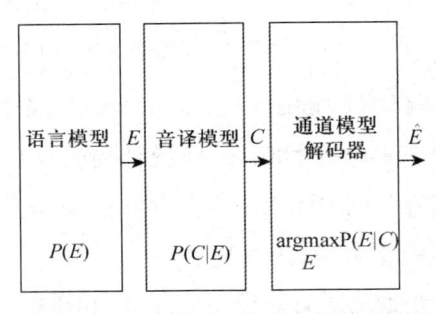

图 6-3　NCM 模型在机器音译中的应用

从图 6-3 可知，基于字形的自动机器反音译是根据给定音译词 C 找出最佳词 E，若用 $P(E)$ 表示单词 E 的概率，用 $P(E|C)$ 表示给定音译词 C 匹配的最佳词 E

的反音译概率,由贝叶斯公式得出如下表达公式:

$$\hat{E} = \arg\max_E P(E|C) = \arg\max_E \frac{P(E)P(C|E)}{P(C)}$$

式中,$P(C)$——常亮。

还可将上述公式改成为:

$$\hat{E} = \arg\max_E P(E)P(C|E)$$

式中,$P(E)$——语言模型,表示 E 的概率;

$P(C|E)$——音译模型,表示给定 E 下的音译 C 的概率。

利用上述公式和给定的参数定义,既能得出 NCM 模型的自动机器反音译公式,那么也能得出 NCM 模型的自动机器正音译公式,如下所示:

$$\hat{\beta} = \arg\max_{\beta,\gamma} P(\alpha,\beta,\gamma) = \arg\max_{\beta,\gamma} P(\beta) \times P(\alpha,\beta,\gamma)$$
$$\approx \arg\max \prod_{k-1}^{K} P(c_k|c_{k-a+1}^{k-1}) \times P(e_k|c_k)$$

此时,音译过程中所求概率 $P(\alpha,\beta,\gamma)$ 可用以下公式:

$$P(\alpha,\beta,\gamma) \approx \prod_{k-1}^{K} P(c_k|c_{k-a+1}^{k-1}) \times P(e_k|c_k)$$

(三)JSCM 模型

假定英文名称表示为 α,与 α 对应的中文音译表示为 β,英文名 α 和它对应的中文音译 β 对齐的概率表示为 γ,联合概率 $P(\alpha,\beta,\gamma)$ 的公式推导为:

$$P(\alpha,\beta,\gamma) = P(\alpha,\beta,\gamma) \times P(\gamma)$$
$$= \prod_{k-1}^{K} P(<e,c>_k|<e,c>_{k-a+1}^{k-1})$$

联合信源通道音译模型(Transliteration Model of Joint Source Channel),简称 JSCM 模型,是利用一个个音译对组成 JSCM 统计的内容。从上述公式可知,JSCM 音译可实现不同音译对在相同解码器中双向音译,即正音译和反音译。

(四)比较 JSCM 模型和 NCM 模型

上文已分别对联合信源通道音译模型(JSCM)和噪声通道模型(NCM)建在基于字形的自动机器音译模型框架下进行分析及其公式推导,接下来将研究联合信源通道音译模型(JSCM)和噪声通道模型(NCM)在二元时对正音译的情况,其公式改写如下:

$$P(\alpha,\beta,\gamma) \approx \prod_{k=1}^{K} P(e_k|c_k) \times P(c_k|c_{k-1})$$

式中,T^2——二元音译模型潜在的参数个数;

$T+C^2$——NCM 模型中参数的个数;

T——音译对的个数;

C——汉语音译单元的个数。

T^2 远大于 $T+C^2$,所以 JSCM 模型比 NCM 模型建模覆盖更多的信息量,并且模型实际容量主要根据训练数据的可用性。

三、实验结果及分析

(一)实验数据及方法

通过在 JSCM 模型和 NCM 模型上扩充语料规模,分别进行了两组实验,即实验 1 和实验 2,对比实验 1 和实验 2 的结果,分析基于字形的不同语料规模机器音译方法对音译性能的影响(表 6-1)。

表 6-1 两组实验对比

实验 1	获取语料数据库,其中覆盖 37 688 条不重复的英语词条和它们一一对应的精准汉语音译。这些数据的来源主要是从《外国人名的汉语音译》的双语词典中摘录的
实验 2	从 LDC2003E01《中文—英文名称实体列出 1.0 测试版》获取语料,整理归纳其中所罗列出的人名和地名,得到 781 823 对英/汉音译对,按照一定的规则,如等距离原则,选出 60 000 对数据进行实验

根据以上两组语料库,进行封闭测试和开放测试,测试分别针对基于英汉机器音译系统框架下的 JSCM 模型和 NCM 模型,按照下列计算公式得出 JSCM 模型和 NCM 模型单词级别的准确率 W.A.(word-level accuracy)。

$$W.A = \#音译正确的个数/\#测试数据个数$$

(二)实验结果

将实验 1 和实验 2 的全部数据平均分成 10 份,用其中的 9 份数据进行合集训练,剩下 1 份数据进行测试,采用 10-fold 交叉验证,其训练和测试结果见表 6-2、

表 6-3。

表 6-2 联合信源通道模型及噪声通道模型下所测音译准确率

语料规模	正译(W.A.)	反译(W.A.)
37 668 NCM	64.56%	87.63%
37 668 JSCM	66.82%	90.23%
60 000 NCM	60.41%	79.91%
60 000 JSCM	63.24%	88.44%

表 6-3 JSCM 模型及 NCM 模型下所测反音译准确率

语料模型	正译(W.A.)	反译(W.A.)
37 668 NCM	37.58%	63.85%
37 668 JSCM	39.26%	65.83%
60 000 NCM	35.21%	57.22%
60 000 JSCM	35.34%	60.73%

为了消除实验 1 和实验 2 由于数据来源不同导致数据规模分析结果不具有可比性,增加实验 3。实验 3 是利用相同的数据来源,通过扩充数据规模对 JSCM 模型和 NCM 模型的音译性能进行对比。结果表明,不管是正音译过程还是反音译过程,基于字形的 JSCM 模型性能比基于字形的 NCM 模型性能高,原因在于 JSCM 模型比 NCM 模型包含更多的信息,并且基于字形的 JSCM 模型结合了源语和目标语字形的上下文信息。

(三)结果分析

实验 1 和实验 2 由于语料来源和规模的不同导致基于字形的英汉机器音译框架下的 JSCM 模型与 NCM 模型音译性能的差异,与原始数据对得出的音译性能结果相比,60 000 数据对得出的音译性能结果差距甚远,有下列原因。

(1)LCD2003E01《中文—英文名称实体列出 1.0 测试版》提供的语料库有来自不同的国家的名称,多个英文名称可能只对应一个中文名称,例如:

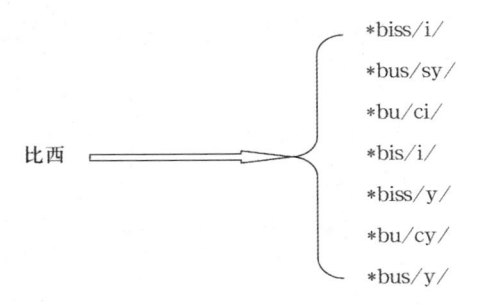

```
            ┌─ *biss/i/
            ├─ *bus/sy/
            ├─ *bu/ci/
比西 ────────┼─ *bis/i/
            ├─ *biss/y/
            ├─ *bu/cy/
            └─ *bus/y/
```

汉字看似多次重复,但每次对应的英文各部分相同,这种一对多的情况容易造成音译音节复杂混乱,使得音译单元概率表在音译过程无法准确匹配。

(2)音译对齐要面对不同的语言语料,极其复杂,例如:

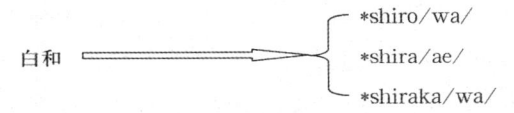

```
            ┌─ *shiro/wa/
白和 ───────┼─ *shira/ae/
            └─ *shiraka/wa/
```

汉语中有同音不同字、同字不同音的情况,英语中不会出现"黑"对应"blacke"或"blak",不符合语音学的规则规范。若在日常生活中,按照正确字词发出错误的音,然后按照其错误的发音进行匹配,得到与它相似度最高的英文,再将英文音译成汉语,这样双重信息丢失的音译过程更加降低了信息的正确率。

综上所述,数据规模的扩充不一定能取得如期所料的效果,实验 1 和实验 2 结果表明,随着数据量的扩大音译性能反而下降。实验 3 表明,相同语料来源下单一扩大数据规模音译性能呈现上升趋势,这说明了扩大语料规模可提升音译性能。

第三节 基于判别学习的英汉音译单元对齐

EM 算法实用性强、操作简单,能从不完整的数据集或丢失参数的数据集上进行 MLE 估计,从而改进英汉人名音译单元级别的对齐质量,提升机器音译的性能。

一、基于 EM 算法的英汉音译单元对齐

使用 EM 算法对英汉音译单元进行对齐时,EM 算法是一种非常实用和简单的

学习算法,用于从不完整或缺失的数据集估计最大似然估计(MLE)。EM 算法是一种典型的无监督算法,包括两个步骤:

(1)E-step,即计算样本概率的步骤。根据给定的模型参数计算每个隐藏变量,而隐藏变量又是样本的展开,从而得出样本的概率。

(2)M-step,即计算模型参数。根据 E-step 计算出的样本概率分布和样本概率扩充,重新得出模型参数的计算值。

经过 E-step 和 M-step 的交替使用,EM 算法逐步改进了模型参数,每一次的模型参数越来越向前靠近,使参数和训练样本的似然概率逐渐增大,按照逼近规律最终达到一个极限值。E-step 和 M-step 每完成一轮交替就得到一个参数模型值,即使我们事先不知道模型的参数,通过随机选择一组参数作为原始数据,然后计算出每个训练样本结果的似然概率。除此之外,通过在每个训练样本结果中收集和增加子模式,我们可以逐渐加强频繁出现和正确的子模式组成部分的占比。最终,通过子模式的多次迭代,让每一次的模型参数和训练样本的似然概率逐渐增大,达到模型的参数逼近正确值的目的。

以上是 EM 算法的操作步骤,接下来我们分析 EM 算法的操作原理。假设某些分布的不完整数据可以观察,那么将这些数据组成数据集 X。假设存在一个完整的数据集 Z,则 $Z=(X,Y)$。设联合密度函数为:

$$P(Z|\theta)=P(X,Y|\theta)=P(Y|X,\theta)P(X|\theta)$$

利用这个新的密度函数,逐渐将不完整的数据集逼近完整的数据集,从而得出一系列的似然值,我们可以定义一个新的似然函数,称为完整的数据似然函数 $L(\theta|Z)= L(\theta|X,Y)=p(X,Y|\theta)$。我们很容易察觉到,这完整的数据似然函数实际上是一个随机变量,随着模型参数和训练样本的似然概率变化而变化。由于信息 Y 被丢失而未知。所以 $L(\theta|X,Y)=h_{x,\theta}(Y)$,其中 X 是一个常数,Y 是一个随机变量,初始似然函数 $L(X)$ 可被视为不完整的数据似然函数。

在给定的观测数据 X 和当前参数估计下,EM 算法首先求出未知数据 Y 的完全对数似然函数的 $\log P(X,Y)$ 的期望值。因此,定义如下:

$$Q[\theta,\theta^{(i-1)}]=E[\log P(X,Y|\theta)|X,\theta^{(i-1)}]$$

式中,θ^{i-1}——当前参数估计,用来评价期望值;

θ——新参数,使增加 Q 值最优化;

$X, \theta^{(i-1)}$——常量,θ 是希望调整的正常变量;

Y——由分布决定的随机变量。

上面公式的右部分可以改写为:

$$E(\log P(X,Y|\theta)|X,\theta^{i-1}) = \int_{y \in A}^{\Delta} \log P(X,Y|\theta) f(Y|X,\theta^{i-1} dY)$$

式中,$f(Y|X,\theta^{(i-1)})$——未观察数据的边缘分布,其依赖于观察数据 X 和当前参数估计;

Δ——Y 值变化的空间。

EM 算法的第一步 E-step,就是上述公式中对期望的估计步骤。那么计算期望值的最大化是 EM 算法的第二步 M-step。这两个步骤是连续迭代的,而且每次 E-step 和 M-step 迭代都能保证不完整数据集逐渐靠近完整数据集,增加似然函数,从而保证了似然函数收敛到局部分布最大值。

自 1977 年德普斯特、莱因德和鲁宾提出 EM 算法以来,EM 算法已在许多地方得到了成功的应用。当前,EM 算法被广泛应用于自然语言的各个部分,在多个角度和领域的研究中取得瞩目的成效。从应用层面上讲,它可以应用于部分语音标记 HMM 和 Out-IDE 算法中的解析;从不同的应用领域,它可以应用于聚类、信息检索、语音识别、统计机器翻译等。

在本节中,将使用 EM 算法在音译单元级别自动对齐现有的英汉双语人名语料库。已知语料库模式 $(e,c)^n = (e,c)_1,(e,c)_2 \cdots\cdots (e,c)_n$,并期望适当地对准顺序 γ^n,其中 γ^n 表示英汉单词对 $(e,c)_n$ 的对齐,整个语料库用 W 表示。下面的步骤是 EM 算法用于音译单元级别对齐英汉单词对(表 6-4)。

表 6-4　EM 算法步骤

第一步	建立音译模型(N-gram 模型)	二元音译模型: $\hat{\gamma}^n \underset{\hat{\gamma}^n}{\mathrm{argmax}} \prod_{i=1}^{n} p(<e,c>_i | <e,c>_{i-1})$
第二步	组建预料知识库	对没有对齐的语料尽可能地切分出它所有的不同形式,例如,利用切分算法,将给定的词对"史密斯/smith"切分,得到所有可能的形式,史密斯/smith/、史密斯/smith/、史密斯/smith/、史密斯/smith/、史密斯/smi h/、史密斯/smith/

续表

第三步	以均分的方式初始化参数值	$P(<e,c>_i | <e,c>_{i-1})$
第四步	E-step	对于所有可能的切分方式,在当前参数估计下,计算 $N_{<e,c>(i)}$、$N_{<e,c>(i),<e,c>(j)}$ 的期望值。$E(N_{<e,c>(i)})$ 表示从特定音译对 $<e,c>(i)$ 转换的期望数值
第五步	M-step	利用 E-step 公式的期望值进行最大似然估计: $P[<e,c>_i = <e,c>(j) | <e,c>_{i-1} = <e,c>(i)] = \dfrac{E[N_{<e,c>(i),<e,c>(j)}]}{E[N_{<e,c>(i)}]}$
第六步	重算期望值	重复步骤四,重新计算充分数据的期望数值
第七步	重估参数	重复步骤五,重新计算似然估计参数
第八步	迭代	重复以上步骤四到步骤七的过程,直到所获得的英汉词对的对齐集合不再变化,停止迭代
最终得到英汉词对在音译单元等级上的对齐表		

二、判别学习理论基础

在 NLP 领域中,我们常见到 Log-linear 模型,其中最常用的 Log-linear 模型是最大熵模型,它是判别模型的典型代表。引入最大熵模型,并由此导出 Log-linear 模型,即本节所用的判别模型。

(一)最大熵模型

在最大熵原理的指导下,寻找音译单元的最似对齐,实际上就是求极限函数的最值问题,即从符合特征约束的相似值的概率分布中选择一个最大信息熵,其中,特征约束是指每一个从最大熵模型中引入的特征都是对模型的一个约束。最大熵原理是为了从概率分布 C 的一致集中选择最佳模型,选择分布信息熵 $H(P)$ 最大化的模型：

$$p_* = \underset{p \in C}{\operatorname{argmax}} H(p)$$

对于这个训练样本，假设训练数据有一个 $\{(x_1,y_1),(x_2,y_2),\cdots,(x_x,y_n)\}$ 的样本集合，每个 x_i（i 大于或等于 1，小于或等于 n）表示上下文，并且 y_i（i 大于或等于 1，小于或等于 n）表示对应的结果，得到了 (x,y) 的经验分布。为了建立一个数值为 N 的样本集统计模型，需要先建立这个样本集的统计数据，再在模型的框架下利用这些统计数据，引入特征函数，使统计数据的上下文信息能够依附于模型中的特征函数。假设给出 n 个特征函数，对每个特征施加"期望概率值=经验概率值"的条件，如下所示：

$$p(f_i) = \tilde{p}(f_i), i \in \{1,2,\cdots,n\}$$

上面公式中，期望值和经验值分别为：

$$p(f) \equiv \sum_{x,y} \tilde{p}(x)p(y|x)f(x,y)$$

$$\tilde{p}(f) \equiv \sum_{x,y} \tilde{p}(x,y)f(x,y)$$

求出了最佳 $p(x|y)$ 值，得到了分布最均匀的模型。条件熵用作一致性的标准：

$$H(p) \equiv -\sum_{x,y} \tilde{p}(x)p(y|x)\log p(y|x)$$

C 代表对于约束条件下熵最大的模型中所有满足约束条件的概率分布模型集合。

$$C \equiv \{p \in P | p(f_i) = \tilde{p}(f_i) \text{ for } i \in (1,2,\cdots,n)\}$$

又由于 $H(p)$ 满足以下限制：

$$p(y|x) \geq 0 \text{ for all } x,y;$$

$$\sum_y p(y|x) = 1 \text{ for all } x$$

通过计算限制条件下 $H(p)$ 的最大值，引入每个特征 f_i 的参数 λ_i，定义拉格朗日函数，计算无约束条件下拉格朗日函数的最大值，得到 $p(y|x)$ 的最优值。因此，得到 $p(y|x)$ 的导数：

$$\frac{\partial \xi}{\partial p(y|x)} = -\tilde{p}(x)[1 + \log p(y|x)] - \sum_i \lambda_i \tilde{p}(x) f_i(x,y) + \gamma$$

满足上式最优 0 的参数 $p(y|x)$，即拉格朗日函数 ξ 最大化，$H(p)$ 在约束条件下最大化。此时，满足以下公式

$$p_*(y|x) = \exp\left[\sum_i \lambda_i f_i(x,y)\right] \exp\left(-\frac{\gamma}{\tilde{p}(x)} - 1\right) = \frac{1}{Z(x)} \exp\left[\sum_i \lambda_i f_i(x,y)\right]$$

根据所有 x 的归一化条件，需要最优值，令

$$\Psi(\Lambda) = \xi(p^*, \Lambda, \gamma^*)$$

$$\lambda^* = \underset{\lambda}{\operatorname{argmax}}\, \Psi(\lambda)$$

在参数估计中求 $\Psi(\Lambda)$ 最大的最优值 Λ^*。

（二）Log-linear 模型

传统的生成型 IBM 模型有两个缺点：

第一，调整引入特征需要利用标记语料库。IBM 模型按照原理来说是在无监督的情况下进行样本训练，但是对引入特征它无法标记，所以需要让标记语料库与 IBM 模型相互作用。

第二，特征难以加入标准的产生式模型。这是为何呢？标记语料库解决了引入特征的标记问题，而特征无法添加到模型中也是无济于事，因为产生式模型想要添加特征还需要建立一个过程，这个过程用来解释一个相关的随机过程是如何产生这些被观察到的数据。

音译单位搭配的基础知识都来源于源语言词和目标语言词，传统的词搭配方法往往忽略了那些能决定词与词之间搭配的语言知识。语音标记器、解析器和命名实体标识符等语言工具已成熟地应用于自然语言中。音译单元的对齐问题可以利用这些语言学知识、信息和数据来改进，判别式模型能够将这些知识、信息和数据以特征函数的形式整合到模型中，解决了特征难以加入标准的产生式模型的问题，所以我们在本章中介绍对数线性模型的使用。

基于最大熵模型的框架下，设计一组特征 $h_m(a,e,f)$，其中 $m = 1, 2, \cdots, M$。对于每个特征函数，都有相应的模型参数，因此

$$Pr(a|e,r) = \frac{\exp\left[\sum_{m=1}^{M} \lambda_m h_m(a,e,f)\right]}{\sum_a \exp\left[\sum_{m=1}^{M} \lambda_m h_m(a,e,f)\right]}$$

获得下面的决策规则：

$$\hat{a} = \arg\max_{a} \left\{ \sum_{m=1}^{M} \lambda_m h_m(a,e,f) \right\}$$

判别模型训练的重点是各特征 $h_m(a,e,f)$ 对应的参数，每引入一个特征都将得到对应的参数，不停地根据观察观测集上的数据变化调整模型参数，直到达到最高性能为止。

三、基于判别学习的英汉音译单元对齐

(一) 基于判别学习的音译框架

在一个近似的 EM 训练中，直观地说，EM 算法的两个 E-step 和 M-step 发挥了各自作用，E-step 计算对齐概念，即当前模型下全部源语与目标语组成的音译对的对齐概率，M-step 则对给定的源语与目标语组成的音译对的对齐概率分布创建一个新的模型估计。理想情况下，E-step 中所有可能的对齐方法都应该用概率 $p(\alpha|e,c)$ 列出并标记。对于 M-step，需要计算每个音译词对的所有可能对齐情况，这要基于上一步的模型估计概率信息。由于 E-step 和 M-step 都很难实现，所以做出以下解决方案：在 M-step 中，用 Viterbi 训练的方法单独假设的 Viterbi 对齐更新模型。

按照 Viterbi 训练方法的假设，我们可以将近似 EM 算法扩展为一种新的训练方法，这种新的训练方法就是对最小误差和最大相似性训练，利用判别学习将误差最小化、相似最大化，并利用近似 EM 算法，通过调整极少的标准音译单元，却能估计大规模参数。

在这里，我们介绍了 EMD 算法，其中，判别式学习方法的训练通过控制模型框架下的子模型权重 λ，让误差达到最小化、相似达到最大化；EM 算法不断优化模型框架下的子模型参数 θ。

判别式训练使用的是判别模型，刚好 OCH 判别提出的一维误差最小化训练方法可以用于其中，使模型在估计子模型权重 λ 时呈现出清晰明显的线性阶段函数，具体训练如表 6-5 所示。

表 6-5 判别式训练

步骤	训练
1	初始化 nbest_list 为空
2	调用解码器产生新的 nbest,并将其添加到 nbest_list 中,如果没有新的 nbest 添加进去,则退出循环
3	在局部最优点进行 nRandom 次震荡,震荡过程如下
4	在局部最优点进行震荡,震荡得到 $n-1$ 个随机点
5	在震荡得到的随机点和局部最高点之间选择一个最高点
6	以得到的最高点为出发点进行爬山,爬出一个新的局部最优点
7	寻找一个最优方向 lambda 和该方向上的最优点
8	查找在 lambda 方向上的可疑点 threshold,并将这些可以点保存在 THRESHOLDS 中
9	从 THRESHOLDS 保存的可疑点中选择一个最好的,如果该可以点的得分比局部最高点高,则用它来替换局部最高点
10	如果爬到一个局部最优点,则跳出循环
11	归一化
12	转步骤 3
13	算法结束

注:参数上标 t 表示第 t 次迭代时的参数值。

在 EMD 算法的初始化阶段,训练集中初始 λ、n 和初始对齐——迭代 4 HMM Viterbi 对齐结果,以及标准标注样本等,需要使用音译单元判别学习。在步骤 2 中,第 0 次迭代使用了 IBM Model 4 的 5 个子模型和 6 个启发式子模型。步骤 3 运行判别学习算法。步骤 4 测量生成向量 λ 的误差。在主循环的步骤 7,执行所有语料库的对齐(E-step)。步骤 8 估计迭代决策的子模型(M-step)。然后在步骤 9 进行判别重做,在步骤 10 和步骤 11 检查收敛条件(模型的收敛表明,与以前的迭代相比,误差不再减小)。算法的输出是训练语料库的新假设对齐。

(二)判别式模型特征选择

1.音译单元概率

音译单元概率 P_p 通常根据初始对准结果计算,计算公式如下:

第六章 英汉机器音译改进研究

$$P_p(e,f) = \frac{\text{Count}(e,f)}{\sum_{c \in E, f \in F} \text{Count}(e,f)}$$

式中：Count(e,f)——源语言音译单元 e 和目标语言音译单元 f 对齐词对集中的对齐次数；

E——源语言词的集合；

F——为目标语言词的集合。

2.繁殖概率

繁殖概率是用来描述源语言单词 e 及其与目标语言单词对齐的特征。计算繁殖概率的公式与上述公式相似，可以通过类比得出，即

$$P_p(e,f) = \frac{\text{Count}(e,f)}{\sum_{c \in E, f \in F} \text{Count}(e,f)}$$

式中：Count(e,n)——源语言音译单元 e 对齐到 n 个目标语言音译单元的次数；

E——源语言词的集合。

3.上下文信息

不同源语言和目标语言前后音节时间的相邻关系就是用上下文信息来描述。如表 6-6 所示为实验中使用的上下文信息摘录。

表 6-6 上下文信息摘录

$c_i\_c_{i-1}$	$-\log\{P(c_i|c_{i-1})\}$
勒_海	4.24 849 524 204 936
普_汤	2.07 944 154 167 984
夫_措	0.693 147 180 559 945

（三）解码

从所有可能的对齐空间中搜索概念最高的对齐，这是贪心算法所使用基础原理，空间中呈现的一个状态表示一个部分对齐，因为完全对齐的概率出现的可能性非常少，几乎为零。然后在当前状态下的每次搜索所呈现的最高对齐添加一条连接，我们把这个过程称为迁移。开始时，源语言和目标语言中的所有单词达不到对齐目标，所以开始状态为空对齐，即把源语言单词和目标语言单词都连接向空。贪心算法是从空对齐状态不断迁移，直到不能添加任何连接使概率继续增加为止，也

英汉音译研究

就是达到了终止状态。需要注意的是,在所有可能对齐的空间中,不是通过计算概率来提高源语言单词和目标语言单词的对齐效率,而是通过计算增益。增益是一个启发式函数,定义如下:

$$\text{gain}(a,l) = \text{FScore}(a \cup l) - \text{FScore}(a)$$

式中:l——添加到 a 的连线。

贪心算法搜索对于一般的对数线性模型而言,操作如表6-7所示。

表6-7 贪心算法搜索

算法程序	操作
1	输入句对(e,f)及各个特征以及λ
2	$a = \phi$
3	每个不在a中的连接$l=(i,f)$,计算其增益 $\text{gain}(a,l)$
4	如果对于任意的连接其增益均不大于0,则算法终止
5	a中添加最大增益对应的连接l
6	转步骤3
7	输出a

但是,贪心算法这样的单向爬山搜索会导致多处搜索错误,所以我们引入N路爬山搜索,将搜索错误降到最低。N路爬山搜索算法如表6-8所示。

表6-8 N路爬山搜索算法

算法程序	操作
1	输入句对(e,f)及各个特征以及λ(该算法使用两个堆栈 stack1 和 stack2 来进行扩展,扩展得到的对齐放在 NBest 中)
2	使用空对齐初始化 stack1
3	设置扩展方向指示器 Direct 为 true,表示从 stack1 向 stack2 扩展
4	如果 stack1 为空并且 stack2 也为空,则转步骤8
5	如果 Direct 为 true,转5,否则转步骤7

第六章　英汉机器音译改进研究

续表

算法程序	操作
6	将 stack1 中的对齐进行扩展放入 stack2,并采用剪枝控制 stack2 的大小,将不能进行扩展的对齐放入 NBest 中,采用剪枝控制 NBest 的大小
7	将 stack2 中的对齐进行扩展放入 stack1,并用剪枝控制 stack2 的大小,将不能进行扩展的对齐放入 NBest 中,采用剪枝控制 NBest 的大小
8	将 NBest 中得分最高的对齐 a 输出
9	输出 a

四、分析实验结果

（一）实验数据

输入了 37 668 个上述对应的英汉词条于实验中。从 EM 算法得到的结果中随机抽取 292 个音译对齐的英汉名称,并手工标记。如表 6-9 所示,这些数据用作鉴别音译单元对齐的资源。

表 6-9　音译单元对齐手工标注语料

汉语人名	英文人名
奥比	aabye
埃格德	aagaard
奥尔德林	aaldrin
阿利本	aallibone

注：对于 292 对名字,EMD 训练,即判别学习观察集使用了前 200 对名字,测试使用了后 92 对名字。

（二）实验结果

通过使用 EM 算法和 EMD 算法训练源语言单词和目标语言单词的对齐效果,分别在音译单元对齐过程中对 EM 算法的对齐结果进行了开放性能测试和封闭性能测试、EMD 算法的对齐结果进行了开放性能测试和封闭性能测试。下列公式为计算单词级别精度：

　　W.A.(单词级别准确率)=#音译单元全部正确的单词个数/#测试数据个数

　　T.A.(音译单元级别准确率)=#音译单元正确个数/#全部音译单元个数

式中,W.A.——单词级别精度；

　　T.A.——音译单元级别精度。

采用 EM 算法和 EMD 算法,使源语言与目标语言在最大对齐空间中搜索匹配,实现音译单元层次上的源语言词条与目标语言词条自动对齐。但是 EM 算法和 EMD 算法得到的对齐音译单元相差甚远,EM 算法是 6 152 个对齐的音译单元,EMD 算法是 7 205 个对齐的音译单元,相差 1 053 个,可知 EMD 算法自动对齐音译单元层次上的词条效果与 EM 算法相比占据优势,原因在于 EM 算法和 EMD 算法采用的原理不一样。EM 算法在每次迭代过程中,都是采用最大化爬山算法原理,模型框架下的算法模型总是倾向于将结果逼近最大概率的方向,从而将源语言单词和目标语言单词划分成相对长的、对齐概率大的音译单元,将这样的音译单元逐步推向概率最大化为止,得到的音译单元对齐数自然比 EMD 算法的数量少了。而 EMD 算法是在 EM 算法的基础上引入判别式学习训练过程,结合了 EM 算法和判别式学习训练的优点,削弱了原有模型向最大化对齐概率逼近的发展趋势,添加其他新的特性,取得的效果自然比 EM 算法好。表 6-10 为 EM 算法和 EMD 算法对齐语料上的音译单元准确率比较。

表 6-10　EM 算法和 EMD 算法对齐语料上的音译单元准确率比较

类别	观测集性能		测试集性能	
	单词级别	音译单元级别	单词级别	音译单元级别
EM 对齐	84.52%	92.65%	63.61%	70.32%
EMD 对齐	85.28%	93.89%	66.32%	72.47%

通过 EMD 算法得到的对齐语料库可以提高单词级和音译单元级音译过程的准确性,这一点并不难理解。除此之外,还说明了一点:给模型框架下的数据标记和注释,可以提升基于判别式音译单元的对齐性能。

由以上实验结果可以得知,从源语言语条和目标语言词条中自动获取音译单元概率最大化对齐的 EM 算法和基于判别学习获取源语言词条和目标语言词条音译单元对齐的 EMD 算法,通过比较他们的词级和音译单元级音译单元对齐的准确性,即测试集性能和观察集性能,得出 EMD 算法得到的对齐语料库优于 EM 方法,也就是说 EMD 算法的对齐语料库音译的准确性更高,更适合作为机器音译系统启动时的载入资源库。

第四节 判别学习框架下的半指导英汉机器音译对齐

一、半指导英汉机器音译单元对齐

(一)半指导机器学习方法

在当今世界,机器学习是一种涉及面非常广的学科,包含了统计学科、概率论学科以及算法复杂性理论等。它是实现计算机智能化最根本、最关键的因素,同时还是人工智能的核心。它主要采用归纳整理法和综合分析法,被运用于人工智能等各方面,同时,在处理语言的发展进程中,许多研究者也越来越重视半引导学习和无监督机器学习。目前,已被许多不同领域的研究者采纳应用。这表明处理语言要靠广泛的、多个领域的知识点,而只靠标注大规模语料库是行不通的。通常来说,要想在处理语言时获得较满意的功能,就必须经过细致的研究和探讨,并且注释的任务的困难程度会随着层次的深度加大,就算有很多开放的语料库,大多数注释也都是简单且浅显的,其更加深刻精准的注释远远超出了当下大部分研究者的能力范畴。

引导式学习,又称监督式学习,是指外部教师把正确的输出向量在培训期间告诉每个输入向量。学习能够让模型产生的预期输出向量和实际输出向量之间的差距变小,而这一目的是要经过改变模型中的参数来完成,且相反的传播算法可以明确参数的幅度变化,对于这种学习,必须先对模型进行培训,然后才能执行其工作。当给定输入所需的输出可以依靠模型产生时,通常就可以看作是已经完成了模型的学习和培训。

非指导学习也叫作无监督学习。这意味着模型仅面对外部世界,在没有别的其他指导的前提之下建立起自己的内部特征,也就是说,在没有别的形式外界反馈的前提下的学习模型。在本学习程序中,任何外部引导都不会影响模型参数的调整,但模型的功能可以在模型中进行适应性的调整。虽然这种学习方法没有被别的其他因素干扰,但模型依旧要靠大量的信息来做自我组建。它注重的是处理单元与单元之间的相互对应,假如外部的输入使单元组中的其中一个节点被激活,那么所有处理单元组的活动将增加,反之则会导致所有处理单元组减少。

通过上面的研究结果可以看出,无监督学习能够使用大范围内的没有被标注的数据,这是一种最小化的靠人工来作业的办法。但是,无监督学习还是不能使得模型也像引导学习那样具备收获新知识的技能,因此,半指导学习应运而生,即将上述两个学习方法结合在一起。半指导学习是以小尺度标注数据集和大尺度未标注数据集的假设为基础。这种假设可以满足大部分自然语言处理的任务,同时,与人工标记所有语料库的引导学习作比较,就会发现半引导学习是选择了非常有代表意义的样本作标记注释,再将标记的样本放入训练集当中,最后不断进行重复训练,直到模型的性能达到最优值,从而满足特定的需要。

(二)基于半指导学习的音译单元对齐

在前一节中,我们提出过一个以判别学习为基础的音译结构。在这个结构中,一小部分 EM 对齐的语料库(大约5%的数据)被手动标记以形成标记的样本。模型不断地训练,然后经过不一样的选择战略获得人工标记数据,再将其添加到模型当中去。这样的标记数据对模型调整的选择特性和特性非常有利。至于如何判断识别学习范围内的音译单元是否对齐,还需将译音单位 EMD 对齐后获得的语料库分作两个方面。让绝大多数数据被用作 EMD 培训数据,将其中一小部分数据添加到 EMD 培训过程中并做好手动标记。模型每个特征的权重都会在训练通过之后发生变化,然后再进行第二次训练。在其他各项训练环节结束之后,我们再调查训练站点是否对齐,以便决定是否可以终止更替,直到让音译单元的最优对齐结果出现。

二、基于错误驱动的半指导标注数据选取

(一)标注数据选取策略

在以前的学习判别进程中,观察集都是从不同的训练数据库的样本集而来。但是在本节中所用到的数据库是在其本身的基础之上选择了其中一部分数据用作

第六章　英汉机器音译改进研究

观察集并经过对观察集上的数据进行注释调整,最终才得到整个模型的参数。因此,选择注释样本的策略需要仔细讨论。

先是分别对两组注释数据对模型性能可能造成的影响进行了比较。在上一节中,标记的数据是经过随机过程进行的选择,而错误对齐单元是手动更正,再使用另一种标记样本来选择策略,所以,所有的标记样本都有可能是错位的译音对,并对误差驱动方法对模型性能的改善进行了研讨。

通过对实验结果的总结和分析,可以知晓修正初始数据中的误差译音单位有利于让模型获得更强大的功能。该方法提供的正确信息能够让模型参数向最好的方向移动。所以,通过这样的理论,本节讨论了不同的带注释的样本选择战略对模型性能改进是否有影响。

(1) 在机器学习的学习战略中随机挑选数据进行观察,是最根本、最原始的想法。因此,在选择半引导标签数据时,首先要考虑随机抽取标签数据。这个实验随便挑选了 1 000 对英汉译音对齐结果作为样本,并保留了 292 对译音单位对齐错误,将此 292 对译音对齐结果手动更正并整理为标记数据集,被缩写成 E.random。

(2) EM 计算方法是一种无监督的译音单位对齐的方法。对准结果如下:

阿莫特:aa mo dt 0.6 205 999 751。

这样对齐的条件概率由后面的概率表示。一个非常直接的想法就是对所有的数据的概率分布进行观察和再研究。

通过分析 EM 的译音概率分布,能够看出其他概率段要比高概率对齐的词的个数低很多。这是由于 EM 算法是经过收集子模式来增加其他结果中的子模式,从而使频繁和正确的子模式变得越来越重要。这些高概率结果的出现使得实验结果的准确性得到证明,正如普遍的规律一样,其他各概率段的数据分布表现为正态分布。接下来,其他的想法便全部要通过计算所有的概率段中译音对齐的错误率,从而测量出音译对齐的效果究竟如何。统计结果见表 6-11。

表 6-11　音译单元 EM 对齐结果按概率分段统计错误率表

概率段	错误率
$p \leq 0.2$	46.%
$0.2 \leq p \leq 0.3$	30.67%

续表

概率段	错误率
$0.3 \leqslant p \leqslant 0.4$	28.32%
$0.4 \leqslant p \leqslant 0.5$	28.45%
$0.5 \leqslant p \leqslant 0.6$	25.82%
$0.6 \leqslant p \leqslant 0.7$	19.65%
$0.7 \leqslant p \leqslant 0.8$	15.28%
$0.8 \leqslant p \leqslant 0.9$	10.89%
$0.9 \leqslant p \leqslant 1.0$	4.66%

结合以上分析,发现高概率数据的译音单位的对齐误差率并不高,译音单位的误差应该很常见,这种误差更具代表性。人工标记与这些译音单位的词组也可以为模型培训提供有帮助的信息。

在此基础上,选取音译概率大于0.9的16 275个EM结论,得到378对单词,手工标记为第二个标记数据集,缩写为E.Prob>0.9。

此外,EM对齐的概率不高,比0.2还小的音译组是人工标记的,由于模型不容易观察到EM这种低概率过程中的对齐信息,所以其统计的信息便不能再发挥有效的功能。同时,从表6-11中还可以看到,其他概率段的错误率都要比这部分数据的出错概率低,因此会造成这类数据集的错误。有效信息便会被发现并贴上标签,这样就可以更加方便地纠正统计机器翻译中的"死角"。EM结果中只有8对对齐概率小于0.1的单词,因此统计了488对对齐概率小于0.2的单词。其中,239对不正确的音译单位被标记成三个标记的数据集。

考虑到误差驱动原理,接下来的想法是在所有电磁测量结果中计算具有普遍性的误差信息。如果在其他音译比对中出现相同的误差,这将证明该误差是普遍存在的。这些数据的注释能够使模型的错误减到最少。数据选择的方法如下:先是在初始训练数据中随机选取一组样本,采样的比例距离要控制在200∶1 000。这就确保了信息实现全覆盖。在37 668对数据中,采集了7 400个样本,被称作第1个样本。人工采集错位的音译单元,然后首次提取样本。第2个样本在补码集中依照100∶1 000的比例一样的提取,其中包括了3 700组中英文对齐的名称,并检测其音译单位是否存在错的部分。如果第 1 个样本在这里采集到错误信息,即未收集到的源的词对,则证明这些错误是具备了一定的普遍性,因此需要将错误对提取和标记并纠正。根据这一原则,289 项数据被做了标记。当作标记的数据集示,并将它缩写为 E.Reoccur=1。

与上述样品选择方法相似,首先获得样品 3 和样品 4。在标记过程中,样本的三个错误音译单元被保留了五次以上。与样本中出现的四个错误音译单元相比,错误音译单元的数目与它们的普遍性成正比,即错误越多普遍性越广泛。在非收集源中的单词对中收集这些单元同样也会发现一样的错误。它的代表性更广,共有 261 个数据项被标记为标记的数据集 5,缩写为 E.Reoccur>5。

(二)标注数据

在以字形为基础的机器翻译系统的训练中要使用英—汉语言对。本节采用的数据库来自于不同的两种语言辞典《外国人姓名的中文音译》。数据包括了 37 668 个独特的英文词汇和其对应的法定中文译音。这些数据包括了其他国家的原始语种名称。经过 EM 对齐训练后,能够将原始语料库格式化为训练语料库。根据上文制定的标签数据选择策略,本节实验中使用的半引导标签数据如表 6-12 所示。

表 6-12　半指导学习标注数据

标注数据集	词对数目	观测集词对数	观测集音译单元数	测试样本数
E.Random	292	200	594	92
E.Prob>0.9	378	200	586	178
E.Prob<0.2	239	200	648	39
E.Reoccur=1	289	200	616	89
E.Reoccur>5	261	200	610	61

三、实验结果及分析

(一)实验结果

至于前文说到的判别学习译音单位对齐的随机练习语料库,本节在开始选择标记数据战略中说到了标记数据库,对表6-11和表6-12的结果作了比较,得出译音单位对EMD对齐的精度。完全错误驱动的标记数据和随机数据。

依次对EM和EMD获得的英语—中文译音单位上的对齐语料库做培训,得出了两种不一样的译音体系要用的数据。通过使用此两种不一样的数据分别对E—C译音单位对中观测集和测试集进行了测验。

实验结果见表6-13。

表6-13　EM对齐和EMD对齐语料上的正确率比较

标注数据表	观测集性能	测试集性能	测试合集性能
E.M align	84.52%	63.61%	—
E.Random	85.86%	72.01%	74.62%
E.Prob>0.9	85.28%	71.03%	71.25%
E.Prob<0.2	86.55%	74.78%	72.37%
E.Reoccur=1	85.42%	73.64%	70.69%
E.Reoccur>5	85.76%	74.21%	69.84%

(二) 结果分析

从表6-13可以看到,EMD计算方法得到的对齐语料库能够大大提高E—C过程中译音单位的对齐精度,特别是对测试集的性能提高了10%以上。

此外,依据不一样的策略所做的选择注释数据,对模型的贡献也有非常大的差别。实验证明,测试集测试的最优方法是通过选择低概率修正结果中错误的译音对齐的办法,这就说明如果对低概率中错误信息引起的错误结果进行修改,那么模型的性能就会变得更好。在观察集的测试中,错误信息超过5倍的词标记性能得到了最大的提高。这种现象产生的原因是这两种选择策略都是从不同的方位修改了无监督学习结果中最不确定的信息,最终使模型能够朝着更准确的方向发展。

因为测试集功能栏中运用的测试集不一样,所以很可能在某种程度上影响着实验的公平性。从实验结果可以看出,随机选取的标记语料库训练的EMD模型在测试集上具有最好的性能,从而说明随机选取传统的标记语料库选择器是合理的。此外,误差控制原理选择的两部分标记样本在测试集中的性能不理想,表明标记数

第六章 英汉机器音译改进研究

据选择原理的应用范围相对狭窄,对提高非训练数据性能的效果还有待加强。

综上所述,本节先是阐述了已有的机器学习办法和半引导学习办法,其次阐述了在判别学习范围内的机器译音单位对齐办法,重点介绍了半引导标记数据的选择。本节运用了不一样的注释语料库对译音单位对齐进行封闭和开放式实验。实验表明,半引导机器学习方法对提高译音单位的对齐功能具有不可替代的作用,按照不一样的原则来选择半定向注释语料库也能让模型的功能具有差异性。

英汉机器译音问题对跨越不同语言和语言运用具有极其重要的现实意义和理论依据。所以,本书对目前比较受欢迎的机器翻译方法进行了全面深入的分析,对以字体为基础的英汉机器翻译方法进行了全面的研究,并对以字体为基础的系统改进方法进行探讨。经过多方面的实验研究最终证实了提高以字形为基础的机器翻译性能的可行性。总的来说,本书研究的意义主要体现在以下方面。

(1)实现了一种以字形和联合源信道模型和噪音信道模型的英汉机器翻译体系。并通过两种不同的语料库做音译和反译对比实验,得到了词级准确度相互对比的结果。实验结果证明在以字形为基础的前提之下语料库大小的变化会影响翻译的性能。虽然实验表明,当语料库的大小增加一倍时,译音性能会下降,但对于研究提高译音性能的方向提供了理论依据和可行性研究,同时,也对功能下降的可能原因做了研究,并尝试性地提出了解决措施。

(2)同时,提出了在判别学习范围内的 EMD 计算方法。通过运用 EM 计算方法和 EMD 计算方法,在英文—汉语(E—C)译音单位的层次上得到对齐语料库。实验证明 EMD 计算方法得到的对齐语料库比 EM 计算方法得到的对齐语料库更优。EMD 计算方法提高了译音单位的对齐精度。

(3)在判断学习的基础之上,研究了半引导学习中标记数据的选择问题、用不同的注释对语料库译音过程中由译音单位排列的观察集和测试集的功能进行比较、半引导机器学习在提高译音单位对齐性能中的用途以及依据不同规则选择的半引导注释语料库对提高模型性能的影响。

总体上已经取得了一定的研究成果,基本达到了预期的目的。但是,还有很多未能解决的问题依然存在,因此,学者们依然还需要花更多的时间和精力来研究探索:

(1)将判别学习范围内加入机器译音中译音单位的对齐中,取得了一定的成效,但对提高音译单元的性能对整个音译系统影响的研究还未涉及。希望这些结果能提高译音系统的功能。

(2)以判别学习为基础的改善译音方法在实际的机器译音工作之中还未得到运用。真实文本的译音效果也不清楚。在今后,我们还需要继续探讨要如何在实际操作过程中让机器译音的功能变强。

(3)探讨了以字体框架为基础的音译和反音译性能的提高。实验说明了反译音的效果依然不及译音的效果。接下来,我们还需进一步研究,以改进反音译特征。

第七章　英汉命名实体翻译方法

命名实体翻译是一种跨越不同语言信息的翻译方法,比如跨越不同语言进行信息抽取和机器翻译等,它是信息处理领域中不可缺少的一环。命名实体用于差异化的类别音译,是翻译人名和地名的主要措施。名称的翻译主要采用音译和自由翻译两种方式相结合。

此章以研讨英汉名称的统计翻译模型为主,同时,研究基于网络的英汉名称和组织名称的翻译发掘方法。

本章研究的主要内容有:从规则存在的问题出发,先阐述了英汉命名实体翻译的研究背景和意义;然后对其他不同类别的命名实体翻译的研究现状和相关工作进行总结;再阐述统计机器翻译和网络挖掘方法中存在的问题;最后阐释了研究的主要内容,并重点解释了英汉人名音译模型。

第一节　英汉命名实体翻译简介

一、英汉命名实体翻译的研究背景及意义

随着跨越多种不同语言信息交换需求的不断增长,让计算机快速计算,从而弥补不同语言之间存在的问题,已经成为自然语言处理技术中的一个新课题。很多

跨语言问题通过多年的发展已经得到了很大的进步,实体翻译也不断受到人们的关注和研究。命名实体能够承载语言信息,是标记语言的最小信息单位,它能够协助搭建不同语言之间的连接,并从不同语言中获取信息。

命名实体识别在研究过程中已经取得了很好的研究成果,尤其在中、英、日三个国家。但是,其本身复杂,实体翻译的技术也还不够不成熟,后因技术的不断进步,该项研究逐渐被重视起来,自动内容提取将实体翻译评估当作了一项新内容。

(一)科学价值

命名实体包含词汇表外(OOV)和缩略语,给翻译带来很大的困难。同时,命名实体的翻译对准确性和标准化也提出了较高的要求。不同的命名实体具备不同的形式和翻译规则,比如人名和地名是按照单词的发音来翻译,并按顺序翻译(称为音译),而组织名称的翻译是按音译和自由翻译两种相结合的形式,其不但处理了一般句子翻译中的选词、词序等实际已有的困难,而且实现了音译与自由翻译的结合。所以,它依旧是处理自然语言中一个不可回避的难题和挑战。

(二)应用价值

语言中承载信息和表达语义的重要载体就是命名实体。在差异化的语言资源中探寻到命名实体的翻译相对关系是跨越不同语言信息综合运用的根本。命名实体翻译是为了实现命名实体在不同类别的言语之间进行对应和相互转变。机器翻译、跨语言信息提取、跨语言文本分类和跨语言文本聚类是跨越不同语言在信息处理领域中的一项首要任务。

命名实体翻译有其特殊性。命名实体在机器翻译系统中的目标处理对提高整体翻译质量具有重要作用,具有很强的应用价值。在涉及不同语言信息检索和问答系统中,涉及地名、人名以及组织名等命名实体的问题较多。如果命名实体能够被正确翻译,就可以获得越来越准确的跨语言信息,大大提高了问答系统的性能。

二、国内外研究现状和相关工作

自美国国家标准技术研究所(National Institute of Standards and Technology of the United States)组织的自动提取内容以来,命名实体翻译已被很多人探究,对翻译不同的名词也提出了很多优秀的解决方案。下面是对目前上述研究方向的回顾,然后对问题进行探讨。

(一)音译模型研究

根据采取的不同建立音译模型的方法,姓名译音可以分为两种:一是以规则为基础的音译模型,二是以统计为基础的音译模型。接下来,开始对两种音译模型做简要描述。

1.以规则为基础的音译模型

基于规则的音译模型使用人工规则在源语言名称和目标语言名称之间建立音译规则。由于手工建立的规则很繁杂,不能涵盖全部的情况,所以规则集基于两种语言,其他语言需要重新建立音译规则。

Knight等学者建立了基于概率生成模型的日语—英语音译模型。首先,从日本和英国人名字典中得出日文字符与英文字母之间的联系,再将日语和英语人名分为五个不同的部分进行翻译,然后每个部分都由有限的形态自动机完成。这五个环节分别是:生成名称序列、名称转换为语音符号、将英文语音符号修改为适当的日语语音符号、将日语发音转换为片假名和光学字符识别(OCR)。

斯蒂芬等学者采用的是以规则为基础的方法建立了基于人工规则和学习实例的英汉人名音译模型。翻译过程包括:一是按照发音将英文单词分为音节;二是按照生成的映射表将拆分出来的音节转变成拼音;三是根据拼音将分离出来的音节转换成汉字。此方法的不足之处:一是不能对候选翻译结果进行排序;二是双语映射表还要靠人工建设,不能完整覆盖。Onaizan等学者后来又提出了混合规则模型,以字母和发音相结合,提高了算法的性能。

2.以统计为基础的音译模型

根据不同的翻译方法,将以统计为基础的音译模型分成以音素为基础的音译模型和以图形为基础的音译模型。以语音为基础的音译模型按照不同语言的人名成立了音译模型,并且在建模的过程中再将人名用语音的方式表达,但在转换过程中也会存在一些损失。

维加等学者提出了语音音译模式,包括:一是根据发音将英文名称翻译成语音符号,二是将语音符号翻译成汉语语音符号,三是将拼音翻译成汉字。这种模型在操作过程中有很大的局限性,特别是将英语的字母转换为中文的拼音非常困难,因为英语和汉语使用不同的拼写规则,所以错误率更高。

张敏等学者曾提出过一种字体音译模型。其先是根据中英文名称的对应关系对两个语言字符进行训练,再通过动态解码的方式将英文字母和汉字等进行对应。该方法比以语音为基础的音译模型在性能上要更好。

马利克等学者利用有限状态自动机实现了一种英日音译模型。该方法的功能与字体音译模型的方法相同。芬奇等学者更是结合了两种模型的优点,利用多文法模型输出前 N 位候选翻译结果,再运用短语音译模型对候选翻译结果进行再次排序,最终提高了系统的性能。

除上面所述之外,还将姓名的地理位置等信息引入音译过程中,以达到符合不同地区语言习惯的翻译结果。因此,有学者按照不同的地区提出地区模型音译,也使音译结果的正确率得到了提高。李海洲等学者在现有的联合信息源音译模型中加入区域和性别信息,也取得了良好的效果。还有一些学者考虑了同音词的影响,包括普通话与不同地区方言之间的差异对训练数据的影响,因方言差异对翻译结果的影响也进行了研究。

以语料库为基础的训练音译模型虽然很好地处理了大部分符合音译原则的状况,但依旧不能完美地解决不符合音译原则或部分符合音译原则的姓名翻译情况。

(二)组织机构名翻译模型研究

与人名和地名的翻译相比,因为组织名称结构的复杂性,需要将音译和自由翻译结合起来,所以组织名称的翻译是所有类别中最困难的。斯泰尔斯和其他学者直接使用基于短语的机器翻译系统来翻译组织名称。该模型是由排序模型、翻译模型和语言模型三个模块组成。翻译过程描述如下:首先,从组织名称的中文—英文翻译对中提取翻译短语对;其次,给定中文或英文组织名称,找到对应的英文短语或中文短语,找到最可能的组合。

有学者对汉英命名实体的构成和转化规律进行了研究。这项任务的重点部分是确定组织名称的哪些地方需要音译,哪些地方可以免费翻译等。文献中指出,因为关键词非常多所以建立组织名称的翻译规则比较难。因此,翻译的规则和实验结果的应用至今都没有建立。

张敏等学者提出了上下文相关模型,是一种基于词组的翻译模型,主要在基于机器翻译的组织名称翻译中被应用。此模型包含了两个子模型,分别为词汇映射模型(LMM)和置换模型(PM),翻译主要有两个步骤:第一,通过词汇映射模型完成将组织名称的中文翻译成英文;第二,采用排列模型对英语单词的排列顺序进行调整。这两个模型都是以短语为基础的 N-gram 模型,所以,通过上下文信息之间的翻译和替换,该方法的性能比统计机器翻译的效果要好得多。

陈玉峰等学者提出了一种结构组织名称翻译法,该方法有三个步骤:一是将要翻译的组织名称分为三种类型的块;二是采用上下文同步,但没有任何关联的文法进行块内翻译和语序调整;最后,执行块之间的排序。

(三)基于网络的翻译知识抽取技术研究

Nagata 和其他学者先是试着使用搜索引擎翻译对日语进行查询。该措施先是将查询提交到搜索引擎再下载搜索引擎返回的前 100 页,并以字节距离为评估标准,从获取的网站资源中将翻译提取出来。陆文祥等学者随后也提出了运用链接结构和文本对全文网页先下载再进行查询翻译。但是全文页面的下载需要收集丰富的双语资源和更多的网络带宽以及更大的存储空间和更多的计算时间。

为使全文网页下载尽可能免除不必要的弊端,许多学者利用搜索引擎运回的网页摘要资源再度查询和翻译。程杙等学者使用上下文信息和卡方信息从搜索引擎返回的前 100 个摘要资源中提取翻译。陆成业等学者也利用前 100 篇摘要和贡献信息来提取译文。由于全文网页不需要下载,因此收集两种语言资源的复杂性便有所降低。然而,这种办法的一个重要症结是只使用原本的语言查询来提交给搜索引擎,导致搜索引擎返回的前 100 个摘要往往只是单语网页的摘要,其中不包含有效的目标语言翻译信息,并且抽象资源的质量也不高。

为了提高所获取的网页摘要资源的质量,Huang Fei,Fang Gaolin,Sun Jun 等学者对源查询进行了拆分,同时,为提高摘要的品质,便将辞典中的翻译作为查询扩充。然后,使用 N-gram 作为候选单位,提取的候选单位数据包里包括了更多的非法词和短语等,但错误的候选单位会影响译文的质量。HEA 等人用技术引入到查询翻译再进行反馈,并用它来修改翻译词。该举措使得查询翻译的质量得到了大幅度提高。

(四)基于网络的命名实体翻译抽取技术研究

Wamg 和 Cheng 等人试图从 Internet 资源中提取相等的命名实体转换对。他们先是在扩充源语言词组后寻找目标语言网页,并从得出的结果中提取可能性较大的候选翻译,最后利用上下文向量的特征对生成的候选翻译进行排序,这种方法对高频命名实体是非常有效的,但是在返回的结果中很难提取低频的正确翻译。

Onaizan 等人利用音译模型获取译文候选再通过互联网对候选译文进行整理

归类,而不考虑使用音译翻译结果从互联网中提取译文。江龙等人完成了一个音译系统,先用前1位音译结果用作扩充,再搜索中文网页,最后从摘要中提取姓名进行翻译。然而,这种扩充方法非常依赖翻译结果,并没有将不同单词的不同贡献视为扩展。由于翻译结果中的所有错误或正确的单词都是常用的中文单词,所以摘要的质量并不是很理想。后来,杨帆等学者又提出了一种用网络挖掘方法来修改汉英音译的结果。该举措分为以下几个阶段:一是使用统计音译模型生成前 n 个音译结果;其次,使用编辑距离从大型英语词汇中检索最近的短语;最后,对修订后的结果进行重新排序。但这种方法要靠英语单词作为修正保障,词汇覆盖范围限制了系统的性能,所以扩展现有的英语词汇就成了一个新的问题。

Wu 等提出了一种提取子串翻译对的办法,对要翻译的英语人名提取字符串,并将字符串的翻译扩展。在同一个字符串的翻译中存在噪声等,不考虑每个子串的翻译和他们之间的共生关系。杨帆等学者提出了一种英汉组织名称网络挖掘翻译方法,该方法将汉英组织名称翻译成标记块,再对中文组织名称进行翻译,翻译过程先是从双语块中提取查询扩展,再使用基于 KM 计算方法的非对称方法从返回的网页资源中提取翻译。

Ren 等提出了一种运用网络对统计模型翻译结论进行再次排序的办法。翻译过程包括:先是利用基于短语的机器翻译获取组织名称的候选翻译列表;再从网络中获取候选翻译的组织名称和相关页面;最后,根据预先定义的相关关系对候选翻译列表进行排序。

第二节 英汉人名音译模型简介

机器翻译可以根据不同的翻译过程分为两种方式:基于字体和基于语音。基于语音的姓名音译是以两种不同的语言姓名发音来建立起来的一个音译模型,在造型过程中,人们的姓名需要转化为语音表征。语音音译在字体到语音、语音到字体的转换过程中可能会导致信息丢失。基于文字的音译方法按照不同人名的两种语言文字形式直接建立了音译模型。根据构建音译模型的不同方法,音译模型主要分为基于规则的音译模型、基于自动机的音译模型、统计翻译模型和基于机器学习的音译模型。本节重点阐述了如何在以字形的音译方法之下,分别采用统计机器翻译和机器学习策略构建音译模型,将音译转变成句子翻译问题与序列标注问题。

一、音译单元对齐

音译单元对齐是为获取中英文名称中的汉字和字母之间的对应关系,并用作统计机器译音模型和以机器学习策略为基础的译音模型的练习语料库。因为人工对位音译单元非常花时间,所以对不同的训练语料库就需要再次做标识,本节充分运用了统计机器翻译中的单词对位工具 Giza++ 来完成音译单元的自动对位。与统计机器翻译不同,音译单元对齐任务中最小的单元是汉字或英文字母。在得到两种语言的人名练习集后,首先将中文人名转换成中文字符序列,将英文人名转换成字母序列,然后将双语人名训练语料库与 Giza++ 对齐。

Giza++ 对齐一方面是中文—英文方向,另一方面是英文—中文方向。在对齐中,是一个或好几个英文字母与一个汉字对齐,由于英语中存在双音节字母"x",在译音过程中"x"与元音字母再组合,再被音译成"x"和"e"等两个汉字,为此,Giza++ 被用来在双语名称训练语料库中对齐中文和英文方向。

根据 Giza++ 中的对齐结果,将英文字母与辅音字母对齐后,因为没有对应的汉字对齐导致对齐结果被修改,从而得到了汉字与英文字母的对应关系。然后将译音问题转变为句子翻译,再运用统计机器翻译建立音译模型。

二、统计机器音译方法

为使统计翻译方法用到人名翻译中,成立了人名翻译和句子翻译的对应关系,即中文名和英文名分别为中文句子和英文句子,中文名和英文字母中的汉字分别为英文字母和英文字母。在句子翻译中,人名分别被视为汉字和词。人名翻译与句子翻译的对应关系如表 7-1 所示。

表 7-1　人名翻译与句子翻译的对应关系

句子翻译	人名翻译
双语句对	双语人名对
中文词	汉字

续表

句子翻译	人名翻译
英文词	英文字母
中文短语	汉字串
英文短语	英文字母串

通过上述相应的操作,能够使音译问题转化成句子翻译问题。下面依次阐述构建音译模型的两种机器翻译的操作方法:基于短语的机器翻译方法和基于N-gram的机器翻译方法。

(一)基于短语的机器音译方法

Peter F.Brown 于 1990 年提出了统计机器翻译的噪声信道模型。基础定位是为了给定英文句子 E,再搜索出法语句子 F 使得概率 $P(F|E)$ 实现最大值,根据贝叶斯定理可以得到下面这个公式

$$P(F|E) = \frac{P(E|F)P(F)}{P(E)}$$

说明:其中分母 $P(E)$ 与 F 无关,求解 $P(F|E)$ 的最优解等价为求解分子 $P(E|F) \times P(F)$ 的最优解,即找到一个 F 使得 $P(E|F) \times P(F)$ 最大。

问题转化过程为

$$\bar{F} = \arg\max_F [P(F|E)]$$
$$= \arg\max_F \left[\frac{P(E|F)P(F)}{P(E)}\right]$$
$$= \arg\max_F [P(E|F)P(F)]$$

噪声信道模型框架如图 7-1 所示。

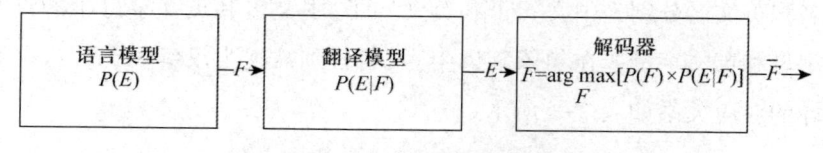

图 7-1 噪声信道模型框架

式中:$P(F)$ ——目标语言 F 的语言模型,该模型用于保证输出翻译结果的通顺度;

$P(E|F)$ ——翻译模型,该模型用于实现源语言 E 与目标语言 F 之间的翻译转换及位置调序。

说明：从源语言 E 到目标语言 F 的整个翻译流程分为三个步骤：语言模型、翻译模型和译码器。机器翻译模型是以短语为基础，要靠噪声信道模型来实现操作。

基于短语的音译模型框架如图 7-2 所示，接着阐述了基于短语的音译模型各参数的预估方法。

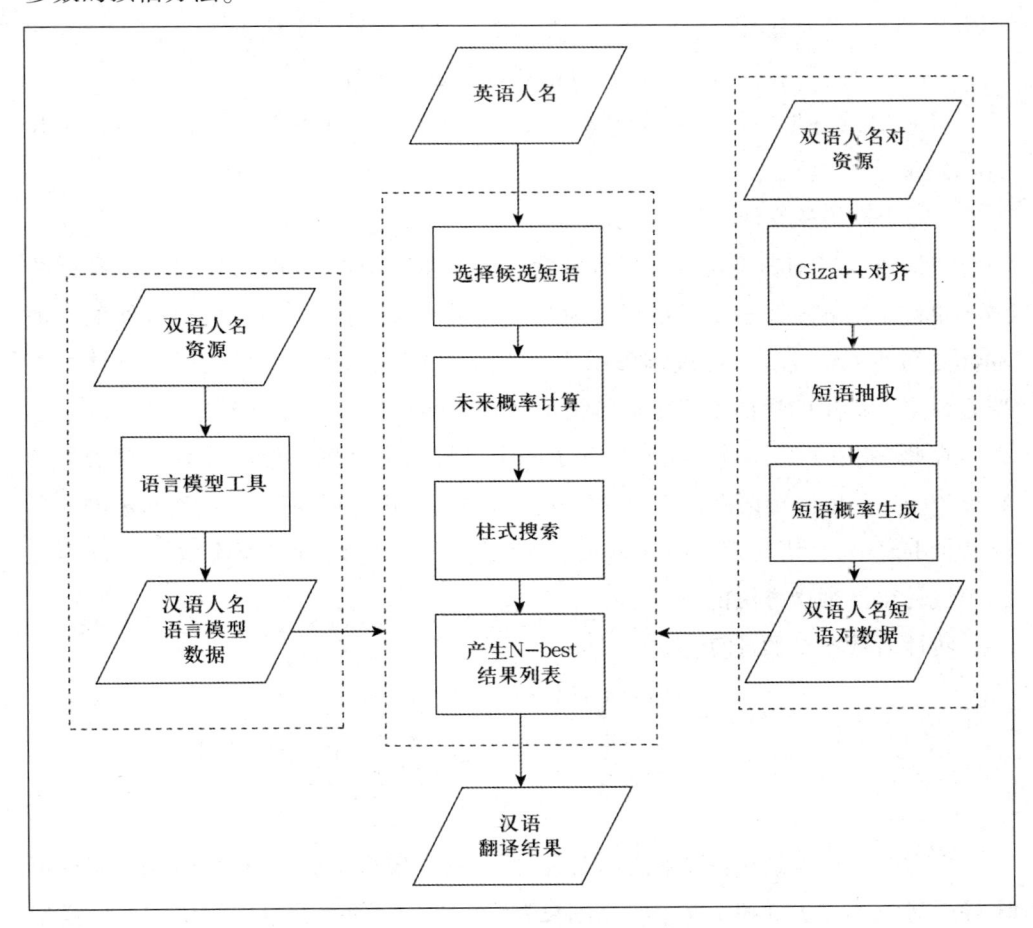

图 7-2　基于短语的音译模型框架

1.语言模型

语言模型是用来判断句子的通顺性，同时对目标语言和翻译结果做出评价。翻译结果的概率最大，不一定适用于目标语言的形成规则。

给定词序列 Y，在遵循马尔科夫假设的情况下，即当前词"Y_i"仅与前面 $n-1$ 个词相关，语言模型为

$$P(Y) = P(Y_1) \times P(Y_2 \mid Y_1) \times P(Y_3 \mid Y_1, Y_2) \times \cdots \times P(Y_n \mid Y_1, Y_2, Y_3, \cdots, Y_{n-1})$$

$$P(Y_3 \mid Y_1, Y_2) = \frac{\text{count}(Y_1, Y_2, Y_3)}{\text{count}(Y_1, Y_2)}$$

式中:count(Y_1, Y_2, Y_3)——Y_1, Y_2, Y_3 在训练语料中贡献的次数;

count(Y_1, Y_2)——Y_1, Y_2 在训练语料中贡献的次数。

当 $n=1,2,3$ 时,N-Gram 分别称为 Uni-Gram 语言模型、Bi-Gram 语言模型和 Tri-Gram 语言模型。

2.基于短语的音译模型

以短语为基础的机器翻译模型是噪音信道模型的一种体现,短语是它翻译的最小单位。随着基于短语的翻译方法将翻译最小单位扩展为短语,很方便地处理局部之间的关联,以短语为基础的翻译方法的性能比以词为基础的机器翻译方法要好得多。这里的短语不仅包括传统短语,还包括相互翻译的连续字符串。

在此,采用了线性对数模型实现了一个以短语为基础的译音体系。短语翻译特征 $P(e|c)$、反向短语翻译特征 $P(c|e)$、短语词汇化特征 lex($e|c$)、反向短语词汇化特征 lex($c|e$)、语言模型特征以及长度惩罚特征 I 和位置置换模型特征 D 等是这个统计机器翻译方法的特点。

线性对数模型的计算公式

$$Pr(c_1^I \mid e_1^J) = P_{\lambda_1^M}(c_1^I \mid e_1^J)$$

$$= \frac{\exp\left[\sum_{m=1}^{M} \lambda_m h_m(e_1^J e_1^J)\right]}{\sum_{e_1^{-I}} \exp\left[\sum_{m=1}^{M} \lambda_m h_m(\bar{e}_1^I, e_1^J)\right]}$$

因为音译过程是从左到右进行翻译,因此音译模型特征不需要被替换,而且短语翻译对中英文字母和中文字符之间没有词汇对应,最后,在基于短语的音译模型中使用了长度、语言特征、短语特征和反向短语等音译特点。

汉语短语 c 翻译为英语短语 e 的概率 $P(e|c)$,英语短语 e 翻译为汉语短语 c 的概率 $P(c|e)$ 与长度惩罚因子 $I(e|c)$ 与 $I(c|e)$ 分别按照下面这个公式计算,其中 len(c) 代表汉语短语包含的汉字的个数,len(e) 代表英语短语中包含的辅音个数。

$$P(e \mid c) = \frac{\text{count}(e, c)}{\text{count}(\bar{e}, c)}$$

$$P(c\mid e) = \frac{\text{count}(c,e)}{\text{count}_{\bar{c}}(\bar{c},e)}$$

$$I(e\mid c) = \frac{\mid \text{len}(c) - \text{len}(e) \mid}{\text{len}(c)}$$

$$I(c\mid e) = \frac{\mid \text{len}(e) - \text{len}(c) \mid}{\text{len}(e)}$$

3.基于短语的音译模型解码器

由于语言本身很复杂,所以在搜索空间中寻找目标语言时通常与源语言句子的长度呈正相关,在固定的时间内找不到全局最好的解法。Knight 等人证明了统计机器翻译中的搜索问题是一个非确定性多项式(np)直接困难。一些人试图将现有的搜索算法用于统计机器翻译系统,以求最短的时间内找到合适的目标语言。

机器翻译中不存在语序调整的统计问题,所以解码算法相对简单。这里使用的搜索方法,采用了两种修剪策略。策略一是假设汉语单词的数目相同,而到目前为止,最后两个单词的音译结果相同,那么这个词就相似了。低概率假设合并为高概率假设。策略二是将每个堆栈设为一个不变的数值再进行对比,假如比该数值大,则将最小概率假设的想法去掉。

(二)基于 N-Gram 的机器音译方法

在以短语为基础的音译模型中,以英语人称 e 为例,对条件概率 $P(c\mid e)$ 进行建模,求解满足 $P(c\,e)$ 的最优解 c。在基于 N-Gram 的音译模型中,条件概率没有建模,但是 C 和 E 的联合概率 $P(c,e)$ 被建模。该方法统一考虑了双语音翻译单元。基于 N-Gram 的音译模型在计算当前状态时考虑了之前 $n-1$ 状态(双语音翻译单元)对当前状态的影响。音译模型公式为:

$$P(C,E) = \prod_{i=1}^{k} P(<c,e>)_k \mid <c,e>_1^{k-1}$$

式中:c——汉语人名音译单元;

E——英语人名音译单元;

$<c,e>k$——双语音译对的第 k 个音译单元对;

K——人名翻译对含有的音译单元对的个数。

基于 N-Gram 音译系统中音译单元对抽取过程与基于短语的音译系统中短语翻译对抽取相似,但是于 N-Gram 音译系统中音译单元对抽取任务只抽取长度最小的基本短语对,而不是抽取任意长度的短语对。例如以下人名"obama,奥巴马",以短语为基础的音译系统抽取的短语对集合为:"奥,o""奥巴,oba""奥巴马,obama""巴,ba""巴马,bama""马,ma",共抽取了 6 个短语翻译对。基于 N-Gram 音译系统中,抽取音译单元对的集合为:"奥,o"、"巴,ba"、"马,ma",共抽取了 3 个音译单元对。

由于基于 N-Gram 的音译模型没有考虑翻译结果是否符合汉语人名生成规则,采用语言模型进一步对翻译结果进行刷选。扩展后的 N-Gram 音译模型公式为

$$P(C,E) = \text{lm}(C) * \prod_{i=1}^{k} P(<c,e>_k | <c,e>_1^{k-1})$$

式中:C——翻译结果;

$\text{lm}(C)$——汉语人名语言模型概率值。

短语音译模型和 N-Gram 音译模型有相似的短语提取和解码过程,但是两种模型之间依旧存在差别。两种模式的候选翻译长度不同,短语音译模型下一步的长度受提取短语长度的限制,而 N-Gram 音译模型的长度受提取短语长度的限制。一次只能扩展一个音译单元对。N-Gram 音译模型的候选集是短语音译模型候选集的子集。

以短语为基础的音译模型最佳翻译结果由多个短语组成,短语的翻译只取决于汉语人名语言模式。以 N-Gram 为基础的译音模型,将英语译音单位和候选汉语译音单位作为一个整体。在选择哪一个译音单位时都要考虑训练语料库中音译单元对的概率,还要考虑候选译音单位与其前一个译音单位共同的特点。

三、基于机器学习策略的音译方法

以机器学习策略为基础的音译模型将音译问题转化为两步注释问题:音译单元的分割和注释以及音译单元的翻译注释。以机器学习策略为基础的音译模型的步骤如下:

第一步,音译单元的分割和注释模型。该模型的主要任务是分割英语人名音译单元。模型训练和特征提取基于最小英文字母单位。

第二步,翻译单元翻译注释模型。该模型的主要任务是将英语人名音译单元

转换为汉字。模型训练和特征提取的最小标记单元是分割良好的英语音译单元。

基于机器学习策略的音译模型框架如图 7-3 所示。

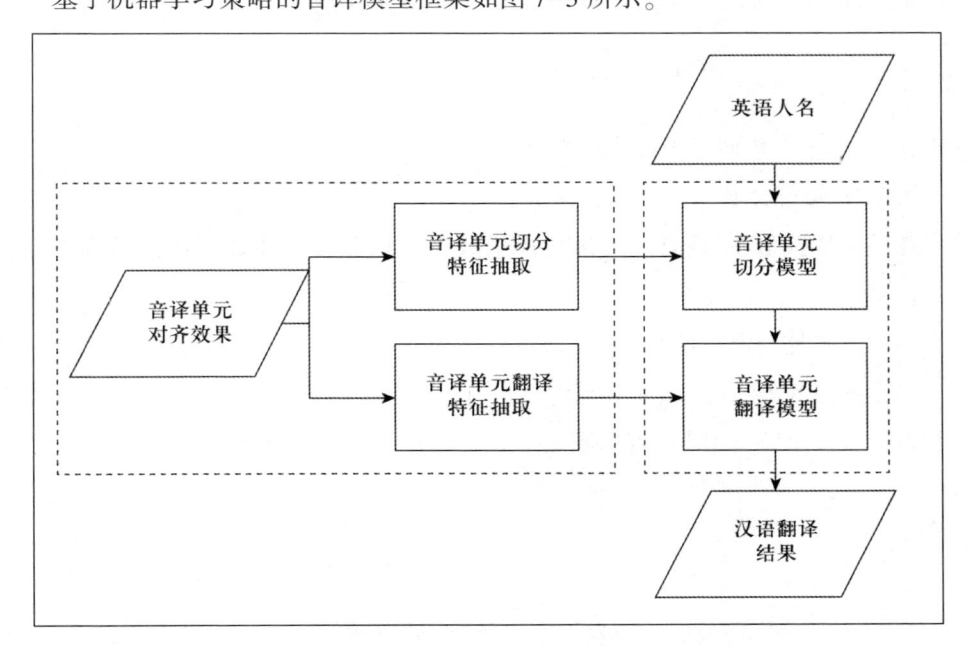

图 7-3 基于机器学习策略的音译模型框架

例如,英语人名"obama"的翻译过程为:第一步,将该英语人名拆分为最小音译单元组合"o,ba,m";第二步,采用训练好的翻译标注模型对"o,ba,ma"进行标注。接下来的内容将重点介绍序列标注中采用的最大熵模型和条件随机场模型。

(一)最大熵模型

E.T.Jaynes 在 1957 年提出了最大熵原理。其主要思想是指当只有部分未知概率分布的知识可用时,最优选择应是符合现有知识并具有最大熵值的概率分布。熵实际上是表示随机变量的不确定性。熵的最大值表明随机变量是最不确定的,因此,变量也是随机不确定的。

Berger 等第一次将最大熵引入自然语言的处理中,解决了序列标注问题。最大熵模型(MEM)在自然语言处理领域得到了越来越多的运用,如词性标注、句子边界识别、统计语言模型等。

1.最大熵模型的定义

如果用字母 Y 表示所有类别,用 X 表示所有上下文信息,则建立最大熵模型。

p 需要满足以下两个条件。

第一,p 为使得条件熵最大的 $p*$;$p* = \arg\max H(p)$,且式子中

$$H(p) = \sum_{(x,y)} p(y\mid x) * \bar{p}(x) \log \frac{1}{p(y\mid k)}$$

式中:$\bar{p}(x)$——x 在样本中出现的概率。

第二,p 要符合已知的统计数据。

在最大熵模型中,通常用二值特征函数来表示已有统计数据特征函数的定义如下:

当 x,y 满足一定条件时,$f(x,y) = 1$;

当 x,y 为其他值时,$f(x,y) = 0$。

若含有 k 个特征,用 P 表示满足所有已知特征函数的分布,P 为:

$$P = \{p \mid E_p(f_i) = E_{\bar{p}}(f_i), j = [1...k]\}$$

$$E_p(f_i) = \sum_{x,y} \bar{p}(x) p(y\mid x) f_i(x,y)$$

$$E_{\bar{p}}(f_i) = \sum_{x,y} \bar{p}(x,y) f_i(x,y)$$

该公式的意义在于在概率分布 P 的情况下,特征的样本期望值应该与模型期望值是相同的。

根据最大熵原理,p 的正确分布是选择一个概率分布 $p*$,它可以使 p 中的熵最大化,可以表示为

$$p^* = \arg\max_{p \in P} H(p)$$

p^* 是满足约束条件(现有统计数据)且具有最大熵的概率分布。为了解决这个问题,可以用拉格朗日乘法来求解在约束条件下可转化为最优解的问题。这里不再给出更详细的推导,直接给出结论

$$p^*(y\mid x) = \frac{1}{z(x)} \exp\left[\sum_{i=1}^{k} \lambda_i \times f_i(y,x)\right]$$

$$z(x) = \sum_{y} \exp\left[\sum_{i=1}^{k} \lambda_i \times f_i(y,x)\right]$$

式中,λ_i 是本征函数的重量。它能够从练习集中学习。在此之后,可以计算 $p\times(y\mid x)$ 来完成条件最大熵的构造。这些参数可以通过通用迭代缩放(GIS)、改进迭代

缩放(IIS)和通用迭代调节(CGI)来构造。这里不再详细描述操作缩放(SCGIS)解决方案。

2.最大熵模型的优缺点分析

最大熵模型的最大优点是可以添加所有特征。用户只需集中精力选择特性而不用思考如何运用它们。只要将有用的信息当作输入最大熵模型中,最大熵模型就会自动筛选。同时,最大熵模型中的特征选择非常方便,而且特征不受任何约束。最大熵模型任何地方都具备可移植性,可以把丰富的信息特征融为一体。

最大熵的缺点是参数训练的时空开销大且数据稀疏,问题也非常多并且比较严重,特征不能融合。同时,最大熵模型存在标记偏差和观测偏差问题。在注释当前位置时,特定标签由最后一个标签状态和当前位置的观察状态之间的竞争选择。如果其中一方出现在训练语料库中,特别是在选择当前位置标签时,它是绝对主导的,那么另一方的角色将被完全忽略,从而产生两种偏见问题。最大熵模型结构产生标记偏差和观测偏差。在最大熵模型中,归一化发生在部分之中。在标记当前位置时,最大熵模型首先选择从先前标记状态到当前标记候选集的最小熵作为当前位置标记。在极端状态下,当前标记候选集中只有一个标记。此时,将忽略当前位置的字,并生成标签偏差。如果在训练语料库中,一些与单词当前位置相对应的标记占绝大多数,使得在选择当前位置时,完全忽略了状态之间的转移,而当前状态完全由观察决定,则会出现观察偏差,并出现误标。为了避免音译过程中可能出现的偏差,需要运用条件随机场模型建立音译模型。

(二)条件随机场模型

条件随机场(Conditional Random Fields,CRF)在图像处理、自然语言处理等领域都得到了广泛的运用,如分层句法分析、姓名识别和信息提取等。用比率$P(Y-X)$来描述模型。

1.条件随机场定义

CRF是在给定输入节点条件下计算输出节点条件概率的无向图模型。$G=(V,E)$定义为无向图,V表示节点集,E表示无向边集。V中的每个节点对应一个随机变量yv,其值的范围是一个标记集。如果以观测序列X为条件,则每个随机变量满足YV的以下特征:

$$p(Y_v \mid X, Y_w, w! = v) = p(Y_v \mid X, Y_w, w - v)$$

式中:$w-v$——两个相邻节点;

(X,Y)——为一个条件随机场。

如果在标记序列中描述条件独立性,G 图的结构就可以是任何一个,序列建模就是最简单也是最常见的链图结构,节点与标记序列 Y 中的相应元素相对应。对于观测 X 序列和状态 Y 序列,线性 CRF 模型定义如下

$$p(Y|X) = \frac{1}{z(x)}\exp\left\{\sum_{i,k}\lambda_k f_k(y_{i-1},y_i,x) + \sum_{i,k}\alpha_k g_k(y_i,x)\right\}$$

$$z(x) = \sum_y \exp\left\{\sum_{i,k}\lambda_k f_k(y_{i-1},y_i,x) + \sum_{i,k}\alpha_k g_k(y_i,x)\right\}$$

式中,$z(x)$ 是归一化因子,每个 f_k 是观测序列 x 中位于 i 和 $i-1$ 的输出节点的特征,每个 g_k 是位于 i 的输入和输出节点的特征,每个和是特征函数的权重。

通过定义训练数据中每个状态(y',y)和状态观察对(y,x)的特征,CRF 模型具有与最大熵模型相似的特征,如下公式所示

$$f_{y',y}(y_u,y_v,x) = \begin{cases} 1, \text{如果 } y_u = y', y_v = y \\ 0, \quad \text{其他} \end{cases}$$

$$g_{y,x}(y_v,x) = \begin{cases} 1, \text{如果 } x_v = x, y_v = y \\ 0, \quad \text{其他} \end{cases}$$

可以用广义比例迭代算法(Generalize Iterative Scaling,GIS)对 CRF 模型进行训练。

2.条件随机场优缺点分析

CRF 的优势在于其条件的随机特性只要充分考虑已经出现的观测状态即可。CRF 避免了最大熵模型中的标签偏差问题,可以有效地应用于整个序列的内外观测信息。它们之间最大的不同在于最大熵模型计算给定状态下一个状态的条件概率是用每个当前状态的指数模型来计算,而 CRF 计算给定观测的整个标记序列的联合概率是使用单个指数模型。

(三)基于机器学习策略的音译模型

以机器学习策略为基础的音译模型将音译问题转化为两步注释问题:译音单位分割注释和译音单位翻译注释。本书重点研究基于机器学习策略的翻译单位分割模型、翻译模型和相应的特征选择。

1.音译单元切分模型

按照音译单元的排列,可以得到一个双音翻译单元。以汉英人名音译单元为训练语料库,采用机器学习算法训练音译单元的分割模型。例如,给定英语名称"hor,na,day"的音译单元的分段序列,加入序列开始和结尾的字符"#"后,标注关系如图7-4所示。

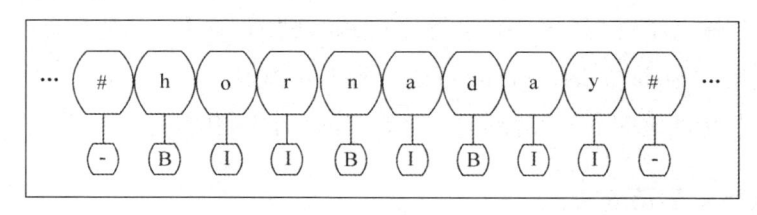

图7-4 "hor,na,day"标记关系

其中的"#"代表人名的开始与结束,"-"代表标志为空,"B"代表音译单元的起始位置,"B"与后续的若干个"I"代表一个音译单元。在标注"#hornaday#"时主要选取以下特征:

特征一:输入序列上下文字符特征。在标注"n"时用到的特征有<h,B>,<o,B>,<r,B>,<n,B>,<a,B>,<d,B>,<a,B>。

特征二:输入序列上下文字符串特征。在标注"n"时用到的特征有<rn,B>,<na,B>,<orn,B>,<rna,B>,<nad,B>,<horn,B>,<orna,B>,<rnad,B>,<nada,B>。

特征三:标注之间的转移特征。在标注"n"时用到的特征有<I,B>。

2.音译翻译模型

采用机器学习算法,以分段的翻译单元翻译对为训练语料库,对翻译模型进行训练。例如给定切分好的英语人名的音译单元序列"hor,na,day;霍,纳,迪",加入序列开始和结尾的字符"#",同时加入"-"表示标记为空的情况后,变为"#,hor,na,day,#;-,霍,纳,迪,-",英语到汉语音译标记关系如图7-5所示,其中"#"代表人名的开始和结束,"-"代表标志为空的情况。

在翻译"hornaday"时,首先可以采用音译单元切分模型切分"hornaday"成"hor,na,day",然后采用翻译模型翻译切分好的英语人名,翻译过程中注意采用以下特征:

特征一:输入序列上下文字符特征。在标注"na"时用到的特征有<#,纳>,<hor,纳>,<na,纳>,<day,纳>。

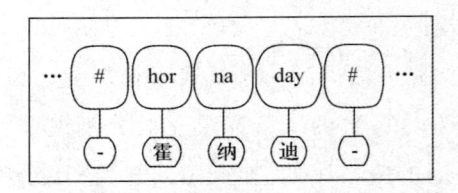

图 7-5 "hor,na,day;霍,纳,迪"对应关系

特征二:输入序列上下文字符串特征。在标注"na"时用到的特征有<horna,纳>,<hornaday,纳>,<#horna,纳>,<naday,纳>,<naday#,纳>。

特征三:标注之间的转移特征。在标注"na"时用到的特征有<霍,纳>。

四、实验结果及分析

本节采用了实验方法,说明了实验采用的训练语料及来源、实验使用的开源工具包以及对实验结果的分析。

(一)实验数据及工具来源

实验中使用的英汉人名语料库是从《双语词典》中外文姓名译成汉语的数据库。数据库包含 32 412 个唯一的英文名称和相应的中文翻译。为了避免数据的特殊性,显示测试集的代表性,本节随机选取 3 242 对名称作为开放测试语料库,其余 29 170 对名称作为训练语料库。

以下介绍了进行实验中使用的各种软件工具包。

1.Giza++

Giza++是软件 Giza 的扩展。Giza 是统计机器翻译的一个组成部分。它是由约翰霍普金斯大学 1999 年机器翻译夏季研讨会的参与者开发的。扩展到包含 IBM4-5 模型。在本章中,Giza++用于对齐中英文双语音译单元。

2.SRILM

SRILM 是语言模型的工具。通常用于语音识别、统计序列标注、机器翻译等任务。本章使用 SRILM 来训练汉语人名的语言模型。

3.MaxEnt

MaxEnt 是一个最大熵工具包。可以使用该工具包构建英语人名音译单元的切分模型及音译模型。

4.CRF++

CRF++是一个条件随机场工具包。可以使用该工具包实现英语人名音译单元的切分模型及翻译模型。

5.Camel

Camel是中国科学院计算技术研究所开发的一个基于短语的翻译系统的解码器,可以使用该工具搭建基于短语的翻译系统。

(二)基于统计音译方法实验结果及分析

采用基于短语的机器翻译、不带中文人名语言模型的基于短语的机器翻译、N-Gram机器翻译和带中文人名语言模型的N-Gram机器翻译来实现翻译模型。基于N-Gram翻译模型,N取2。

基于Giza++双语翻译单元的对齐,基于短语的翻译模型首先提取双语短语对,然后根据公式提取翻译过程中需要的参数。以汉语短语中包含的汉字数作为短语长度,得到202 414对双语短语。短语对的详细信息如表7-2所示。

表7-2 基于短语的音译模型参数统计表

短语长度	1	2	3	4	5	≥6
短语对数	7 883	43 354	74 173	59 244	18 843	1 979

在对齐的音译单元的对齐结果上,抽取基于N-Gram音译模型所需要的参数,下面这个表格为得到的基于N-Gram音译模型参数统计结果。

表7-3 基于N-Gram的音译模型参数统计表

类别	一元音译单元对	二元音译单元对	英语音译单元	汉语音译单元
数目	7 883	43 354	4 822	376

实验中汉语人名的语言模型采用三元语言模型,汉语人名语言模型采用开源工具SRILM抽取,语言模型的抽取结果如表7-4所示。

表 7-4　SRILM 语言模型数据

类别	一元语言组	二元语言组	三元语言组
元组个数	377	12 949	15 286

表 7-5 给出了不同方法音译结果的 TOP-1,TOP-5 准确率。

表 7-5　基于统计翻译方法音译结果

类别	TOP-1	TOP-5
基于短语(无语言模型)	27.4%(887)	39.6%(1 283)
基于短语	55.9%(1 812)	71.4%(2 314)
基于 Bi-Gram	47.2%(1 530)	69.2%(2 243)
基于 Bi-Gram++语言模型	53.9%(1 746)	73.4%(2 379)

对比基于短语和基于 N-Gram 的音译模型的实验结果,我们发现基于短语的音译方法比基于 N-Gram 的音译方法更依赖于语言模型。基于短语的音译将英汉短语分开考虑。没有中文名称的语言模型,翻译过程可以看作是先寻找英文名称的最概率分割,然后用最概率的中文短语替换每个短语单元。该方法的每一步都是局部最优的,只是增加了中文。在名称语言模型中,双语短语相互制约,因此基于短语的翻译模型更依赖于良好的中文名称语言模型。基于 N-Gram 的翻译模型将中英文音译单元作为一个整体,两个音译单元之间的转换概率在一定程度上也考虑了中文名称的语言模型。因此,基于 N-Gram 的音译模型对中文名称语言模型的依赖性较小。

与双对数模型相比,线性对数模型具有以下优点:线性对数模型可以增加更多的特征,而基于双对数的音译模型只考虑了前一个音译单元对当前音译单元的影响;线性对数模型可以很好地集成多个音译单元。功能并调整每个功能的权重。

线性对数模型比双对数模型有更大的改进空间。

对实验结果中的误差数据进行了分析,总结了产生翻译误差的主要原因如下:

首先,训练语料库中没有包含一些音译单元对,如"bartington"被正确翻译成"bartington",但训练语料库中没有"bar bar"的音译单元对,而有"ba bar"的音译单元对。

其次,一些英文名称的翻译并不完全符合音译规则。例如,"backlund"的正确翻译是"备轮",而音译模型给出了"bucklund"的翻译。

第三,音译的标准并不唯一。有些英文名称可以翻译成多种版本,每种翻译都符合音译规则。例如,"亚伦"可以翻译成"艾伦"或"艾伦","阿格隆"可以翻译成"阿克伦"或"阿克伦"。

(三) 基于机器学习策略的音译模型实验结果及分析

前一部分分别采用最大熵模型和条件随机场模型来实现翻译单元分割模型和翻译模型。在音译单元分割模型中,使用以下四种特征组合来测试两种机器模型的性能:方法1,特征1;方法2,特征2;方法3,特征1和特征2;方法4,特征1、特征2和特征3。

实验结果见表7-6所示。

表7-6 音译切分模型准确率统计表

方法	特征1	特征2	特征1+2	特征1+2+3
MaxEnt	51.6%(1 674)	86.2%(2 797)	86.5%(2 084)	86.7%(2 811)
CRF	58.2%(1 888)	87.8%(2 848)	88.2%(2 859)	88.7%(2 877)

在音译单元切分模型基础上,这里分别采用了以上四种特征组合方法测试翻译模型的性能,音译翻译模型的实验结果如表7-7所示。

表7-7 音译翻译模型准确率统计表

MaxEnt	33.8%(1 096)	59.3%(1 923)	59.9%(1 941)	59.8%(1 939)
CRF	39.2%(1 271)	61.9%(2 006)	63.8%(2 068)	64.6%(2 094)

从音译分割模型的实验结果可以看出,使用上下字母特征的音译分割模型的性能远低于使用上下字母字符串特征的音译分割模型。方法2的准确度比方法1高29.6%,方法4在方法2的基础上通过添加标记传递特征来提高,但改进空间有限,仅为0.9%。这符合音译的规律。翻译姓名时,人们总是根据姓名的整体信息

和上下文信息,把姓名分成几个字母串,然后把英文字母串翻译成相应的汉字。因此,在音译分割模型中,字母串的特征为分割模型提供了更准确的信息。因此,通过增加上下字母串的字符,大大提高了系统的分割性能。

通过分析实验结果中的标记错误,总结出主要的翻译错误如下:

首先,在英汉翻译过程中,存在着音节丢失的问题,即翻译结果没有按照英文名称的发音完全翻译成汉字。语音丢失主要存在于两个辅音连接的位置,丢失的字母的选择因辅音—辅音串的不同而不同。这种现象导致辅音字母顺序错误的概率增加。例如,"Campbell"被译成"Cambell",其中不发音的音节"p"丢失,其正确的分割结果是"cam p/be/ll",但分割模型给出的分割结果是"cam/be/ll",这将累积到后续的翻译模型中。

其次,音译标准并不唯一。一个英文人名对应多个翻译,但只有一个中文翻译对应测试语料库中的一个英文人名,导致同一个英文人名有两种不同的分割方法。例如,"艾尔伯森"有两个译本"艾伯森"和"艾伯森"。这两种翻译对应不同的分割方式,"a l/bert/son"和"a/l/bert/son"。因此,虽然翻译结果是正确的,但与测试集的结果不一致,导致翻译错误。

从上表可以看出,在英汉音译单元的分割和注释中,基于条件随机场模型的实验结果优于基于最大熵模型的实验结果。最大熵模型的规范化是局部发生的,容易引起偏差问题。条件随机场模型的归一化是全局的,克服了最大熵的偏差问题。因此,在理论上,基于条件随机场模型的方法在处理序列注释时优于基于最大熵模型的方法。

本节引用了邹波和赵军在其出版的《英汉人名音译方法研究》中提出的方法。本文将翻译问题直接转化为序列注释问题。在标记关系中,汉字对应音译单元的第一个字母,音译单元的其他字母对应"-"。图7-6是英汉直译的标记关系(其中"N"表示添加的命名实体的头和尾字符的标记)。

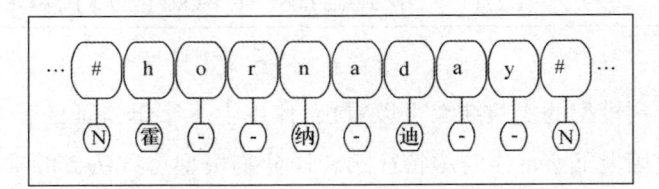

图7-6 "hornaday,霍纳迪"的标注关系

第七章　英汉命名实体翻译方法

邹波、赵军在其发表的文献《英汉人名音译方法研究》中采用与本节标记任务相同的特征,包括:上下文字母特征,上下文字母串特征和标注间的转移特征。两种方法的准确率如表 7-8 所示。

表 7-8　本章方法和参考文献的实验结果对比

方法	文献[69]方法 TOP-1	本文方法 TOP-1
MaxEnt	36.3%(1 176)	59.8%(1 939)
CRF	40.9%(1 326)	64.6%(2 094)

邹波、赵军在他们发表的《英汉人名音译方法研究》中提出,音译应直接转化为序列标记。标记序列中应加入伪标记"-"和伪标记的转移特征,但不能真实反映标记在音译过程中的转移关系。本节中提到的两步标记过程更符合音译规则和音译过程,虽然本节中提到的两步标记过程更多的是在两个标记步骤中有损失,并且错误会重叠,但整体性能优于邹波和赵军的方法。通过对最大熵模型和条件随机场模型的实验结果的观察,发现两种模型对各特征的实验性能比较接近。这两种模型都取决于特征集的选择。只有添加能够有效描述事件的特性,我们才能获得更好的结果。当使用更好的特征集时,两种机器学习算法都优于基于统计机器翻译的音译方法。

本章将音译问题转化为句子翻译问题和序列标记问题。分别采用统计翻译和机器学习策略建立音译模型。在有效描述事件特征的条件下,机器学习策略的性能优于统计机器翻译策略。与基于 N-Gram 的机器翻译方法相比,基于 N-Gram 的机器翻译方法的性能优于基于短语的机器翻译方法。基于条件随机场的音译模型优于基于最大熵的音译模型。翻译过程中存在着一些问题:一是翻译标准不一致,即多个中文名对应一个英文名;二是翻译过程不完全符合翻译规则,存在发音字母丢失现象。这两个问题限制了统计翻译模式的进一步完善,学者们迫切需要继续探索和解决这两个问题。

第三节　汽车品牌名的音译及其用字选择

品牌大师艾·里斯说过品牌名的重要性："实际上,灌输到顾客心目中的根本不是产品,而是产品名称,它成了潜在顾客亲近产品的挂钩。"一个好的品牌名字不仅可以节约大量的营销费用,还可以快速打开市场,"入侵"消费者的大脑。汽车品牌名也一样,它需要直观传达产品的信息特征,吸引潜在顾客,取得营销效果。当品牌想开拓异域市场时,品牌翻译应运而生。翻译是一项极其复杂的社会文化交际活动,语言差异、文本性质、翻译目的、社会文化背景、读者的接受能力等,都会影响翻译策略和方法的选择。品牌名称翻译更是一种目的性突出的跨文化交际行为。据学者魏芳研究,品牌名称一般有如下几种翻译方法:音译法、直译法、意译法、"零翻译"法等,其中音译法在翻译外来品牌名称占很大比例,汽车品牌名称的翻译更是如此。据对汽车信息网(www.gocar.com)440个汽车品牌名称的统计,60%的汽车品牌名称都是音译而来。

以下为部分汽车品牌名的翻译方法(表7-9至表7-12)。

表7-9　音译汽车品牌

品牌	译名	品牌	译名	品牌	译名
Actyon	爱腾	Ferrari	法拉利	Optima	欧迪马
Acura	讴歌	Fiat	菲亚特	Outback	傲虎
Agila	欧捷利	FJ Cruiser	FJ 酷路泽	Paj ero	帕杰罗
A.LFAromeo	阿尔法罗密欧	Ford	福特	Peugeot	标致

续表

品牌	译名	品牌	译名	品牌	译名
Alto	奥拓	Fuga	风雅	Phaeton	辉腾
Amage	雅致	Gallardo	盖拉多	Phebra	菲德拉
Astra	雅特	Grandis	格蓝迪	Plymouth	普利茅斯
Aston Martin	阿斯顿马丁	Grand Prix	格兰瑞斯	Prado	普拉多
Audi	奥迪	Grandis	格蓝迪	Previa	普瑞维亚
Carens	佳乐	Grand Prix	格兰瑞斯	Primera	派美
Aura	奥拉	Hiace	海狮	Prius	普瑞斯
Avalon	亚洲龙	High Lander	汉兰达	Porsche	保时捷
Avenger	蜂哲	Holden	霍顿	Pontiac	庞蒂克
Azera	雅尊	Hummer	悍马	Quest	贵士
Aztek	阿兹特克	Hyundai	现代	Renault	雷诺
Azure	雅俊	Impreza	翼豹	Rexton	雷斯特
Bentley	宾利	Infiniti	英菲尼迪	Rio	丽欧

续表

品牌	译名	品牌	译名	品牌	译名
Benz	奔驰	Ion	埃恩	Rolls&Roye	劳斯莱斯
Bonneville	博纳威	Jeep	吉普	Rodius	路帝
Bugatii	布加迪	Jimmy	吉姆尼	RoRui	铂锐
Buick	别克	KIA	起亚	Rover	罗浮
Cadillac	凯迪拉克	Korando	柯兰顿	SAAB	萨博
Camry	凯美瑞	Kyron	享御	Santafe	圣达菲
Captiva	科帕奇	Land cruiser	兰德酷路泽	Seat	西亚特
Caravan	凯领	Lancia	蓝旗亚	Selica	塞利卡
GMC	吉姆西	Laguna	拉古娜	Sephia	赛菲亚
Carnival	佳华	lybra	利普拉	Sharan	夏朗
Cayenne	卡宴	Lamborchini	兰博基尼	Shuma	秀玛
Cefiro	日产风度	Lancer	蓝瑟	Skoda	斯柯达
Cherokee	大切诺基	Legacy	力狮	Sportage	狮跑

续表

品牌	译名	品牌	译名	品牌	译名
Chevrolet	雪佛兰	Legend	里程	Sorento	索兰托
Chrysler	克莱斯勒	Lexus	雷克萨斯	SSang Yong	双龙
CIMA	西玛	Liana	利亚纳	Stream	时韵
Citroen	雪铁龙	Lincoln	林肯	Subaru	斯巴鲁
Hiace	海狮	Magotan	迈腾	Superb	速派
Holden	霍顿	Matrix	美佳	Tiguan	途安
Hummer	悍马	Maybach	迈巴赫	Trajet	特杰
Hyundai	现代	Maxx	美宜堡	Tribeca	驰鹏
Impreza	翼豹	Mazda	马自达	Touareg	途锐
Infiniti	英菲尼迪	Megane	梅甘娜	Tucson	途胜
Coaster	柯斯达	MINI	迷你	TVR	特威尔
Corsa	可赛	Montana	蒙塔娜	Vauxhall	沃克斯豪尔
Coupe	古贝	Monterey	蒙特利	Vectra	威达

续表

品牌	译名	品牌	译名	品牌	译名
Coupe	酷派	Morgan	摩根	Veracruz	维拉克斯
Deville	帝威	Murano	美伦奴	Veyron	威龙
Dodge	道奇	O1dSmobile	奥兹莫比尔	Vitz	威姿
Elise	爱丽丝	Outlander	欧蓝德	Volov	沃尔沃
Equus	雅科仕	Omega	欧美佳	VQ	威客
Escalande	凯雷德	Opel	欧宝	X-Trail	奇骏
Fabia	法比亚	Opirus	欧菲莱斯	Zafira	赛飞利

表 7-10　直译汽车品牌

品牌	译名	品牌	译名	品牌	译名
AllroadQuattro	全路王	Discovery	发现	Park Avenue	林荫大道
Aviator	飞行家	Element	元素	Phantom	幻影
Beetle	甲壳虫	Firebird	火鸟	PT Cruiser	漫步者
Centennial	世纪(HYUNDAI)	Freelander	神行者	Sable	黑豹

续表

品牌	译名	品牌	译名	品牌	译名
Century	世纪(TOYOTA)	Forester	森林人	Saturn	土星
Century	世纪(Buick)	Grand Voyager	大捷龙	Scenic	风景
Chairman	主席	Grand Marquis	大侯爵	Silver Seraph	银色天使
Commander	指挥官	Honda	本田	Sky	天空
Concorde	君王	Liberty	自由人	Smart	精灵
Mustang	野马	Lotus	莲花	Spider	蜘蛛
Continental	欧陆	Marauder	掠夺者	Sunfire	太阳火
Crossfire	交叉火力	Mercury	水星	Suzuki	铃木
Crown	皇冠	Mitsubishi Motor	三菱	TOYOTA	丰田
DAEWOO	大宇	Mountaineer	登山家	Vanquish	征服
DAIHATSU	大发	Navigator	领航员	Vibe	共鸣
Defender	卫士	Nissan	日产	Volkswagen	大众汽车
Wrangler	牧马人				

表 7-11　直译+音译(音义兼顾)汽车品牌

品牌	译名	品牌	译名	品牌	译名
Caliber	酷搏	Golf	高尔夫	New Santafe	新圣达菲
Civic	思域	Jaguar	捷豹	Speedster	疾驶
GrandVitara	超级维特拉	Land Rover	路虎	Viper	蜂蛇

表 7-12　意译汽车品牌

品牌	译名	品牌	译名	品牌	译名
BMW	宝马	LeSabre	使节	SLS	赛威
Cedric	公爵	Maverick	翼虎	Spyker	世爵
Coupe	考维特	Patrol	途乐	SRT	公羊
Diablo	魔鬼	Quamoporte	总裁	Stilo	短剑
GL8	陆尊	Rainier	朗迪	Suv	开拓者
Impala	羚羊	Range Rover	揽胜	Thesis	强音
Lacrosse	君越	Signature	城市	XG	君爵

一般来说,企业为了在消费者心中建立对其品牌的认知,往往会通过品牌名称这一直白的载体达到传播的目的。品牌要在国际市场进行有效地推广,最直接且经济的方式就是品牌名称的恰当有效的翻译。汽车品牌,作为专有名词中的一类,

同人名一样，它们的翻译中最常用的也是音译。专有名词的翻译不能随心所欲，汽车品牌名的翻译受翻译目的的影响，在翻译过程中译者必须考虑其宣传呼吁功能。音译时在其音的对应、字的选择方面亦是如此。在音译过程中，无论是完全音译还是音义兼顾，在选词用字时都需要精心斟酌。一般来说，音译品牌名又区别于人名翻译，要注意音译的结果尊重目的语文化与消费者的心理接受，再使语音简单朗朗上口、字形易读易记、字义积极向上，达到宣传的目的。

一、汽车品牌名音译的影响因素

汽车品牌是产品的基础，是汽车企业的无形资产，它有助于树立品牌形象，并为品牌增值，汽车品牌翻译是一种跨文化翻译活动。好的翻译会得到目标语读者在心理、美学、习俗上的认同。影响汽车品牌名称翻译的因素有很多，其中包括翻译目的、文化差异。

1. 翻译目的

德国学者弗米尔指出，决定翻译过程的最主要因素是整体翻译行为的目的。而决定翻译目的的最重要因素之一便是受众——译者心目中的接受者，他们有自己的文化背景知识，有对译文的期待以及交际需求，因而认为翻译是在"目标语情景中为某种目的及目的受众而生产的文本"。根据韩礼德对语言功能的分类，商标类的语言一般具备信息功能与呼吁功能。精心设计出的品牌名称一般涵盖产品的性能、属性并突出产品的特点，呼吁潜在客户购买。汽车品牌名称的翻译既要想办法体现产品的性能，突出产品的特点实现信息功能，也要在此基础上给产品"吆喝"，达到营销的目的，实现其功能目的。如汽车品牌 Benz 是以创始人卡尔·弗里特立奇·本茨（Carl Friedrich Benz）命名的，最早就翻译为"本茨"。"本茨"是典型的音译法，但是这个译名没有考虑到以下因素："本茨"是外国人名字，我们很陌生；"本茨"是纯粹的人名音译，偏向于人名用字选择，不凸显产品性能甚至无法体现产品属性，无法让国人将之与轿车关联。"本茨"无法给 Benz 品牌下的轿车"吆喝"实现营销的目的。因而，很快"本茨"被人遗忘，淹没于大陆的译文"奔驰"。对比之下，"奔驰"既能让国人"望文生义"体现此品牌车的性能特点——良好的速度、朗朗上口的读音以及作为汉语言里现有的词语，又很好地实现了它的呼吁功能，使其成为妇孺皆知的高端汽车品牌。

2.文化考量

汉语对音译外来语的吸收不是一个消极被动,囫囵吞枣,生吞活剥的过程,而是一个积极改造,从形式到内容都逐步汉化,力求符合汉民族心理和习惯的过程。汽车品牌名称的翻译,自然牵涉到源语与目标语两者文化的交流。了解中外文化差异可以避免由文化差异引起的误解或尴尬,继而影响汽车的营销。最典型的没有顾及文化差异的例子有丰田 Prado 曾被音译为"霸道"在中国营销。"霸道"在汉语里意为"强横不讲道理",然而我们尊崇儒家文化的"仁义",横行"霸道"的人是不受欢迎的,可想而知"霸道"的车难以打开市场。遇冷之后,丰田公司意识到问题,音译为"普拉多"。因此,翻译时用词、用字精心进行文化考量是极其必要的。BMW 的翻译就巧妙地结合中国文化,将其译为"宝马"。轿车同马一样是代步工具,在原野上奔驰的宝马是为人们所赞誉及向往的,BMW 被译为"宝马"可谓轻易能让国人将宝马的丰富概念联想到这款轿车上,拥有"宝马"轿车成了身份的象征。留存下来的品牌音译"普拉多""宝马"更符合中国人的语言文化习惯与心理,因此,汉语音译汽车品牌名,需从文化与心理角度去进行,选词用字要考虑中国的语言文化传统。

二、汽车品牌名音译选字

如前文所指出,音译汽车品牌占六成以上,音译过程中,译者在实现品牌名称的宣传呼吁功能外,必须顾及目标语受众的文化心理。这些或高大上或平民化的品牌名称的译名,纯音译也好,音义兼顾也罢,音译到汉语中选词用字时要使其遵循汉字成字构词规则、符合汉语字词因形见义的认知心理、尊重汉语语言使用习惯或中国传统文化。汽车品牌与其他品牌有所区别的是,它既要传达汽车拥有的速度、性能等品质,又要符合汉语言使用习惯和汉文化心理,可见音译这些汽车品牌名背后的考量很多,选字用词更需精心斟酌赋以"玄机"的。

1.纯音译

外语音译为汉语相对来说比较复杂,因为我们有拼音还有专门的文字书写体系——汉字。外语中的汽车品牌名称的音译过程为:用拼音对应品牌名称的读音,再用汉字来对应相应的拼音。这其中以人名命名的汽车品牌名称相对省事,因为人名先于这些名牌名而存在,音译这些汽车品牌名直接借用原名字的音译如以创始人人名,如恩佐·法拉利(Enzo Ferrari)命名的法拉利、别克(Buick)、林肯(Lincoln)、福特(Ford),等等。Buick 发音为[bjuik],由于英汉语自身的差异,其中的/b/在拼音中无法直接对应为拼音字母 b,只能折中用拼音描述为"bu you yi ke",若再用汉字来对应这些读音则为:不(部、补、布……)、有(又、由、友……)、以(一、姨、已……)、可(科、课、克……),如果不考虑名字的常用字、译者喜好、受众喜好等因素,Buick 对应的音译可以是上百种。由于汉语言文化在命名过程中求简弃繁,譬如我们的姓名撇去姓氏多以两字为主甚少出现三字、四字名,最终,为使名字简化,朗朗上口,易于宣传推销,去掉中间复杂的因素,取了发音铿锵有力的"别克"。汽车品牌 Alto 发音为[ˈæltəʊ]按照发音用拼音表示出来应为"ai er tuo",若每一音节都被对应的话应音译为:爱(哎、唉……)、而(儿、二、尔……)、托(脱、拖、拓……),可供音译的选字组合起来也是上百种。为什么最终用了"奥拓"?笔者认为,"奥"这个字已被用于音译"奥林匹克""奥地利""奥迪"等,这个字在中国老百姓的心目中是积极正面的形象,很容易让消费者产生好感,且"奥迪"在国内主要还是致力于树立豪华高档品牌形象,"奥拓"选用"奥"可以让消费者产生美好的联想。而中间"而"同样为取两字名称被毅然舍弃,不追求音素一一对应。"拓"能鼓舞人们"开拓进取","奥"能给人美好想象,"奥拓"二字简单,读起来铿锵有力,连起来有"努力进取,实现梦想"的豪迈感,攫住了顾客的心理,符合汉文化心理,继而实现了营销的目的。以上可见,哪怕是纯音译,用字也不是随随便便,而是精心推敲而来。

2.音义兼顾

人们倾向于"因声循义",从纯音译时对字眼的斟酌可见一斑,"音义兼顾"是译者们音译的一贯追求。因而汽车品牌名称如"奔驰""捷豹""宝来"等音译一直为人所称道。"Benz",用拼音标注它的读音为"ben zi",用汉字来对应拼音有"奔(本、笨……)、资(子、字……),译者从中挑选了"奔",弃"zi"选用了音近的"chi"即"驰",组合成地道的汉语词汇"奔驰",让中国顾客望文生义,"此车能如同好马驰骋于原野,洒脱大气",能让顾客油然而生一种奔驰于广阔天地的豪迈感。品牌 Jaguar 是以动物名称命名,原意为"美洲豹",译者取了第一个音节的音译为"捷",取此品牌下的车有"快捷"之意,又保留了原意中"豹"的含义,强调"快捷灵活"。悍马是美国 GM 公司生产的一个汽车品牌,主要生产军用车和越野车。该品牌以生产悍马(Hummer)而扬名世界。"Hummer"中"-mer"无法用汉语拼音精准标音,只能求音似,进而用拼音标注后为"han ma",用汉字对应后有"悍(喊,汉,含……)、马(吗,妈,骂……)",考虑到中国人习惯望文生义,译者利用汉字的表意特征巧妙地传达了 Hummer 的品牌文化与形象:军用车与越野车的彪悍与狂野的速度,霸气不言而喻,让追求速度与力量等品质的消费者按捺不住购买的欲望。这些译文音义俱在,字形简单,读音易于上口,更重要的是这些精心措辞用字巧妙地迎合了汉语言文化心理需要,兼顾了传达该汽车品牌拥有的速度、性能等品质,极其利于树立品牌形象。

　　汽车品牌的翻译是两种语言间的转换,影响汽车品牌名称音译的因素有很多,其中最主要的是受语言文化差异和翻译目的的影响。品牌翻译的目的不言而喻,然最重要的是,决不能忽略目标语的文化心理。音译作为汽车品牌翻译的主要手段,无论是纯音译抑或音义兼顾,诸多汽车品牌名称的音译表明,用字选词时绝不能随随便便,把汉文化和大众心理吃透纳入考量,音译时字音简单朗朗上口、字形易读易记、字义积极向上,结合品牌形象,达到品牌营销的目的。

第四节　目的论视角下化妆品品牌名的音译及用字选择

　　合适的品牌名称,是形成品牌概念的基础,是实施品牌营销的第一步。品牌的消费者首先是通过品牌名建立起对这个企业或其文化的认知。外来品牌要打开市场首先要有合适的译名,在译入语的语言文化中让品牌得到消费者的理解与认可。由于中外文化差别较大,在品牌名的翻译过程中,译者既需精心斟酌用词用字,尽量保留源语言的风味,实现翻译的基本功能,又需要使译文对中国消费者产生吸引力和诱惑力,实现品牌命名的目的,起到良好的广告促销效果。化妆品品牌名的翻译亦不例外。

一、目的论和化妆品牌名称翻译策略

　　同汽车品牌名称翻译一样,化妆品品牌名翻译也是一种目的性很强的跨文化交际行为。为向以女性为主体的目标消费群展现商品形象,化妆品品牌译名要使其接

受并引起共鸣,成功销售商品,最终达到实现经济效益的目的。本书即在德国功能派的主流理论目的论的指导下,争取达到吸引消费者认可购买产品的目的,在分析化妆品品牌的案例基础上,探讨一些具体的能体现品牌功能和品牌效应的翻译技巧。

(一)目的论与化妆品品牌翻译

目的论在20世纪70年代末和80年代初由德国功能派翻译理论家由维米尔(Vermeer)和卡塔林娜·赖斯(Reiss)在共同编著的《通用翻译理论基础》(*Grundlegung einer allgemine Translations-throrie*, Reiss & Vermeer, 1984)中最先提出。该理论认为翻译必须遵循三大原则,即目的性原则(skopos rule)、连贯性原则(coherence rule)以及忠实性原则(fidelity rule),其中目的法则居于首位。也就是说,译文取决于翻译的目的。连贯性原则指译文必须内部连贯,在译文接受者看来是可理解的;忠实性法则指译文与原文之间也应该有连贯性、相关性。目的论强调,译者在翻译过程中以译文的预期功能为出发点,根据各种语境因素,选择最佳处理方法。在翻译过程中,"黑猫白猫抓得住老鼠的就是好猫",译者应当根据具体的对象,不用拘泥于原文,译出能实现目的的译文。

大部分化妆品品牌名集"功利与美感"于一身。化妆品品牌翻译要实现的功利是让化妆品品牌本身具备的功利要通过翻译在目的语文化中继续展现,让化妆品品牌命名的美尽量地在目的语中得以保留,最终使目地语文化中的受众认可并购买产品。要达到此目的,对译文受众进行分析对翻译至关重要。外来化妆品品牌名的汉译受众为中国人,因而在翻译时需要对中国的语言、民族心理、历史文化背景等与原语言国家的不同之处进行分析考量。译者必须从译文受众的角度出发,根据译文的预期功能,采取合适的翻译方法,保留原名称的"内涵美",又实现它的"功利"。因此,在将外来化妆品牌汉译的时候,打破原文形式的框架,传递产品的亮点信息,实现产品的营销目的即可。

(二)基于目的论的化妆品品牌英汉翻译方法

由于缺乏共同的文化语言共识,大部分的中国消费者难以理解原汁原味的外来品牌中的内涵甚至可能产生误解,因而,商品品牌的名称翻译目的一般在于传递信息、吸引消费者进而促进商品的销售。化妆品品牌名称的翻译要对中国消费者传递化妆品的品质、功效等信息,并成功吸引消费者,达到促销的目的。据笔者对国内几大电商如淘宝、京东、唯品会等中化妆品名目的统计和分析,化妆品品牌汉译常见的处理方法主要有以下几种：音译如"Revlon"被译为"露华浓"；直译如"The body shop"译成"美体小铺"；意译如"Origins"被译成"悦木之源"；创译如美国品牌"Clinique"并未音译或直译而是被赋予了新的名字"倩碧"；零翻译如"SK-II"引进中国后沿用原名。

从大部分外来化妆品的在华营销的名称来看，译者在处理这些名称时，不能只是生搬硬套把名字或意译或音译，更要铭记营销这一最终目的，巧妙使用汉字的表意性，凸显产品的功效，让译名更有感染力。正因为如此，以目的论来指导外来化妆品的汉译，即让译者始终铭记营销这一目的，结合产品功效，综合考虑中国的语言、文化传统及价值观等方面的差异，灵活运用各种翻译方法。总之，化妆品牌的翻译方法由其翻译的目的决定，方法服务于目的。

二、基于目的论的化妆品品牌名音译

据笔者对电商唯品会的欧美化妆品名目中护肤及口红品牌共计 103 种的统计，音译占 71%，意译不到 5%，创译不到 6%，不译占 18%。从统计数字可以看出，大多数的外来化妆品都是采用音译，音译找不到合适的字对应就干脆不译。作为传统翻译理论的历史性突破和翻译功能主义的核心，认为翻译的整个过程是由翻译的一般目的性决定的，其翻译原则主要体现在三个方面：目的性原则、连贯性原则和忠实性原则。以上三大原则是翻译目的论的一般性规则，所以也可作为化妆品品牌名音译的基本规则。由于化妆品品牌名有自身的特点，因此化妆品品牌名的翻译应基于翻译目的论的原则上有自己的音译原则。

1.易记住原则

一个好的化妆品品牌名必须遵循简洁性原则，以便使消费者容易理解和记住，它的译名亦是如此。例如："Pure & Mild"翻译成"泊美"，比原名更简洁易记，受到中国消费者的欢迎；闻名遐迩的法国香水品牌"CHANEL"的译名堪称成功音译的典范；译名"香奈儿"不仅与"CHANEL"读音十分接近，汉字"香"的选择能让消费者对品牌的属性产生联想意义，这三个字的组合更带来了一种优雅浪漫的格调，让人记忆深刻。

2.易接受原则

一个好的化妆品品牌名必须符合目标顾客的心理、文化背景要求，以便消费者从内心接受,记住了品牌名称并从内心接受了才有了购买产品的前提。它的译名也应当如此。因此,在翻译化妆品品牌名称时,译者如果能为两种不同的语言文化架起桥梁,音译神韵都能保留自然最好,如果不能至少也做到适应目标文化,否则可能会出现"文化冲突"现象。例如:法国香水"Poison"在首次进入中国市场时遇到了文化障碍。在中国,法国香水"Poison"打不开市场,少有中国人买过香水"Poison",但它在国际市场上很受欢迎。最后,生产商发现,"Poison"香水之所以不受中国消费者欢迎,仅仅是因为翻译过来的名字"毒药"。"Poison"迎合了欧洲女性喜欢尝试新事物的心理,然而,由于受传统文化的影响,中国女性不善于突出自己的个性,所以对"毒药"香水一开始不予接受。与西方女性不同的是,中国女性倾向于购买老字号和有名气的商品,因此"Poison"香水因其译名而不受中国女性的欢迎,后来它的译名将"毒药"改为"百爱神",迎合了中国女性的心理,促进了化妆品的销售。但现在中国女性开始追求新颖性和个性化,于是译名又从"百爱神"回到了"毒药"。因此,翻译后的化妆品品牌名称应符合目标文化和目标消费者的心理,才能被市场消费者接受。

3.易感化原则

无可厚非,一个有着美丽的文字、激发无限想象力的化妆品品牌名称会引起化妆品的主流顾客——女性消费者的情感,使她们对此产生美感。女性消费者的购买欲望不仅仅由化妆品品牌名称传递的信息来激发,有时候女性消费者可以被逻辑陈述说服,但在大多数情况下,她们可以被产品给予的想象所吸引。一个好的化妆品品牌名称翻译可以让女性消费者感到甜蜜和愉悦,并容易给女性消费者带来巨大的想象力,使她们能够用心记住、接受并选择此化妆品。例如,日本化妆品"Museum",如果翻译成"博物馆",就不能吸引女性消费者的欲望,因为"博物馆"给人产生的联想与女性化妆品没有一点联系,很难引起女性消费者的注意;为了迎合女性消费者的审美感受,"Museum"被翻译成"美素",其原字面意义也随之丧失,虽然翻译后的名字"美素"与"Museum"的本义没有关系,但很容易引起消费者想象,似乎使用它就会变得更加美丽,因此很容易感化消费者的情感。

4.新颖性原则

化妆品目标消费群体决定了化妆品品牌名称翻译应遵循新颖性原则,只有化妆品品牌名称具有新颖性,才能尽快引起消费者的关注。随着越来越多的新技术在化妆品中的应用,化妆品品牌名称的翻译越来越多地使用"新"和"科"等词,或者冠以研究新成果的名称,让人耳目一新,更使得消费者易产生联想。例如:"Nuskin"被翻译成"如新";"Lacolline"被翻译成"科丽妍",让人觉得这些产品是应用了前沿的科学技术,值得购买。

三、化妆品品牌名音译的用字选择

商标品牌名的音译区别于其他名称的音译,主要是它们的宣传目的性强,在尽量忠实于品牌名原语的发音、内涵,保持品牌名的原语与目标语译本间的关联性的基础上,即兼顾连贯性和忠实性原则的基础上,要最大化实现它们的商品性——要对顾客有吸引力,促进销售。由于汉字在音译时标音方面的局限性以及汉字本身具备表意性,在遵循上述音译原则以及笔者的前期研究的基础上,笔者总结了以下化妆品品牌音译的用字原则。

1.基于原语音的音近原则

音译是一种以源语言读音为依据的翻译方法,即在目标语言中寻找发音相同或相近的内容再现源语言内容的发音。音译化妆品名称时,也应该要尽可能贴近原名称的读音。音近原则,就是要在选字的时候让最终的译名尽可能体现源词语的发音。"Maybelline"(美宝莲)的翻译就是个很好的例子。"Maybelline"翻译成"美宝莲",从音译的角度来看,"美宝莲"接近于原名的发音。在选字对应原名音素时,译者精心选了"美""宝""莲"三个字,深受中国人的喜爱,特别是"莲"这个字,反映了"出淤泥而不染"的高尚品格,也体现出译者在选字时注重了感化原则。因此,"Maybelline"被解读为"美宝莲",不仅成功地传达了原名发音的美,而且生动形象地传递了品牌对美的追求,引发了消费者对美丽的想象,激发了女性消费者的购买欲望,实现了翻译品牌名的"功利"和"美感",最终实现促销的目的。再如"Clean & Clear"的翻译。由于化妆品的目标消费者是年轻女性,"Clean & Clear"被翻译成"可伶可俐";从发音美的角度看,译名"可伶可俐"巧妙地分离了"伶俐"词语,插入"可……可……"形成四字词语,给消费者一种美感和青春感,具有消除紧皱的功能。因此,译名"可伶可俐"成功吸引了消费者的注意。

2.基于惯用字的简化原则

前文指出,化妆品名称要方便消费者记忆、接受,进而感化消费者。太长太复杂的译名是不太利于推广产品的,因而,化妆品品牌名的译名应该简化。在中国人

第七章 英汉命名实体翻译方法

的思维习惯里,商标、产品的名号一般以两个字、三个字为主,四个字和一个字甚少,五个字以上更是寥寥无几。要在中国打开市场,实现营销目的,尊重我们的习惯是极其必要的。如源于美国的化妆品品牌 Elizabeth ARDEN 按发音应该音译为伊丽莎白·雅顿,但最终简化以其"ARDEN"的音译"雅顿"在中国销售。赫莲娜(Helena Rubinstein)是欧莱雅集团旗下的顶级奢华美容品牌,最终舍弃了发音复杂需好几个字来音译的 Rubinstein。除了译名要简短多使用生活中的常用字之外,由于产品的消费对象主要为女性,不可避免地这些译名还带着浓厚的女性气息。经过研究,音译这些化妆品品牌名还有以下两大倾向,也为我们后来的译者提供意见参考。

(1)采用音译人名地名的通用汉字。众多品牌创立时都会以创立者和发源地的名字命名,以此来纪念并表示尊重,汽车品牌如此,化妆品品牌也是如此。如化妆品较大品牌迪奥(DIOR)、纪梵希(GIVENCHY)、乔治·阿玛尼(GIORIO ARMANI)、科颜氏(Kiehl's)、卡尼尔(Garnier)等,这些化妆品品牌的译名基本选取了外语人名地名通用汉字,正因为这些汉字常用于音译外国人名地名,它们会让我们迅速联想到外国文化,并以此对这些化妆品进行品牌定位,帮助企业树立国际形象,引导消费者接受并购买外来品牌的化妆品。

(2)采用带有女性特质的汉字。化妆品的主要消费者是女性,因而化妆品品牌包括外来化妆品品牌的翻译,都会精心选择能凸显女性气质和审美的汉字:第一类是带有女字旁的汉字,彰显女性柔美;第二类是带有草字头的汉字,一为宣传绿色天然产品,二为呼应中国传统文化以植物比拟女性;第三类是带有王(玉)字旁的汉字,来凸显尊贵奢侈,同样符合汉语言文化。这些汉字的使用不仅让人易记住、易接受,更容易感化消费者。这些通用的汉字有"娇""妃""妍""兰""莲""薇""玲""宝""美""倩""贝""魅""诗""雅""丽""颜"等。

要想在第一时间吸引消费者的眼球,并具有持续吸引力,有效的化妆品商标是必不可少的重要因素之一。通过以上分析,可概括出化妆品品牌名的音译用字具有以下特点:

(1)内容上常用人名、地名及暗示美好意象的词汇来命名。化妆品商标中人名多是品牌创始人的姓名,如 Givenchy(创始人纪梵希),Estee Lauder(创始人雅诗兰黛)。品牌有时也用其他知名人名命名。澳大利亚品牌 Aesop(伊索),使人一下

263

子联想到伊索寓言,很好地宣传了产品简洁朴实的理念。

化妆品商标中地名体现品牌发源地或寓意品牌理念。如 Suiss Programme(发源地瑞士 Swiss),Albin(英国一处海岸白垩质峭壁名,寓意一片洁白无瑕的美丽国度)。

用暗示美好意象的词汇的品牌有 Agle(angle 法国品牌天使丽人),Academie(academy 法国品牌爱琪美)等。

(2)形式上精简,字符较少,以方便记忆传播,如 H_2O、DHC、VOV 等。部分化妆品品牌因以人名命名,而人名较长不便于记忆,也采取了缩略形式,如 CD(Christian Dior),YSL(Yves Saint Laurent),CK(Calvin klein)等。

(3)音韵、音效上往往或清脆悦耳,或柔和绵软,能激发消费者心理上的和谐和舒适,产生共鸣,乐于接受。加拿大品牌 Pretty Rally 两个单词都有两个音节,并都以/i/结尾,发音清晰响亮,给人清脆跳跃的节奏感。

品牌名称是企业文化的重要组成部分,它彰显企业精神,宣传企业产品。毫不夸张地说,一个品牌名称翻译的优劣可能关系着企业开拓海外市场的成败。因而,一个优秀的译名不仅能够体现商品特点、传达商品信息,还能够作为一把企业打开海外市场的钥匙,成功吸引消费者,给企业带来巨大的经济效益,这也正实现了商标品牌名翻译的最终目的。从对商标名称翻译方法的考察来看,大部分商标名的翻译为了方便品牌定位让消费者易记住、易接受、易受到感化、追求新奇,会采取音译的办法。而在音译的过程中,在选字贴近原品牌名发音的基础上,译者会考虑主流消费者为女性这一事实,会偏向使用带有女性特质的常用汉字,也会选择常用于音译外国人名地名的汉字,让消费者对品牌快速定位,所有这些考量,皆是为了实现品牌名翻译的最终目的——营销产品。

附统计表如表 7-13、表 7-14 所示。

表 7-13 化妆品译名音译统计表

序号	原名	译名	翻译方法
1	ANNA SUI	安娜苏	音译
2	OLEVA	奥洛菲	音译
3	ANGLEE	安婕妤	音译

续表

序号	原名	译名	翻译方法
4	IOPE	艾诺碧	音译
5	AFU	阿芙	音译
6	BEDOOK	比度克	音译
7	PURE&MILD	泊美	音译
8	BIODERMA	贝德玛	音译
9	BIOTHERM	碧欧泉	音译
10	BELIF	碧研菲	音译
11	BORGHESE	贝佳斯	音译
12	BYPHASSE	蓓昂丝	音译
13	BOBBI BROWN	芭比布朗	音译
14	BANILA CO	芭妮兰	音译
15	BEELY	彼丽	音译
16	DANZ	丹姿	音译
17	DIOR	迪奥	音译
18	FRANIC	法兰琳卡	音译
19	FREEPLUS	芙丽芳丝	音译
20	THE FACE SHOP	菲诗小铺	音译
21	GOOBEN 果本	果本	音译
22	GLAMOURFLAGE	格兰玛弗兰	音译
23	COGI	高姿	音译
24	VAQUA	活泉	音译
25	HERA	赫妍	音译
26	HOLA	赫拉	音译
27	CAMENAE	嘉媚乐	音译
28	CLARINS	娇韵诗	音译
29	CARSLAN	卡姿兰	音译
30	COZY QUEEN	可滋泉	音译
31	KIEHL'S	科颜氏	音译

续表

序号	原名	译名	翻译方法
32	LEADERS	丽得姿	音译
33	LANEIGE	兰芝	音译
34	LANCOME	兰蔻	音译
35	LANCHEN	蓝秀	音译
36	LIMI	里美	音译
37	MAXAM	美加净	音译
38	MINON	蜜浓	音译
39	MELUITA	蜜薇特	音译
40	MAYBELINE	美宝莲	音译
42	NIVEA	妮维雅	音译
43	AUPRES	欧珀莱	音译
44	LOREAL	欧莱雅	音译
45	O HUI	欧惠	音译
46	OSM	欧诗漫	音译
47	PROYA	珀莱雅	音译
48	CETAPHIL	丝塔芙	音译
49	SKINFOOD	思肤亲	音译
50	SHILLS	舒儿丝	音译
51	SU:M 37°	苏秘 37°	音译
52	TOO COOL FOR SCHOOL	涂酷	音译
53	VICHY	薇姿	音译
54	WINONA	薇诺娜	音译
55	SISLEY	希思黎	音译
56	SOORYAHAN	秀雅韩	音译
57	SEKKISEI	雪肌精	音译
58	SULWHASOO	雪花秀	音译
59	URTEKRAM	亚缇克兰	音译
60	ELIZABETH ARDEN	伊丽莎白雅顿	音译

续表

序号	原名	译名	翻译方法
61	IT'S SKIN	伊思	音译
62	RIBECS	伊贝诗	音译
63	ESTEE LAUDER	雅诗兰黛	音译
64	AVON	雅芳	音译
65	AVENE	雅漾	音译
66	YUESAI	羽西	音译
67	OLAY	玉兰油	音译
68	INNISFREE	悦诗风吟	音译
69	ELIXIR	怡丽丝尔	音译
70	JURLIQUE	茱莉蔻	音译
71	GIVERNY	姿泊兰依	音译
72	GIVENCHY	纪梵希	音译
73	MAC	魅可	音译

表 7-14 化妆品译名其他译法统计表

序号	原名	译名	翻译方法
1	BULGARIAN ROSE	保加利亚玫瑰	意译
2	RED EARTH	红地球	意译
3	HOPE GIRL	希望佳人	意译
4	BLUE LOVE	蓝色之恋	意译
5	ONE LEAF	一叶子	意译
6	BOB	自然妆	创译
7	SKIN NUTIENT	澳肌莱	创译
8	CLINIQUE	倩碧	创译
9	CLORIS LAND	花皙蔻	创译
10	YSL	圣罗兰	创译
11	FLOWERY LAND	花肌粹	意译+创译
12	ATORREGE	ATORREGE	不译

续表

序号	原名	译名	翻译方法
13	AHC	AHC	不译
14	BIOTULIN	BIOTULIN	不译
15	COREANA	COREANA	不译
16	CLIO	CLIO	不译
17	DHC	DHC	不译
18	DIA FORCE	DIA FORCE	不译
19	GURRISSON 9 COMPLEX	GURRISSON 9 COMPLEX	不译
20	IDUN MINERALS	IDUN MINERALS	不译
21	JAYJUN COSMETIC	JAYJUN COSMETIC	不译
22	JM SOLUTION	JM SOLUTION	不译
23	KOSMEA	KOSMEA	不译
24	NARUKO	NARUKO	不译
25	NRK	NRK	不译
26	ROSIEN	ROSIEN	不译
27	SK-II	SK-II	不译
28	SHANGPREE	SHANGPREE	不译
29	WIS	WIS	不译
30	KAREN MURRELL	KAREN MURRELL	不译

第八章　结　语

  20世纪20年代,章士钊和胡以鲁曾对音译做了相关探讨,意识到音译不仅合理,还具有很强的实用性。音译是意译的补充,也与意译相辅相成。特别是近年来,在经济全球化和文化无界化驱动下,语言之间的翻译越来越趋向于直接采用源语言,如人名的翻译,除了公认的人物人名存在固定的汉语名之外,一般外国人名直接采用英语或源语言。如今,音译已被大众所接受,并在专业技术翻译和学术报告研究翻译中都可看到其影子,它是翻译中最常用也是最简单明了的方法。

  音译经历了三次波折和一次大讨论后呈现出自身不可或缺、不可替换的价值,实现从被怀疑到被受用的转变,现已逐步走上了主流路线,其方法和形式正逐步完善和丰富,人们对音译的认可度也越来越高,很多学者正尝试着扩大音译研究的范围,不仅在专业技术和学术报告中展现音译带来的成效,也在日常生活中凸显音译的实用性。当然,有关音译的研究还需要学者们不断深入和补充,进一步探索音译的奥秘。

  翻译,其实是对源语言和纯文化传播的过程,其中音译相当于复读机,它不需要转码后形成新的事物,更好地保留了源语文化的纯真性,实现了功能对等,留住了源语言民族的本土文化特色。音译还可缩短读者与源语言之间的距离,更好地避免歧义,为语言之间的输入输出搭建一条宽敞的通道。但音译有时不可避免会出现缺失,由于音译讲究源语言的纯正化,那么源语言中蕴含的独特文化韵味在传播过程中不自然地产生缺失状况,只好采用其他形式补充源语言文化的相关信息,如加注法。这样一来,译文的可读性就大大降低了,在目标文化中也就不具有很强的传播价值了。尤其是今天盛行的翻译机器和翻译 APP，方便、快捷、时效，能将固有的音译词实现标准化和统一化，还可使丰富的音译方法得到使用，但翻译机器出现乱象的情况时有发生，或者是语病使翻译造成了更大的困扰和误区，阻碍了文化之间的传达交流。有些译者抱着怀疑、观望或否认的态度，所以音译更需要保持谨慎合理的发展道路，逐步完善音译翻译方法，本书进行的英汉音译研究与一系列介绍和探讨实际上是极具现实意义的，但由于水平有限，仍有不完善之处需要不断深入探索。

有关"音译"相关的专业名词解道"音译是用译人语的文字符号来表现原语的发音，从而引入新词的一种翻译方法"。本书主要根据音译中存在的困惑进行分析并尝试解答，打通译者和读者之间的屏蔽障碍，不仅将意表达到，还将文化韵味传达到。本书先整理了以往中国英汉音译的产生和发展状况，并描述了国内外音译的研究现状，使译者对近代音译的发展有了初步了解；介绍了音译在英汉翻译中的积极与消极作用，并对音译做出了界定，简单介绍了音译法的使用原则；对英汉音译研究进行了综述，探究了英汉专有名词音译、英汉语言词汇空缺、音译词的借用模式与属性等；进而详细分析英汉音译用字规范中的难点和问题，分析了其影响因素，提出了音译用字的规范措施及其遵循的原则；对英汉人名音译进行了重点研究，介绍了人名音译的基准系统和人名来源识别等；提出了基于字形的英汉机器音译方法研究，分别介绍了基于判别学习的英汉音译单元对齐和判别学习框架下的半指导英汉机器音译对齐；简单介绍了英汉命名实体翻译的概念和现状，并系统总结了英汉人名音译的模型。笔者对当前对英汉音译的研究仍然不够深入和通透，所以，在后续研究中，学者们都还需要不断就有关英汉音译的研究进行改进和优化。

参考文献

[1] 包惠南.文化语境与语言翻译[M].北京:中国对外翻译出版公司,2001.

[2] 陈福康.中国译学理论史稿(修订本)[M].上海:上海外语教育出版社,2000.

[3] 陈林.论汉译英文本中音译词的作用[J].江苏科技大学学报,2008(4):82-85,93.

[4] 陈伟.学理反思与策略重构:英汉词典中例证翻译的目的性研究[M].上海:上海译文出版社,2006.

[5] 程永生.汉译英理论与实践教程[M].北京:外语教学与研究出版社,2005.

[6] 狄萍,周宥良,贡正仙,等.基于短语的统计机器翻译中短语表的过滤[J].计算机应用与软件,2011(5):28-30,41.

[7] 丁华良.英汉语言词汇空缺与音译策略[J].语文学刊(外语教育与教学),2011(8):68-69,79.

[8] 董晓敏.外来词音节语素化的文化语言阐释[J].语文研究,2003(1):30-32.

[9] 范祥涛,刘全福.论翻译选择的目的性[J].中国翻译,2002(6):4.

[10] 方梦之,毛忠明.英汉—汉英应用翻译教程[M].上海:上海外语教育出版社,2005.

[11] 方小兵.专有名词音译探讨[J].皖西学院学报,2002(2):70-72.

[12] 高维亮.浅析翻译中的词汇空缺现象[J].文教资料,2009(8):59-60.

[13] 龚献静.试论译作的读者群对翻译的影响[J].山东师大外国语学院学报,2002(1):82-84,77.

[14] 龚雪梅.音译用字的文字学考察[J].福建师范大学学报(哲学社会科学版),

2006(4):108-112.

[15] 古今明.英汉翻译基础[M].上海:上海外语教育出版社,2003.

[16] 郭鸿杰.二十年来现代汉语中的英语借词及其对汉语语法的影响[J].解放军外国语学院学报,2002(5):1-4.

[17] 郭建中.文化与翻译[M].北京:中国对外翻译出版公司,2000.

[18] 何烨.改革开放以来英语对汉语句法的影响[J].四川外语学院学报,2004(3):129-133,145.

[19] 何子章.玄奘"五不翻"原则的现实意义[J].襄樊学院学报,2008(10):65-69.

[20] 胡清平.音意兼译:外来语中译之首选[J].中国翻译,2001(6):4.

[21] 胡兆云.语言接触与英汉借词研究[M].济南:山东大学出版社,2001.

[22] 黄粉保.论音译的语用功能[J].中国科技翻译,2005(3):53-55,43.

[23] 黄忠廉,李亚舒.科学翻译学[M].北京:中国对外翻译出版公司,2004(3):129-133,145.

[24] 贾卫国.英语姓氏的演变与社会文化因素的作用[J].外国语(上海外国语大学学报),1998(2):36-42,80.

[25] 贾文波.应用翻译功能论[M].北京:中国对外翻译出版公司,2004.

[26] 贾影."零翻译"还是"不可译":试与邱懋如教授商榷[M].中国翻译,2002(4):3.

[27] 金惠康.跨文化交际翻译续编[M].北京:中国对外翻译出版公司,2004.

[28] 黎昌抱.外来词的翻译与内部形式化[J].四川外语学院学报,2000(4):82-85.

[29] 黎难秋.中国科学翻译史[M].合肥:中国科学技术大学出版社,2006.

[30] 李刚.浅谈英汉翻译中的音译法[J].内蒙古民族大学学报,2011(6):25-26.

[31] 李玄玉.增义音译法的原则[J].山西大学学报(哲学社会科学版),2003(1):72-75.

[32] 李玉良,夏晓琼.翻译的动态性及其社会文化渊源[J].济南大学学报(社会科学版),2002(1):70-72.

[33] 林红.文化视域下的译者、读者与可译性限度[J].四川外语学院学报,2006(6):126-129.

[34] 林木森.汉语人名地名音译词的"义溢出"现象探析[J].福建师大福清分校

学报,2006(4):46-49.

[35] 刘宓庆.翻译的语言哲学[M].北京:中国对外翻译出版公司,2001.

[36] 刘超先.音译的缘起[J].外语教学与研究,1993(4):45-48.

[37] 刘明东.零翻译漫谈[J].中国科技翻译,2002(1):29-32.

[38] 刘祥清.论外汉音译的发生与发展[J].云梦学刊,2015(4):140-143.

[39] 刘祥清.音译的历史、现状及其评价[J].中国科技翻译,2008(2):38-41,32.

[40] 刘祥清.音译与可译性限度的消解[J].中国科技翻译,2010(2):38-41,60.

[41] 刘晓萍.英汉文化差异与商标翻译[J].安徽农业大学学报(社会科学版),2006(2):131-133.

[42] 刘亦庆.新编当代翻译理论[M].北京:中国对外翻译出版公司,2005.

[43] 刘煜.英语专有名词的汉语音译[J].湖北广播电视大学学报,2013(7):109-110.

[44] 路清明.英语音译与音译方法初探[J].石家庄职业技术学院学报,2009(3):49-51.

[45] 潘文国.汉英对比研究一百年[J].世界汉语教学,2001(1):60-86,115-116.

[46] 秦文华.翻译研究的互文性视角[M].上海:上海译文出版社,2006.

[47] 秦贻.专有名词的翻译原则和技巧[J].湖北工学院学报,2004(6):60-63.

[48] 尚新.从文化特质看英美人名的汉译[J].天津外国语学院学报,2004(6):20-22,43.

[49] 石春让.翻译的目标及其实现[J].外语教学,2005(2):87-90.

[50] 思果.翻译研究[M].北京:中国对外翻译出版公司,2001.

[51] 宋学东,韩力.英汉音译的借用模式及语音相似原则的违反[J].鲁东大学学报(哲学社会科学版),2013(6):48-52.

[52] 王丹丹.英汉人名音译的研究[D].大连:大连理工大学,2014.

[53] 王国英,冯硕.英语专有名词的汉语音译[J].昌吉学院学报,2009(3):46-49.

[54] 王蕾.基于字形的英汉机器音译改进研究[D].哈尔滨:哈尔滨工业大学,2007.

[55] 魏志成.英汉比较翻译教程[M].北京:清华大学出版社,2004.

[56] 徐艳华.人名中的双关语及其翻译[J].山东师大外国语学院学报,2002(1):91-94.

[57] 杨荣花.英-汉专有名词音译的选字原则[J].语文学刊(外语教育与教学),2009(6):102-103.

[58] 杨锡彭.汉语外来词研究[M].上海:上海人民出版社,2007.

[59] 杨锡彭.汉语外来词研究[M].上海:上海人民出版社,2007:31.

[60] 杨锡彭.试论"音意兼译"[J].南京师范大学文学院学报,2006(3):157-160.

[61] 伊斯特林.文字的产生和发展[M].左少兴,译.北京:北京大学出版社,2002.

[62] 尹红.浅析音译词[J].才智,2011(9):170.

[63] 于恒,涂兆鹏,刘群,等.基于多粒度的英汉人名音译[J].中文信息学报,2013(4):16-21.

[64] 余东,陈可培.论翻译策略的文化内因[J].解放军外国语学院学报,2003(5):69-72.

[65] 张捷,毛世祯.英-汉姓名音译名混乱状况原因初探[J].青海社会科学,2005(6):103-106.

[66] 张捷.英-汉人名音译中的语音对应规律初探[D].上海:华东师范大学,2006.

[67] 张蕾.英语姓名汉译研究[D].保定:河北大学,2008.

[68] 张美芳.翻译研究的双能途径[M].上海:上海外语教育出版社,2005.

[69] 召敬敏.香港方言外来词比较研究[J].语言文字应用,2000(3):3-12.

[70] 赵琦.论音译在英汉翻译中的作用[M].北京:中国出版社,2008.

[71] 周沫.英汉音译规律探微[J].盐城师范学院学报(人文社会科学版),2014(4):58-61.

[72] 周毅.洋泾浜英语在近代中国产生的历史渊源之探讨[J].中国文化研究,2005(1):110-122.

[73] 周有光.规定音节汉字、统一音译用字[J].群言,2002(7):33-34.

[74] 周有光.汉字和文化问题[M].沈阳:辽宁人民出版社,2000.

[75] 朱桂花,刘祥清.论英汉音译之用字原则[J].湖南人文科技学院学报,2016(1):96-99.

[76] 邹波,赵军.英汉人名音译方法研究[C].第四届学生计算语言学研讨会论文集.太原:第四届全国学生计算机语言学研讨会,2008:338-345.